Thomas Brendel / Qualitätsrecht

Schriften zum Wirtschaftsrecht

Band 24

Qualitätsrecht

Die technisch-ökonomischen Implikationen der Produzentenhaftung

Von

Dr. Thomas Brendel

DUNCKER & HUMBLOT / BERLIN

CIP-Kurztitelaufnahme der Deutschen Bibliothek

Brendel, Thomas

Qualitätsrecht: d. techn.-ökonom. Implikationen d. Produzentenhaftung. — 1. Aufl. — Berlin: Duncker und Humblot, 1976.
(Schriften zum Wirtschaftsrecht; Bd. 24)
ISBN 3-428-03701-4

Gedruckt 1976 bei Buchdruckerei Bruno Luck, Berlin 65
Printed in Germany
ISBN 3 428 03701 4

Vorwort

Die Haftung eines Produzenten für die Schäden, die durch Fehlerhaftigkeit seiner Produkte beim Gebrauch entstehen, ist kein neues Problem. Rechtsprechung und Lehre im In- und Ausland haben sich mit der Herstellerhaftung beschäftigt. Wenn demnach dieser Themenkreis in der folgenden Arbeit erneut aufgegriffen wird, dann deshalb, weil vielfach weder die Tragweite einer diesbezüglichen Haftungsregelung hinreichend erkannt scheint, noch die Begründungen für die Abkehr von dem traditionellen Verschuldensprinzip hinlänglich befriedigen.

Die Ursache dafür dürfte in dem Mißverständnis liegen, eine Haftungsregelung für den Bereich der Warenproduktion lediglich als Schadensausgleichsregelung zu betrachten, ohne die technisch-ökonomischen und präventiven Aspekte bei Produktion und Konsum hinreichend zu berücksichtigen. Dabei ist gerade die Warenherstellung — als rationaler Prozeß — Anstrengungen der Schadensverhütung besonders zugänglich und der humanitäre Aspekt von Körper- und Gesundheitsschäden durch schädliche Ware nicht zu übersehen.

Die extremen Positionen sind bekannt: hier die rigorose Rechtfertigung des Produktfehlers mit dem Hinweis auf rationelle und kostengünstige Herstellung, dort die Forderung nach absoluter Unschädlichkeit der Produkte bzw. nach entsprechender Ersatzleistung im Schadensfall. Der richtige Kompromiß ist nicht leicht zu finden. Das positive Recht in seiner Ausrichtung auf bilaterale Austauschverhältnisse verspricht hier wenig Hilfe, geht es doch um mehr als den Ausgleich im konkreten Schadensfall: die Regelung des Produktschadens berührt auch die Zielsetzung kollektiver Nutzenmaximierung. Produzentenhaftung ist nicht nur die Allokation einmal entstandener Verluste infolge von Produktfehlern. Sie muß auch als präventive Maßnahme begriffen werden, indem sie auf die Entstehung der Verluste selbst wirkt, weil das Verfahren der Schadenszurechnung wesentlich das Verhalten der wirtschaftenden Einheiten beeinflußt. Vor diesem Verständnishintergrund wird versucht, das Thema Produzentenhaftung neu zu beleuchten und einen Beitrag zur Lösung zu liefern.

Dank gebührt vor allem Herrn Professor D. Schultz, der den Anstoß zu dieser Untersuchung gab. Dank gebührt ebenso Herrn Professor E. Nickel für seine wertvollen Anregungen sowie den Vertretern der

Industrie und der Versicherungswirtschaft, die mir in Gesprächen die gewünschten Auskünfte gaben. Bedankt sei auch Frau H. Rabung, die sich beim Schreiben der Manuskripte viel Mühe gegeben hat.

Frankfurt am Main, im Dezember 1974

Thomas C. Brendel

Inhaltsverzeichnis

Erster Abschnitt

Einleitung

Zweiter Abschnitt

Qualität und Marktwirtschaft

Dritter Abschnitt

Qualitätspolitik und Qualitätssicherung beim Hersteller

Siebter Abschnitt

Ein Lösungsvorschlag zur Produzentenhaftung

Achter Abschnitt

Schlußbetrachtung

Erster Abschnitt

Einleitung

11 Einführung in das Thema

Die vorliegende Untersuchung setzt sich mit dem Problem der Produzentenhaftung[1] auseinander, d. h. mit der Rechtsfolge, die für den Warenhersteller an das „Inverkehrbringen" von für Konsumenten oder Dritte schädlichen Produkten geknüpft ist.

Vom Gesichtspunkt des Geschädigten stellt sich die Frage, ob und gegebenenfalls von wem er welchen Ersatz des Schadens erlangen kann, der ihm aus der Mangelhaftigkeit einer Ware erwachsen ist.

Die Diskussion dieses Themenkreises hat in der juristischen Literatur[2] in den letzten Jahren beträchtliches Ausmaß angenommen und in den Verhandlungen des 47. Deutschen Juristentages wohl einen vorläufigen Abschluß gefunden. Wenn auch der Vorschlag von *Simitis*[3] zur Einführung einer verschuldensunabhängigen Gefährdungshaftung für die Warenherstellung dort keine allgemeine Zustimmung fand[4], hat es doch den Anschein, daß zumindest der Vorschlag zur Einrichtung

---

1 Synonym werden die Begriffe Produkthaftung, Produkthaftpflicht, Warenhaftung und Herstellerhaftung in der Literatur gebraucht.

2 Vgl. hier nur die Monographien von: *Adolff*, R., Der Rechtsschutz des Käufers bei Lieferung einer fehlerhaften Sache in der arbeitsteiligen Wirtschaft, Diss. Tübingen 1961; *Markert*, K., Der zivilrechtliche Schutz des Konsumenten gegen Verletzungen seiner Rechtsgüter durch fehlerhaft hergestellte Produkte, Diss. Würzburg 1961; *Weimar*, R., Untersuchungen zum Problem der Produzentenhaftung, Diss. Basel 1965; *Beathalter*, A., Der Schutz des Konsumenten pharmazeutischer Produkte, Diss. Köln 1967; *Diederichsen*, U., Die Haftung des Warenherstellers, München und Berlin 1967; *Forkel*, G., Produzentenhaftung und Konsumentenschutz beim Kauf beweglicher Sachen, Diss. Köln 1968; *Dunz*, W. / *Kraus*, I., Haftung für schädliche Ware, Bad Homburg v. d. H./Berlin/Zürich 1969; *Schmidt-Salzer*, Produkthaftung, Heidelberg 1973; *Simitis*, S., Grundfragen der Produzentenhaftung, Tübingen 1965.

3 *Simitis*, S., Soll die Haftung des Produzenten gegenüber dem Verbraucher durch Gesetz, kann sie durch richterliche Fortbildung des Rechts geordnet werden? In welchem Sinne? Verhandlungen des 47. Deutschen Juristentages, hrsg. von der ständigen Deputation des Deutschen Juristentages, München 1968, Band I, Teil C, im folgenden zitiert als „Gutachten".

4 Vgl. Verhandlungen des 47. Deutschen Juristentages, München 1969, Band II (Sitzungsberichte), Teil M, 35 ff., insbes. 130 ff.; und auch Mitteilungen über den 47. Deutschen Juristentag, NJW 68, 2047 f., insbes. 2048.

eines Entschädigungsfonds im Regierungsentwurf[5] vom 17. Juli 1974 für Schäden durch Arzneimittelentwicklungen noch in dieser Legislaturperiode verwirklicht wird.

Ein Teilerfolg auf dem Wege zu einem umfassenden Verbraucherschutz scheint errungen. Dennoch bleiben viele Fragen unbeantwortet. Sowohl über die Ansiedlung der Produzentenhaftung im Gebäude der Rechtsdogmatik als auch über die möglichen Folgen einer Haftungsverschärfung herrscht Uneinigkeit.

Es soll daher versucht werden, die grundlegenden Wirkungsmechanismen in diesem Bereich des Haftpflichtrechts aufzuzeigen und so auch einen neuen Ausblick auf die Rechtsnatur der Produzentenhaftung zu gewinnen.

111 Abgrenzung der Problemstellung

Der Produzentenhaftung begegnet man in verschiedenen Formen. Aus dem Spektrum möglicher Haftungsbeziehungen zwischen dem Hersteller eines fehlerhaften Produkts[6] und dem Produktgeschädigten interessieren für die folgenden Untersuchungen im wesentlichen jene Fälle, in denen

(a) zwischen Hersteller und Geschädigtem keine rechtliche Sonderbeziehung, d. h. kein Vertrag besteht und

(b) ein Produktfehler bei einem Verbraucher[7] oder einem Dritten, ohne daß ein evidenter Mißbrauch des Produkts seitens des Benutzers vorgelegen hätte, adäquat kausal[8] einen Personen- und/oder Sachschaden bzw. dadurch bedingte weitere Vermögensverluste herbeigeführt hat.

---

[5] Vgl. die §§ 78 ff. des Regierungsentwurfs zur Reform des Arzneimittelrechts vom 17. 7. 1974, Sonderdruck des Bundesministeriums für Jugend, Familie und Gesundheit, o. O.

[6] Als Produkte sind hier im wesentlichen Waren im Sinne beweglicher Sachen des Handelsverkehrs angesprochen. Vgl. *Gablers* Wirtschafts-Lexikon, 8. Aufl., Wiesbaden 1971. Dienstleistungen haben im Rahmen der vorliegenden Untersuchung keine nennenswerte Bedeutung.

[7] Unter Verbraucher wird in Anlehnung an den wirtschaftlich-soziologischen Begriffsinhalt eine Person verstanden, die im Gegensatz zum Wiederverkäufer oder gewerblichen Verbraucher mit dem Ge- oder Verbrauch des Produkts ihre privaten Bedürfnisse befriedigt. Vgl. auch *Schneider*, T., Der Begriff des Verbrauchers im Recht, BB 74, 764 ff., hier 768.

[8] Vgl. allgemein zur adäquaten Kausalität *v. Caemmerer*, E., Das Problem des Kausalzusammenhangs im Privatrecht, Freiburg 1956 und auch RGZ 153, 397 (401), RGZ 169, 84 (91), RGZ 133, 126 (127), BGHZ 7, 198 (204); die Frage, ob ein adäquater Kausalzusammenhang zwischen Herstellung und Produktschaden schon mit der Herstellung des Produkts (so z. B. *v. Caemmerer*, E., Die absoluten Rechte in § 823, Abs. 1 BGB, Karlsruher Forum 1961, 20) oder erst durch die Abweichung des Produkts von der verkehrsüblichen bzw. verkehrserforderlichen Beschaffenheit gegeben ist (so *Weitnauer*, H., Die Haftung des Warenherstellers, NJW 1968, 1593 ff. [1594]), kann hier zunächst offen gelassen werden.

Mit (a) ist dabei das in der arbeitsteiligen Industriegesellschaft typische Fehlen einer Vertragsbeziehung zwischen Produzenten und Konsumenten im Zuge des mehrstufigen Produktions- und Warenabsatzvorgangs angesprochen, und mit (b) ist die Beschränkung auf den und nur den Ersatz des Mangelfolgeschadens[9], also den Schutz des Bestandsinteresses[10] des Konsumenten vorgenommen. Damit werden alle Tatbestände, die in den Bereich des Kaufrechts bzw. unter das Rechtsinstitut Gewährleistung fallen und den Schutz des Sachinteresses beinhalten, von der weiteren Erörterung ausgeschlossen. Das gilt auch für die Untersuchung einer erweiterten Verkäuferhaftung aus Eigenschaftszusicherung[11], Arglist[12], culpa in contrahendo[13] oder positiver Forderungsverletzung[14], ebenso wie für die Fälle, in denen besondere Garantievereinbarungen zwischen Hersteller und Endverbraucher bestehen. Das Problem der Produktehaftpflicht ist so auf seinen eigentlichen Kern reduziert. Wenn im folgenden von Produzentenhaftung gesprochen wird, ist dieser Begriff also in einem engen Sinne als Haftungsbeziehung zwischen den vertraglich unverbundenen Endgliedern der Absatzkette zu verstehen.

Die so vorgenommene Einschränkung des Untersuchungsgegenstandes erscheint nicht unzulässig, konzentriert sich doch das Problem des Ersatzes für Mangelfolgeschäden bei fehlerhaften Konsumgütern darauf, daß der geschädigte Konsument seine Ansprüche gegen den Hersteller regelmäßig nur auf die deliktsrechtlichen Vorschriften stützen kann[15].

---

[9] Näheres zum Begriff des Mangelfolgeschadens bei *Larenz*, K., Lehrbuch des Schuldrechts, Bd. II, 9. Auflage, München 1968, § 37 II, 51 und § 37,IV, 61 f.

[10] Zur Abgrenzung des Bestandsinteresses und des Sachinteresses im Zusammenhang mit Produktschäden vgl. auch *Markert*, Der zivilrechtliche Schutz, 4. ff. Der Schutz des Leistungs- bzw. Gewinninteresses ist bei Konsumgütern i. d. R. unerheblich.

[11] Siehe hierzu z. B. *Sörgel / Ballerstedt*, Anm. 6 zu § 463 und 23 ff. zu § 459.

[12] Siehe hierzu z. B. *Sörgel / Ballerstedt*, Anm. 7 ff. zu 463.

[13, 14] Vgl. hierzu z. B. *Rabel*, E., Das Recht des Warenkaufs, Bd. I, Berlin 1957, 157 ff.

[15] Das bedeutet nicht, daß die Haftung für fehlerhafte Investitionsgüter bzw. Rohstoffe und Bauteile als unproblematisch anzusehen ist, zumal hier die Schadensdimensionen beträchtlich sein können. Rechtspolitisch bzw. rechtsdogmatisch enthält sie aber keine ungelösten Fragen. Indem zwischen den Produzenten vertragliche Beziehungen bestehen, die eigentlich regelmäßig über den normalen Kaufvertrag hinausgehen oder doch hinausgehen können, besteht die Möglichkeit privatautonomer Gestaltung der Leistungsinhalte und spezifischer Haftungsvereinbarungen. Freilich können Unachtsamkeit, Dissense und ungleiche Marktpositionen dazu führen, daß von diesen Möglichkeiten kein oder schlechter Gebrauch gemacht wird. Fest steht, daß der Einkäuferproduzent seine Vorstellungen und Bedingungen i. d. R. als annähernd gleich starker (Markt)Partner gegenüber dem Verkäufer bzw. dem Herstellerverkäufer artikulieren kann. Gerade diese Möglichkeit ist dem Endverbraucher aber nicht oder nur in geringem Maße gegeben: die Artikulation seines Willens besteht im Kaufentscheid für ein bestimmtes Produkt, die Haftungsmodalitäten entziehen sich seiner Gestaltungsmöglichkeit.

Das Kaufrecht gibt dem geschädigten Konsumenten hier keine Anspruchsgrundlage gegen den Verkäufer und schon gar nicht gegen den Hersteller[16]. Erklärungen des Verkäufers, die Zusicherungs- oder Garantiecharakter im Sinne eines Einstehenwollens für Folgeschäden haben, dürften nicht oder nur um den Preis der Fiktion beim üblichen Kauf eines Konsumgutes zu finden sein[17]. Die Tragweite der Eigenschaftszusicherung ist zudem nicht unbeschränkt; sie ist im Einzelfall durch Auslegung des Parteiwillens zu bestimmen[18]. Wenn auch die Rechtsprechung hierbei einer großzügigen Linie folgt[19], verspricht die Vorschrift des § 463, Satz 1 dem Warenkäufer eines Konsumgutes im Regelfall keinen Schutz[20, 21]. Mag es auch Fälle geben, in denen der Verkäufer wegen arglistigen Verhaltens (§ 463, Satz 2) für Folgeschäden einzustehen hätte[22], müssen diese doch als atypisch gelten und können

16 Eine Ausnahme stellt nur der Fall dar, daß der Verkäufer gleichzeitig der Hersteller der Ware ist. Aber auch in diesem für den Konsumgüterkauf atypischen Fall beschränken sich die Käuferrechte normalerweise auf Wandlung oder Minderung.

17 Vgl. auch *Beathalter,* 11.

18 So stellt in Anlehnung an *Diederichsen,* U., Schadensersatz wegen Nichterfüllung, AcP 165, 150 ff., insbes. 161 der BGH im Kleberfall, NJW 68, 1622 ff., hier 1624, fest: „Mangelfolgeschäden sind nach § 463, Satz 1 BGB zu ersetzen, wenn die Auslegung ergibt, daß die Zusicherung nicht nur zu dem Zweck gegeben wurde, dem Käufer zu einem ungestörten Genuß der Kaufsache zu verhelfen, sondern daß sie darüber hinaus das Ziel verfolgte, ihn gegen auftretende Mangelfolgeschäden abzusichern". Die Einschränkung wirkt freilich gekünstelt. So muß auch *Diederichsen,* U., Die Deckung des Produkthaftpflichtrisikos im Rahmen der Betriebshaftpflichtversicherung, VersR 71, 1077 ff., hier 1083 zugeben, daß „der Genuß einer bestimmten zugesicherten Eigenschaft fast immer voraussetzt, daß der Benutzer nicht zur gleichen Zeit von der Sache in seinen übrigen Rechtsgütern beeinträchtigt wird".

19 So hat der BGH im Kleberfall, NJW 68, 1625 die Zulässigkeit der Haftungsfreizeichnung durch Allgemeine Geschäftsbedingungen abgelehnt, ebenso wie der Senat im Lackfall (BGH NJW 72, 1706 ff.) die noch vom RG z. B. in RGZ 114, 241 geübte Zurückhaltung aufgab und das Vorhandensein einer stillschweigend zugesicherten Eigenschaft angenommen hat. Kritisch hierzu *Teichmann,* A. und *Hansen,* R., Zur Zusicherung nach § 463 BGB, NJW 73, 20 ff. Zur Tendenz, die Eigenschaftszusicherung verstärkt zu einem Instrument des Schutzes des Abnehmers zu machen, vgl. auch *Diederichsen,* VersR 71, 1082. Allerdings hat der BGH im Silo-Urteil vom 6. 12. 1973 (BB 74, 104 f.) die Abdingbarkeit einer Haftung für zugesicherte Eigenschaften wiederum anerkannt.

20 Vgl. auch *Diederichsen,* Haftung, 21 ff.

21 Soweit nicht anders vermerkt, beziehen sich die Zitate der Paragraphen auf das BGB.

22 Folgende Sachverhalte wären denkbar:
Ein Lebensmitteleinzelhändler preist Fischkonserven als Sonderangebot aus, obwohl er weiß, daß die Konserven infolge zu langer oder falscher Lagerung verdorben sind; die Käufer erkranken an Fischvergiftung.
Ein Textilgeschäft verkauft Herrenhemden, von denen es nach mehrfacher Reklamation weiß, daß die Impregnatur des Hemdes in vielen Fällen zu schweren Allergien führt.
Vgl. auch *Larenz,* II, § 37, 51.

unberücksichtigt bleiben. Auch die Konstruktion einer „culpa in eligendo“[23], d. h. das schuldhafte Auswählen eines unzuverlässigen Lieferanten durch den Verkäufer und eine daraus resultierende Haftung ist praktisch bedeutungslos[24] und bislang beim Warenkauf nicht zum Zuge gekommen[25]; zu Recht, hieße die Anerkennung einer derartigen Konstruktion doch die realen Verhältnisse beim Warenabsatz auf den Kopf zu stellen.

Auf die Schwierigkeit oder besser Unmöglichkeit für den Verkäufer, bei originalverpackten Waren oder komplizierten technischen Produkten wirksame Prüfungen vorzunehmen, um fehlerhafte Produkte auszusondern, braucht nur kurz hingewiesen zu werden. Zum einen wird die Ware durch das Öffnen der Originalverpackung — wenn auch nur zu Prüfzwecken — unverkäuflich, sieht der Käufer doch in der Unversehrtheit der Verpackung eine Gütegarantie. Zum anderen werden dem Verkäufer i. d. R. die Qualifikation bzw. die notwendigen Gerätschaften zur umfassenden Warenkontrolle fehlen. Entsprechend gering sind auch die Anforderungen, die die Rechtsprechung an die Untersuchungspflichten eines Händlers vor der Auslieferung der Ware gestellt hat[26]. Der Umfang der Händlerpflichten mag variieren. So haben z. B. die Kraftfahrzeughersteller in den letzten Jahren vermehrt Inspektionsaufgaben an die Vertragshändler delegiert. Das ändert allerdings nichts an der Tatsache, daß dem Händler nur die Pflicht zur Überprüfung der Ware auf Fehlerfreiheit im Rahmen seiner Möglichkeiten obliegt[27]. Nicht nur sind die Aufgaben des Handels in der Selektion schlechter bzw. schädlicher Produkte im ganzen unbedeutend, der Handel hat auch seine Beratungsfunktion gegenüber dem Kunden weitgehend eingebüßt[28]. Die Funktion des Handels erschöpft sich zusehends in der reinen Distribu-

---

[23] Vgl. z. B. *Weimar*, R., Untersuchungen zum Problem der Produzentenhaftung, Basel und Stuttgart 1967, 19 f.

[24] Vgl. *Diederichsen*, Haftung, 35 ff.; *Schmidt-Salzer*, Produkthaftung, 122. Eine Ausnahme stellt hier RGZ 108, 221 (Explodierende Wasserstoffflasche) dar.

[25] Der Hersteller ist regelmäßig nicht als Erfüllungsgehilfe des Händlers anzusehen. Vgl. *Beathalter*, 15; *Simitis*, Grundfragen, 36 f.; *Hönig*, H. C., Die Betriebshaftpflichtversicherung und die Deckung der Produkte-Haftpflichtschäden, VersR 70, 975 m. w. Nachw. Eine Ausnahme stellt die Entscheidung des BGH im Betonmischmaschinenfall (NJW 67, 1805) dar, wo eine Händlerhaftung für die unzureichende Bedienungsanleitung des Herstellers festgestellt wurde.

[26] Vgl. BGH VersR 56, 259 (Motorroller). Im Falle einer fehlerhaften Betonmischanlage hat der BGH allerdings einen erweiterten Pflichtenkreis des Fachhändlers festgestellt. Vgl. BGH NJW 67, 1805 = JZ 68, 228 mit Anmerkung von *Diederichsen*.

[27] Vgl. BGH NJW 69, 1708 (Kühlwasser); *Diederichsen*, Haftung, 33.

[28] Man denke nur an den ständig steigenden Anteil von Selbstbedienungsläden.

tion der Waren[29]. Kommt der Handel den damit verbundenen Pflichten ordnungsgemäß nach, bietet er keine Angriffsfläche für Ansprüche auf den Ersatz von Mangelfolgeschäden[30].

Dieses Ergebnis befriedigt auch in rechtspolitischer Hinsicht: einerseits erscheint es unbillig, den Verkäufer für Schäden einstehen zu lassen, die er weder absehen noch verhindern konnte, andererseits wird dem Geschädigten der Hersteller als Ersatzpflichtiger unter dem Gesichtspunkt der materiellen Potenz willkommener sein. Hierauf abzielende Konstruktionen, die *über* den Verkäufer den Hersteller haftbar zu machen suchen, sind allerdings überwiegend abgelehnt worden[31]. Der Fall, daß zwischen Endverbraucher und Hersteller eine direkte vertragliche Beziehung besteht, die den Produzenten zum Einstehen von Folgeschäden verpflichtet, ist praktisch ebensowenig gegeben. Zwar kommt auf Grund einer dem Produkt beigegebenen Garantieerklärung ein selbständiger Garantievertrag zwischen Hersteller und Endverbraucher gemäß § 151 zustande. Er wird aber dem Käufer regelmäßig nicht zu Ersatzansprüchen für Mangelfolgeschäden verhelfen können[32]. Im Gegenteil zeigt die Praxis, daß derartige Garantieerklärungen eher „ein Instrument zum Ausschluß der Herstellerhaftung im mehrstufigen Warenabsatz“[33] darstellen. Der Inhalt dieser Garantieverträge ist regelmäßig und eindeutig nur auf Ersatz, Teilersatz und/oder kostenlose Reparatur des mangelhaften Produkts beschränkt[34]. Auch eine „stillschweigende“ Garantieübernahme kann dem Hersteller nicht unterstellt werden[35].

Die rechtliche Konsequenz einer mehrstufigen Warenproduktion und eines mehrstufigen Warenabsatzes, wie er heute im Konsumgüterbereich arbeitsteiliger Wirtschaften vorgefunden wird, stellt sich damit vereinfacht so dar: mit dem Hersteller, der das fehlerhafte Produkt in den

---

29 Vgl. *Simitis*, Gutachten, 20 f.

30 Vgl. zum ganzen auch *Schmidt-Salzer*, Produkthaftung, 119 ff.

31 Siehe hierzu unten, 87 ff.

32 Vgl. *Beathalter*, 67 ff.; *Diederichsen*, Haftung, 40 f.

33 *Schmidt-Salzer*, Produkthaftung, 250.

34 Vgl. *Larenz*, II, § 37 IV, 63 f. Zur engen Auslegung von Garantieerklärungen vgl. auch RGZ 163, 21, insbes. 31 (Kraftdroschke).

35 Vgl. RG 87, 1 (Brunnensalz); *Diederichsen*, Haftung, 41; *Simitis*, Grundfragen, 39. Eine derartige Unterstellung eines Haftungswillens des Herstellers würde sich, sieht man von den Bedenken ab, die gegen eine solche Fiktion einzuwenden sind, im übrigen auch längerfristig als fruchtloser Versuch der Rechtsprechung erweisen, den Konsumenten wirksam zu schützen: soweit es nicht schon geschieht, wird sich der Hersteller ausdrücklich freizeichnen. Welcher „Listenreichtum“ dann von der Rechtsprechung entwickelt werden muß, zeigen Beispiele aus der amerikanischen Rechtspraxis, Vgl. *Brake*, W., Die Schadensersatzpflicht des Verkäufers und Herstellers einer mangelhaften Sache im nordamerikanischen Recht, Diss. Freiburg 1958, 108 ff.

Verkehr gebracht hat, verbindet den Geschädigten kein schützender Vertrag; eine vertragliche Beziehung besteht nur mit dem Verkäufer, der als Verteiler nicht für den Produktschaden einzustehen hat. In diesem „Auseinanderklaffen" des Vertragsgefüges liegt freilich nur das vordergründige Problem der Produzentenhaftung. Die zentrale Frage stellt sich letztlich in der rechtlichen Beurteilung des Herstellungsfehlers bei der Massenfertigung von Gütern bzw. der Fehlerfolgen. Insofern können alle Fallgruppen aus der Untersuchung ausgeschlossen werden, die sich *entweder* durch vertragliche Beziehungen zwischen Hersteller und Geschädigtem *oder* durch das Fehlen der Charakteristika industrieller Serienproduktion auszeichnen. Damit können weite Bereiche der Dienstleistungen aus den weiteren Überlegungen ausgeklammert werden, während sich für Investitionsgüter keine klare Grenze ziehen läßt[36]. Wo Herstellung und Absatz dem Muster der Konsumgüterproduktion folgen, müssen für Investitionsgüter die gleichen Haftungsgrundsätze gelten.

112 Aufbau und Methode der Untersuchung

Das Anliegen dieser Arbeit ist die Ausarbeitung eines operationalen Konzepts für die Regelung des Schadensausgleichs bei Produktschäden. Hier bietet sich als Ausgangspunkt der Untersuchung zunächst die Analyse des Ist-Zustandes des Phänomens „Produktschaden" in der heutigen Industriegesellschaft und dessen rechtlicher Bewältigung an. Dabei zeigt sich, daß das dem Rechtsanwender zur Verfügung stehende Instrumentarium trotz verschiedener Anpassungsmaßnahmen, die es allerdings dem Gesetzgeber ermöglichten, bislang untätig zu bleiben[37], keine befriedigende Lösung des Produktschadensproblems erlaubt.

Eine derartige Feststellung bedarf freilich der Offenlegung der an eine Produktschadensregelung anzulegenden Bewertungsmaßstäbe. Hierzu ist es erforderlich, die Dimension des Regelungszusammenhangs, der im Produktschadensfall angesprochen ist, zu begreifen. Das Verständnis des Produktschadens als Komplement der Qualität, der Qualität wiederum als Ergebnis eines rational geplanten Produktionsprozesses und der Qualitätspolitik der Unternehmung als Reaktion auf Markt- bzw. Sanktionserwartungen gestattet es nicht, sich schlicht mit der Abwägung von Unternehmer- und Geschädigteminteresse zu begnügen.

---

[36] Die Kategorisierung in Investitions- oder Konsumgüter im volkswirtschaftlichen Sinne (vgl. z. B. *Gablers* Wirtschafts-Lexikon, 8. Aufl., Wiesbaden 1971) ist abgestellt auf den Verwendungszweck des Produkts, nicht auf die Art des Produkts: so kann ein PKW Investitions- oder Konsumgut sein, je nachdem, zu welchem Zweck er eingesetzt wird.

[37] Vgl. hierzu z. B. *Diederichsen*, U., Die Flucht des Gesetzgebers aus der politischen Verantwortung, Karlsruhe 1974, 37 ff.

So müssen sinnvoll die Regelungsfolgen des Produkthaftpflichtrechts in ihrem technischen und ökonomischen, vor allem aber in ihrem gesamtwirtschaftlichen Kontext betrachtet werden[38]. Von daher ergibt sich auch die Inadäquanz einer lediglich auf den bilateralen Schadensausgleich abstellenden Betrachtungsweise und die Notwendigkeit der Berücksichtigung aggregierter Wirkungen und kollektiver Nutzenerwägungen, wobei letztere nicht nur Aspekte rein materieller Natur umfassen dürfen. Entsprechend wird von einem Regelungsziel als normative Bezugsgröße ausgegangen, das sowohl die Leistung des individuellen Schadensausgleichs als auch gleichzeitig das Erreichen eines gesellschaftlichen Zustands beinhaltet, der sich durch ein Minimum an Verlusten bzw. an vergeudeten Ressourcen und an Individualleid auszeichnet. Als Randbedingungen müssen die Systemverträglichkeit im rechtsdogmatischen wie gesellschaftspolitischen und die Operabilität und Anwendungswirtschaftlichkeit der Norm erfüllt sein. Es ist wohl keine unzulässige Unterstellung, wenn man von diesem Zielsystem annimmt, daß es in einem sozial-marktwirtschaftlichen System hinreichend konsensfähig ist.

Ausgerüstet mit diesen Kriterien wird versucht, das geltende Haftungsrecht als Instrument eines in diese Richtung arbeitenden „social engineering“ auf seine Effizienz hin zu untersuchen. Dazu ist es nötig, sich einmal über das Verhältnis des Haftpflichtrechts zu den anderen diesbezüglichen Regelungsformen in einer Marktwirtschaft und die bestehenden Wechselwirkungen Klarheit zu verschaffen. Zum anderen ist eine umfassende Analyse der Haftungsfolgen erforderlich.

Beide Aufgabenstellungen setzen Hypothesen über Ursachen/Wirkungszusammenhänge voraus, die, wenn auch prinzipiell empirisch überprüfbar, zumindest heute durch empirische Forschungen und statistische Untersuchungen noch nicht hinreichend belegt sind. Immerhin sind Kostenrelationen und Unternehmer- bzw. Verbraucherverhalten wenigstens in ihren qualitativen Ausprägungen derart bekannt, daß sie folgende Annahmen zulassen: die Wettbewerbsmechanismen wirken nicht so idealtypisch, daß sich das Schadensersatzrecht als Instrument der Prävention erübrigt und es nur mehr darauf ankommen kann, ein operables System der Schadenssozialisierung einzurichten. Andererseits ist die Effizienz des Wettbewerbs so gut, daß die einfache Bewertung der Produkterzeugung in Recht- und Unrechtkategorien typisch nicht möglich ist und damit die Operabilität des Verschuldensprinzips schon auf der Input-Seite, d. h. bei der Erfassung der Produktionssachverhalte, in Frage steht. Die qualitativen Zusammenhänge reichen aber auch aus, um nachzuweisen, daß nicht nur auf der Wenn-Seite das

---

[38] Ähnlich *Simitis*, Gutachten, 74.

Konditionalprogramm[39] der Dogmatik versagt. Denn weder scheint der angemessene Produktschadensausgleich prinzipiell mittels kasuistischer *Ja/Nein*-Entscheidungen bewältigbar, noch ist die Erreichung des Gesamtzwecks der Regelung mit Sicherheit gewährleistet.

Die Suche nach einer besseren „Technologie“[40], d. h. nach einem geeigneten Mittel für die Zielerreichung erfordert an sich eine vollständige Enumeration und Quantifizierung der betreffenden Haftungsfolgen, die zugegeben derzeit vollkommen befriedigend nicht geleistet werden kann. Wenn allerdings gerade diejenigen Haftungsfolgen selektiv ignoriert werden, die sich als zu sperrig erweisen[41], wird ein Effizienzvergleich wertlos. Ein zwar folgenorientierter, d. h. richtig den Präventionsgedanken[42], die Friktionen und Prohibitivwirkungen berücksichtigender Ansatz, der aber mit „Scheuklappen“ vor der vermeintlich nachteiligen Konsequenz z. B. der Schadensüberwälzung antritt[43], vermag genausowenig zur Lösung der Produktschadensproblematik beitragen wie eine Rechtsdogmatik, die sich standhaft (und mit Recht!) weigert, andere als die internen Folgen ins Kalkül zu ziehen und so immer wieder von vorne das dogmatische Unterholz vergeblich durchforstet. Diese „Internalisierung“[44] des Rechtssystems, die in der Erschaffung von „Pseudo-Schuldformen“[45] und Vertrauensfiktionen ihren Ausdruck findet, macht im übrigen auch deutlich, daß die judikative Rechtsfortbildung die Produktschadensproblematik nicht endgültig lösen kann: es sind nicht nur die „zunehmenden Tempoanforderungen in der Anpassung an gesellschaftliche Veränderungen“[46], die den an die Dogmatik gebundenen Rechtsanwender überfordern. Es ist die prinzipielle Inadäquanz eines Regelungsmusters, das auf der Modellvorstellung synallagmatischer bzw. einmaliger[47], bilateraler Austauschverhältnisse basiert, die es un-

---

[39] Vgl. hierzu *Luhmann*, N., Zweckbegriff und Systemrationalität, Tübingen 1968, 58 ff., insbes. 68 ff.

[40] Vgl. zur Abgrenzung von Theorie und Technologie in den Wirtschaftswissenschaften z. B. *Chmielewicz*, K., Forschungskonzeptionen der Wirtschaftswissenschaften, Stuttgart 1970, 23 ff., 33 ff. und auch *Popper*, K. R., Das Elend des Historizismus, Tübingen 1965, 30 ff.

[41] So *Luhmann*, N., Rechtssystem und Rechtsdogmatik, Stuttgart/Berlin/Köln/Mainz 1974, 35.

[42] Vgl. z. B. *Keller*, M., Haftpflicht und Versicherung in der Wertordnung des technischen Zeitalters, in: Festgabe für Oftinger, Zürich 1969, 111 ff.

[43] Vgl. *Luhmann*, Rechtssystem, 35.

[44] Vgl. derselbe, Rechtssystem, 44: Die Dogmatik „leistet keine Folgenintegration in der Realität ihrer Umwelt“. Ähnlich derselbe, Zweckbegriff, 58 ff.

[45] *Ehrenzweig*, A., Versicherung als Haftungsgrund, JBl 72 (1970), 254.

[46] *Luhmann*, Rechtssystem, 13.

[47] Zur Problematik der rechtlichen Regelung von Dauerschuldverhältnissen im Bereich der Warenproduktion vgl. nur *Haußmann*, C., Zum Rechtsverhältnis zwischen Zulieferer und Abnehmer, Rationalisierung, 23. Jg., 1972, Heft 3, 67 ff.

möglich macht, die im Produktschadensfall notwendige und in ihrer Faktizität zu legitimierende Ausgleichung von Verlusten unter mehr als zwei Parteien zu erreichen[48]. Um das zu beweisen, reichen die in dieser Arbeit aufgezeigten qualitativen Wirkungszusammenhänge hin. Sie genügen auch für den Nachweis, daß die effiziente Lösung nicht im Bereich interventionistischer Maßnahmen gefunden werden kann, sondern in erster Linie in einer als Wettbewerbspolitik verstandenen Verbraucherschutzpolitik gesucht werden muß[49], die nicht vor der Konfrontation mit technischen oder ökonomischen „Sachzwängen" kapituliert — eine Gefahr, vor der z. B. *Oftinger*[50] richtig warnt.

12 Bestandsaufnahme

121 Erscheinungsform und Ausmaß von Produktschäden

Das Phänomen des Produktschadens ist keineswegs neu. So hatte sich das Reichsgericht[51] bereits im Jahre 1915 mit dem Fall zu beschäftigen, daß der Käufer eines mit Glassplittern verunreinigten Brunnensalzes Gesundheitsschäden erlitt. Aber während in der darauf folgenden Zeit wenige Produktschadensfälle bekannt wurden, ist seit den fünfziger Jahren ein rapides Ansteigen der Schadensmeldungen in der ganzen Welt zu verzeichnen. Das Schadensbild ist vielfältig. Es reicht vom Bagatellschaden bis hin zur teratogenen Mißbildung ungeborenen Lebens. Eindeutig läßt sich jedoch die Tendenz ablesen, daß die Gefahren aus der Benutzung von Produkten zunehmen. Die Ursachen sind nicht schwer zu erkennen. Massenhafte Herstellung und Verbreitung von Produkten, die für sich genommen schon ein beträchtliches Schadenspotential aufweisen[52], führen zu Schadensdimensionen ungekannten

[48] Daß die Haftungslücke im Verbraucherschutz keine Rechtslücke (vgl. hierzu *Larenz*, K., Methodenlehre der Rechtswissenschaft, Berlin/Heidelberg/New York 1969, 350 ff.) im eigentlichen Sinne ist, daß der Warenabsatz in der Industriegesellschaft dagegen einen Typus sui generis darstellt, der zu seiner „rechtlichen Erfassung weniger der im BGB allenthalben vorausgesetzten privatautonomen Rechtsetzung als vielmehr objektiver, das Massengeschehen als Versorgungsleistung begreifender Normen bedarf", stellt auch *Diederichsen*, Haftung, 331, 355 ff. richtig fest.

[49] Vgl. hierzu auch *Egner*, E., Grundsätze der Verbraucherschutzpolitik, in: Konsum und Nachfrage, hrsg. von E. und M. *Streissler*, Köln/Berlin 1966, 445 ff., insbes. 466.

[50] Vgl. *Oftinger*, K., Punktuationen für eine Konfrontation der Technik mit dem Recht, in: Festschrift der rechts- und staatswissenschaftlichen Fakultät der Universität Zürich zum Zentenarium des Schweizerischen Juristenvereins (1861 - 1961), Zürich 1961, 1 ff.

[51] RGZ 87, 1.

[52] Man denke z. B. nur an die Steigerung der PS-Zahlen und damit der Geschwindigkeiten bei Kraftfahrzeugen oder an elektrische Haushaltsgeräte mit beträchtlicher Leistungsaufnahme. Vgl. auch *Kuhlmann*, A., Der Preis für unsere Zukunft in der Welt der Technik, in: *Kuhlmann* u. a., Fortschritt der Technik mit Umsicht bedacht, Köln 1973, 9 ff., insbes. 20 ff., 22.

Ausmaßes, wenn bei der Herstellung ein Fehler unterläuft. Sowohl für den Geschädigten als auch für den Hersteller kann der Produktschaden ruinöse Größenordnung annehmen. Die Forderung einer Zurechnung des Schadens zum Hersteller fällt um so weniger leicht, als das Risiko nicht unbedingt mit der Unternehmensgröße oder mit dem Wert bzw. Preis eines Produktes korreliert ist: auch Pfennigartikel können Millionenschäden verursachen. Es nimmt daher nicht Wunder, daß die Warenhaftung zum „Schreckgespenst" der Produzenten geworden ist[53].

Nun ist es nicht so, daß der Produktschaden die regelmäßige Konsequenz der Herstellung bzw. des Ge- und Verbrauchs von Produkten ist. Dennoch stellt er keineswegs eine „quantité neglegeable" dar, wie folgende Zusammenstellung, die keinen Anspruch auf Vollständigkeit erhebt, beweist.

Auf die Aufzählung von rechtshängig gewordenen Produktschadensfällen im englischen, französischen, schweizerischen oder amerikanischen Rechtskreis kann hier verzichtet werden. Es sei an dieser Stelle nur auf entsprechende Monographien[54], rechtsvergleichende Darstellungen[55] und auf die zahlreich zitierten ausländischen Entscheidungen bei *Schmidt-Salzer*[56] verwiesen. Soweit sich die deutsche Rechtsprechung mit Ersatzansprüchen aus Produktschäden auseinandersetzen mußte, sind die veröffentlichten höchstrichterlichen Entscheidungen im Kapitel 122 aufgeführt[57]

Auch wenn man zugute hält, daß in Berichten über Haftungsprozesse insofern kein für die gesamte Produktschadensproblematik repräsen-

---

[53] Vgl. *Weitnauer*, H., Gedanken zu Stand und Reform des Schadensersatzrechts, VersR 63, 111.

[54] Siehe z. B. *Biolek*, A., Die Schadensersatzpflicht des Verkäufers und des Herstellers mangelhafter Waren nach englischem Recht, Diss. Freiburg 1962; *Brake*, Die Schadensersatzpflicht, a.a.O., passim; *Poole*, F. Th., Employer's liability and compulsory insurance, The New Law Journal 1971, 1088 ff.; *Hippel*, E. von, Schadensersatzklagen gegen deutsche Produzenten in den Vereinigten Staaten, AWD BB 71, 61 ff.; *Overstake*, J. F., La responsabilité du fabricant de produits dangereux, Revue trimestrielle de droit civil, 1972, 485 ff.

[55] Siehe z. B. *Lorenz*, W. / *Kruse*, V., Die Haftung des Warenherstellers (Länderbericht), in: Verhandlungen der Fachgruppe für Zivilrechtsvergleichung, anläßlich der Tagung für Rechtsvergleichung in Kiel 1965, Frankfurt/Berlin 1966; *Lorenz*, W., Rechtsvergleichendes zur Haftung des Warenherstellers und Lieferanten gegenüber Dritten, Festschrift für Nottarp, Karlsruhe 1961, 59 ff.; vgl. aber auch die Zitate bei *Lorenz*, Warenabsatz, 8 ff.; *Wolany*, J., Zur „vendeur-fabricant"-Haftung, Karlsruher Forum 1963, 17; *Weimar*, Untersuchungen, 5 ff., 101 f.; *Adolff*, 96 ff.; *Diederichsen*, Haftung, 208 ff.; *Lorenz*, W., Einige rechtsvergleichende Bemerkungen zum gegenwärtigen Stand der Produkthaftpflicht im deutschen Recht, RabelsZ 34, 1970, 14 ff., insbes. 36 ff.

[56] *Schmidt-Salzer*, Produkthaftung, passim.

[57] Vgl. aber auch *Soergel / Zeuner*, § 823, Rdnr. 99 - 101, 114. *Palandt / Thomas*, Anm. 16 zu § 823.

tatives Material gesehen werden kann, als schon Prozeßbarriere und Instanzenweg für eine negative Auslese sorgen, bestätigt sich doch hier die zunehmende Tendenz des Produktschadens.

Überschlägig haben von 1907 bis 1941, also in mehr als 30 Jahren, 9 Fälle das Reichsgericht beschäftigt. Von 1950 bis 1960, in einem Zeitraum von nurmehr 10 Jahren also, waren es bereits 18, von 1960 bis 1970 ebensoviele und von 1970 bis Ende 1974 11 Fälle, die vor dem BGH oder einem Instanzengericht entschieden wurden. Die Sachverhalte betrafen Produkte aus allen Bereichen. Den Hauptanteil an der Fallsammlung haben naturgemäß Entscheidungen, denen im Konsumgüterbereich Produktschäden durch Lebensmittel, Pharmazeutika, Haushaltsgeräte und Kraftwagen zugrunde lagen.

Dennoch können die Urteile keine hinreichende Stichprobe für die Abschätzung der Produktschadensentwicklung sein. Hilfreicher sind da schon die Angaben der Versicherer, wenn auch sie kein vollständiges Bild vermitteln können. Die Verlautbarungen beschränken sich zu sehr auf die spektakulären Großschäden[58], als daß sie als repräsentativ für das Produktschadensphänomen angesehen werden könnten. Schadenssumen von 10 Millionen US-Dollar im Futtermittelfall (USA 1952/53), 12 Millionen US-Dollar Schadensersatz im Impfstoff-Fall (USA 1955)[59], 102 Todesfälle und zum Teil bleibende Körperschäden bei 115 Personen, eine Schadenssumme von insgesamt 10 Millionen FF im *Stalinon*-Fall (Hautmittel, Frankreich 1957), 73 Todesfälle durch ein Kinderpuder *(Baumol)* im Jahre 1959[60], 1410 Anspruchssteller mit Schadensersatzforderungen in Höhe von ca. 400 Millionen US-Dollar im *Mer 29*-Fall (USA 1960)[61] und die vom Hersteller allein in Deutschland angebotene Vergleichssumme von 100 Millionen D-Mark in *Contergan*-Fall[62] dürften zwar mehr als die Spitze, aber doch nicht den ganzen Eisberg erkennen lassen. Eine umfassende Statistik des Produktschadens steht indes bis heute noch aus[63].

---

58 Vgl. zum folgenden *Roth*, Th., Die Produkte-Haftpflichtversicherung — versicherungsrechtliche und versicherungstechnische Probleme, Karlsruher Forum 1963, 24 f., insbes. 25; und auch *Odermatt, Schmidlin, Schürpf, Zollikofer*, Produkte-Haftpflicht, Bulletin der Schweizerischen Rückversicherungsgesellschaft, Zürich 1970, Teil I, 9 ff.

59 Vgl. Graf von *Westphalen*, F., „Gefährdung soll genügen", in: Rheinischer Merkur vom 5. 3. 1971.

60 Ein ähnlicher Fall ging 1972 durch die deutsche Presse, siehe unten,

61 Vgl. auch SVZ 66, 161; *Steiner*, H., Aktuelle Fragen der Betriebshaftpflichtversicherung, SVZ 34 (1966/1967), 360.

62 Zusätzlich verpflichtete sich die Bundesregierung mindestens 50 Mio. DM der Stiftung für die rehabilitationsbedürftigen Kinder zur Verfügung zu stellen. Vgl. auch *Böhm*, D., Die Entschädigung der Contergan-Kinder, Siegen 1973, 16 f., 173.

63 Vgl. *Schürpf*, W., Produktehaftpflicht in multinationalen Unternehmungen, VersWirtsch 1, 1973, 25: „Es wird geschätzt, daß das weltweite Prämien-

Das kann nicht überraschen, einmal, weil die Erfassung der Schäden nicht trivial ist, zum anderen, weil weder der betroffene Hersteller noch sein Versicherer daran interessiert sind, diesbezügliche Zahlen zu publizieren[64]. Der Hersteller wird oft dem vorprozessualen Vergleich den Vorzug geben[65]. So ist man auf unexakte Globalaussagen und partielle Abschätzungen angewiesen. „In den USA wird gegenwärtig mit einer jährlichen Zahl von 500 000 Schadensersatzforderungen aus Produktschäden gerechnet; für 1975 lauten die Voraussagen bereits auf 1 Million Fälle[66].“ Für 1972 wird aus Deutschland berichtet, daß in der Industriehaftpflichtversicherung bereits 50 % der Schadensquote auf Produkthaftpflichtfälle zurückzuführen ist[67]. Nach Aussage der amerikanischen „National Commission on Product Safety“ werden jedes Jahr 20 Millionen Amerikaner durch Konsumgüter verletzt; 30 000 Personen werden getötet, 110 000 tragen bleibende Schäden davon. Die volkswirtschaftlichen Kosten werden mit ca. 5,5 Mrd. US-Dollar angegeben[68]. Eine Million Personen werden jedes Jahr nach Angaben des amerikanischen Gesundheitsdienstes in den USA durch elektrische Haushaltsgeräte verletzt. Angeblich beruhen 40 % der Verletzungen auf Mängeln der Konstruktion, 30 % entfallen auf Fabrikationsfehler und nur 20 % sind auf falsche Benutzung zurückzuführen[69]. Eine, allerdings umstrittene, amerikanische Studie geht davon aus, daß jährlich 30 000 Amerikaner an Arzneimittelnebenwirkungen sterben, und allein die Krankenhausbehandlung von an Nebenwirkungen Erkrankten jährlich 2 Milliarden US-Dollar kosten würde[70]. Dieses auf Produktfehler zurückzuführende Schadensausmaß erscheint bedrückend, um so mehr, wenn man sich nicht nur die immensen einzelnen und volkswirtschaftlichen Verluste, sondern auch das Ausmaß des dahinterstehenden intangiblen persönlichen Leidens vor Augen hält.

---

volumen in der Allgemeinen Haftpflichtversicherung, also unter Ausschluß der Auto-, Schiffs- und Flugzeughaftpflichtversicherung ... 1970 nicht weniger als 3,5 Mrd. US-Dollar betrug. Wir wissen allerdings nicht, wieviel davon auf die Produktehaftpflicht entfiel.“

[64] So auch *Diederichsen*, Haftung, 4 f.; FAZ vom 1. 3. 1972, „An der ‚inneren Sicherheit‘ fehlt es immer noch — Aber die Versicherer schweigen weiter über das Risiko einzelner Auto-Typen“.

[65] Vgl. auch *Simon*, H., Referat anläßlich des 47. Deutschen Juristentages, Band II, München 1969, 16.

[66] *Schürpf*, VersWirtsch 1, 1973, 25.

[67] Derselbe, ebenda.

[68] Derselbe, ebenda.

[69] Vgl. *Schürpf*, W., Probleme und Tendenzen in der Produktehaftpflicht und ihrer Versicherung (I), VersWirtsch 6/71, 341, m. w. Nachw.

[70] Vgl. Pharmazeutische Industrie, 36, Nr. 6 (1974), 403.

122 Entwicklung und Stand der Rechtsprechung zur Produzentenhaftung

Im folgenden sollen die einschlägigen Entscheidungen der deutschen höchstrichterlichen Rechtsprechung zur Waren- bzw. speziell zur Produzentenhaftung in chronologischer Abfolge referiert werden[71]. Die Aufstellung unter diesem Gesichtspunkt hat den Vorteil, einen Überblick über die Entwicklung zu vermitteln und gleichzeitig die Rechtsfortbildung auf diesem Gebiet des Haftungsrechts zu verdeutlichen. Der Vollständigkeit halber werden hier nicht nur jene Entscheidungen referiert, in denen sich — wegen des Fehlens von Vertragsbeziehungen — der Anspruch des Geschädigten gegen den Hersteller zwangsläufig nur auf die Deliktsvorschriften gestützt hat. Schließlich geben auch diejenigen Fälle Aufschluß über das Bemühen der Rechtsprechung um einen befriedigenden Verbraucherschutz, in denen auf vertragliche oder vertragsähnliche Beziehungen zwischen Hersteller und Geschädigtem zurückgegriffen werden konnte.

Zum ersten Mal mußte sich das RG im Brunnensalzfall[72] im Jahre 1915 mit dem Problem der Herstellerhaftung für eine originalverpackte Ware auseinandersetzen. Die Klägerin hatte durch einen Apotheker ein Heilsalz bezogen, nach dessen Genuß sie erkrankte. Es stellte sich heraus, daß sich in dem Salz feine Glassplitter befanden. Das RG verwarf die Annahme einer vertraglichen Haftung und gab dem Klageanspruch aus § 823 statt, indem es den Entlastungsbeweis des Herstellers gemäß § 831 nicht als erbracht erachtete. 1919 gab das RG der Klage eines Gastes statt, dem der Wirt in einer Gaststätte, offensichtlich infolge einer Verwechslung — wobei der wahre Sachverhalt allerdings nicht vollkommen geklärt werden konnte —, fahrlässig Salmiak in einer Seltersflasche vorgesetzt hatte und der dadurch einen Gesundheitsschaden davontrug[73].

In der „Saatgut-Entscheidung“[74], in der der Klägerin als Zwischenhändlerin anstelle des bestellten Sommerweizens Winterweizen geliefert wurde, gelangte das RG zu dem Ergebnis, daß „Getreidesaatgutkäufe notwendig völlige Vertrauensgeschäfte sind, die redlicherweise nur auf dem Boden der Garantiehaftung gewollt sein können und gewollt sein dürfen“[75], und gab dem Schadensersatzanspruch statt. Der hier ausgesprochene Gedanke der Garantiehaftung für Produktfolgeschäden im Saatgutfall fand allerdings keinen Eingang in die allge-

---

[71] Vgl. zum ganzen auch die Nachweise bei *Diederichsen*, Haftung, passim; *Dunz / Kraus*, 146 ff.; *Schmidt-Salzer*, Produkthaftung, passim; und statt aller *Palandt / Thomas*, Anm. 16 zu § 823.

[72] RG vom 25. 2. 1915 (VI 526/14) RGZ 87, 1.

[73] RG vom 6. 11. 1919 (VI 215/19) RGZ 97, 116.

[74] RG vom 25. 10. 1921 (III 378/21) RGZ 103, 77.

[75] RGZ 103, 79.

meine Produkthaftung. Ebensowenig setzte sich die Konstruktion durch, die das Reichsgericht 1923 im Falle der Lieferung einer explodierenden Wasserstoffflasche annahm: daß nämlich der Hersteller als Erfüllungsgehilfe des Zwischenhändlers anzusehen sei und Herstellerverschulden somit eine Händlerhaftung begründen kann[76]. Das gleiche gilt für die Annahme, daß die Lieferung schlechter Ware eine sittenwidrige Schädigung darstellt und daher einen Anspruch des Geschädigten aus § 826 begründet, der auch den Ersatz des reinen Vermögensschadens umfassen würde. Lediglich in den beiden Ziegelsteinfällen[77] und im Kraftdroschken-Urteil[78] wurde dieser Tatbestand angezogen. Kennzeichnend in diesen Fällen war hierbei das arglistige Verhalten der Hersteller, zu dem noch gravierend die besondere Gefährdung der Produktnutzer hinzutrat. Während das Verhalten der Hersteller der Ziegelsteine deshalb so verwerflich war, weil sie sich darüber im klaren waren, daß die Kalkeinschlüsse in den Ziegeln deren Tragfähigkeit erheblich vermindern mußten und so „eine Lieferung ... dieser ... Steine unabsehbare Folgen sowohl für Leib und Leben des Bauherrn wie für dessen Haus haben könnten"[79], verstieß nach der Auffassung des RG der Assembler der Kraftdroschken gegen die guten Sitten, weil er der mit der mangelhaften Bremseinrichtung verbundenen Gefahr freien Lauf ließ und keine wirksame Abhilfe schuf, obwohl ihm der Mangel bekannt war[80]. Fragen der Drittschadensliquidation, der Zusicherungshaftung und des Anspruchs aus positiver Forderungsverletzung beschäftigten 1941 das RG im Zusammenhang mit der Lieferung offensichtlich zu nasser Holzbohlen, die nach ihrem Einbau zu Rissen im Fußboden führten, ohne daß es zu einer abschließenden Feststellung kam[81]. Im ersten Produktschadensfall, den der BGH zu behandeln hatte, ging es um giftiges Speiseöl, das ein Hersteller in den Verkehr gebracht hatte[82]. Angesichts der schwierigen Beweislage für den Geschädigten ließ der Senat den Anscheinsbeweis dafür zu, daß das giftige Öl durch ein Organisationsverschulden des Herstellers in den Verkehr kam. Das „Rungenverschluß-Urteil" im gleichen Jahr nimmt zum ersten Mal konkret zu konstruktiven Erfordernissen eines Produkts Stellung[83]. Der BGH sah in der Konstruktion des Rungenverschlusses

76 RG vom 21. 9. 1923 (III 569/22) RGZ 108, 221.

77 RG vom 10. 2. 1933 (II 268/32) LZ 33 659; BGH vom 11. 7. 1958 (VI ZR 158/57) VersR 58, 672.

78 RG vom 17. 1. 1940 (II 82/39) RGZ 163, 21 und RG vom 3. 4. 1940 (II 148/39) DR 1940, 1293.

79 BGH VersR 58, 673.

80 Vgl. RGZ 163, 26.

81 RG vom 13. 11. 1940 (II 45/40) DR 1941, 637.

82 BGH vom 1. 4. 1952 (VI ZR 77/52) LM BGB § 823 (Aa) Nr. 7 = LM ZPO § 286 (C) Nr. 12 = BB 53, 398 = DB 53, 424 = VersR 53, 242.

83 BGH vom 23. 6. 1952 (III ZR 168/51) LM BGB § 823 (C) Nr. 5 = BB 52, 587 = DB 52, 652 = NJW 52, 1091 = VersR 52, 357.

eines Langholzwagens, bei dessen Versagen ein Holzarbeiter zu Schaden kam, einen nach dem damaligen Stand der Technik vermeidbaren Mangel und verurteilte den Hersteller zu Schadensersatz. Auf die besonderen Sorgfaltspflichten, die auf dem Betrieb eines Gewerbes resultieren, nimmt der BGH im Trinkmilchfall[84] Bezug. Der Vorwurf gegen die Molkerei gründete sich darauf, Milch ohne vorherige Pasteurisierung auf den Markt gebracht zu haben.

War die Rechtsprechung bis dato verbraucherfreundlich bzw. darum bemüht, den Geschädigten nicht leer ausgehen zu lassen, zeichnet sich in den Entscheidungen bis etwa 1959 ein Tendenzumschwung ab. Diese Wende kann möglicherweise damit erklärt werden, daß man der Meinung war, den Unternehmer als Träger des damaligen „Wirtschaftswunders" möglichst keinen prohibitiven Einflüssen durch ein strenges Haftungsrecht auszusetzen. Jedenfalls konnten die Imker, die durch die Anwendung eines Schädlingsbekämpfungsmittels, das vom Hersteller zur Vertilgung von Wachsmotten, die für die Bienenwaben bekanntlich schädlich sind, sogar angepriesen wurde, auch ihre Bienenvölker einbüßten, genausowenig Ersatz erlangen[85] wie ein Motorroller-Fahrer, der infolge eines Defekts an der Lenkung seines fabrikneuen Rollers stürzte[86]. Nicht besser erging es einem Radfahrer, der zu Fall kam, weil die Fahrradgabel im Herstellerwerk fehlerhaft montiert worden war[87], einem Landarbeiter, den die wegen unzureichender Befestigung weggeschleuderte Antriebsscheibe einer Dreschmaschine verletzte[88], einem Landwirt, dem die frei rotierende Gelenkwelle einer Baumspritze das Bein abriß[89], der Witwe eines Bauhilfsarbeiters, dem ein unzureichend gesicherter Fensterkran zum Verhängnis wurde[90],

---

84 BGH vom 16. 12. 1953 (VI ZR 12/53) LM BGB § 823 (Eh) Nr. 3 = RdL 54/95 = VersR 54, 100.

85 BGH vom 5. 11. 1955 (VI ZR 199/54) BB 55, 1109 = VersR 55, 765. Der Senat stellte auf die Instruktionspflichten des Herstellers ab und kommt zu dem bemerkenswerten Ergebnis: „Von dem Hersteller eines Mittels, das nach seiner Beschreibung zur Bekämpfung von Insekten dienen soll, kann bei der Werbung kein Hinweis darüber verlangt werden (sic!), daß auch nützliche Insekten der Auswirkung des Mittels ausgesetzt sein können." (BB 55, 1109.)

86 BGH vom 15. 3. 1956 (II ZR 284/54) LM BGB § 276 (Hb) Nr. 2 = BB 56, 320 = DB 56, 348 = VersR 56, 359. Der Schadensersatzanspruch, der sich hier allerdings gegen den Vertragshändler richtete, konnte nach Meinung des BGH nicht durchdringen, weil den Verkäufer „grundsätzlich" keine Untersuchungspflicht eines fabrikneuen Kraftfahrzeugs trifft und das Lieferwerk nicht als Erfüllungsgehilfe des Händlers anzusehen ist.

87 BGH vom 21. 4. 1956 (VI ZR 36/58) LM ZPO § 286 (C) Nr. 24 = BB 56, 572 = DB 56, 592 = VersR 56, 410.

88 BGH vom 25. 4. 1956 (VI ZR 34/55) LM BGB § 328 Nr. 11 = BB 56, 574 = NJW 56, 1193 (mit Anm. von *Larenz*) = VersR 56, 419.

89 BGH vom 17. 5. 1957 (VI ZR 120/56) VersR 57, 584.

90 BGH vom 14. 4. 1959 (VI ZR 94/58) LM BGB § 823 (Db) Nr. 8 = BB 59, 576 = MDR 59, 570 = NJW 59, 1219 = VersR 59, 523.

und dem Betriebsleiter einer Dampfwaschanlage, der durch einen explodierenden Kondenstopf, welcher an einer Stelle nur ein Drittel der Sollwandstärke aufwies, verletzt wurde[91]. Abgesehen vom Mineralwasserflaschen-Fall, in dem das LG Hanau der Klage eines Mädchens stattgab, das durch eine offensichtlich wegen unsachgemäßer Füllung explodierende Flasche ein Auge verlor[92], legt die Rechtsprechung erst wieder Ende 1958 strengere Maßstäbe an das Herstellerverhalten bzw. den Entlastungsbeweis an, indem sie der Witwe eines von einem Greifbaggerkorb erschlagenen Bauarbeiters einen über die Sozialrente hinausgehenden Unterhaltsanspruch gegen den Hersteller des fehlerhaften Seilschlosses zusprach[93]. Von diesem Zeitpunkt an ist eine sukzessive Steigerung der dem Hersteller abverlangten Verkehrssicherungspflichten und Beweisanforderungen zu beobachten, so daß nur mit wenigen Ausnahmen alle Haftungsprozesse bis heute günstig für den Geschädigten ausgingen. Im Skilift-Fall[94], bei dem ein 14-jähriges Mädchen nahezu alle Finger beider Hände verlor, weil sie mit den Händen in die ungesicherte Seilumlenkrolle des Liftes geriet, lag der Haftungsgrund im Verstoß gegen die elementaren Sicherheitsvorschriften für den Bau und Betrieb der Liftanlage. Der unterlassene Hinweis auf die Feuergefährlichkeit des Mittels führte zur Haftung des Herstellers eines Rostschutzmittels für die Brandverletzung einer Arbeiterin aus dem Rechtsinstitut des Vertrags mit Schutzwirkung für Dritte[95], zur Schadensersatzpflicht des Herstellers eines Fußbodenklebemittels, dessen entflammbare Dämpfe sich entzündeten, wodurch während des Verlegens des Fußbodens die in der Küche am Herd hantierende Hausfrau beträchtliche Brandwunden erlitt[96], und zur Haftung eines Grundiermittelherstellers gemäß § 823 II wegen des Verstoßes gegen die Polizeiverordnung zur Kennzeichnung feuergefährlicher Stoffe[97]. Dagegen brauchte die Lieferfirma einer Holztrocknungsanlage für den durch einen Rohrleitungsbruch entstandenen Brandschaden nicht aufzukommen, weil einerseits in den Montagebedingungen die Haftung ausgeschlossen war und zum anderen die geschädigte Firma ein beachtliches Mitverschulden an der Entstehung des Schadens traf[98].

---

[91] BGH vom 5. 7. 1960 (VI ZR 130/59) VersR 60, 855.

[92] LG Hanau VersR 56, 785.

[93] BGH vom 28. 10. 1958 (VI ZR 176/57) VersR 59, 104.

[94] BGH vom 28. 4. 1959 (VI ZR 92/58) VersR 59, 732.

[95] BGH vom 15. 5. 1959 (VI ZR 109/58) LM BGB § 328 Nr. 18 = BB 59, 792 = JZ 60, 124 = MDR 59, 747 = NJW 59, 1676 = VersR 59, 645.

[96] BGH vom 20. 10. 1959 (VI ZR 152/58) BB 59, 1186 = VersR 60, 342.

[97] BGH vom 16. 1. 1962 (VI ZR 96/61) VersR 62, 372; vgl. aber auch OLG Stuttgart vom 10. 1. 1974 (10 U 111/73) VersR 74, 660 = DB 74, 148.

[98] BGH vom 17. 9. 1959 (VII ZR 60/58) VersR 59, 1000.

Das einzige Mal, daß die Rechtsprechung die Drittschadensliquidation eines Produktschadens zugelassen hat, war im Schmiermittelfall[99]: ein Fett für Spinnmaschinen ließ sich trotz gegenstehender Zusicherung des Lieferanten aus den Geweben nicht mehr vollständig auswaschen. Vier Jahre später nahm der Senat diesem Rechtsinstitut mit seiner ausführlichen Stellungnahme im Gürtel-Fall[100], wo er die Einklagung des Drittschadens von Konfektionären von Damenkleidern in Form von Verfärbungen als Folge eines nicht farbechten Leders durch die Gürtelfabrik beim Lederhersteller nicht zuließ, jede weitere Bedeutung für die Warenhaftung. Dagegen wurde der Inhalt der deliktsrechtlichen Herstellerpflichten ständig erweitert. Der Hersteller einer Kiessiloanlage, die zusammenstürzte, weil sie nur halbfertig verankert war, verstieß nach der Auffassung des BGH gegen die ihm obliegenden Sorgfaltspflichten[101], obwohl er dem Inhaber der Anlage die vorzeitige Inbetriebnahme untersagt hatte, ebenso wie der Hersteller einer Kühlmaschine, der es versäumte, durch konstruktive Maßnahmen dagegen vorzubeugen, daß nach längerem Stillstand der Maschine unter hohem Druck stehendes Ammoniak ausströmen konnte[102], und wie die Firma, die den Einsatz ihres Auftautransformators leichtfertig als völlig ungefährlich anpries, was, wie ein beträchtlicher Brandschaden erwies, keineswegs zutraf[103].

Der Blechgefäß-Fall[104], in dem es um die Verletzung eines Malers durch einen mit 50 kg Spachtelmasse gefüllten Blecheimers ging, dessen Griff nicht die erforderliche Tragfähigkeit aufwies, ist insofern interessant, als hier zum ersten Mal deutlich der Zielkonflikt zwischen dem Gewinnstreben und dem Bemühen um Produktsicherheit ausgesprochen wird. So führt der Senat aus: „Für ihn (den Hersteller) stand, wie er einräumt, die wirtschaftliche Überlegung im Vordergrund, daß er ‚brutto für netto' (d. h. ohne gesonderte Berechnung der Emballage) liefern mußte, und daß deshalb die Wahl eines schwereren Gefäßes ... seine Kalkulation empfindlich belastet hätte[105]."

Daß ein Baumaschinenfachhändler für die Folgeschäden einzustehen hat, die aufgrund unzureichender Anweisungen zur Bedienung einer Betonmischmaschine entstanden sind, und daß der Hersteller,

---

99 BGH vom 7. 8. 1959 (VIII ZR 113/58) DB 59, 1083; ausführlicher dargestellt allerdings bei *Erman*, 3. Aufl., Anm. 11 zu § 249.

100 BGH vom 10. 7. 1963 (VIII ZR 204/61) LM BGB § 249 (D) Nr. 6 = BGHZ 40, 91 = BB 63, 1172 = JuS 64, 35 = MDR 63, 1005 = NJW 63, 2071 = VersR 63, 1172 = WM 63, 993.

101 BGH vom 8. 7. 1960 (VI ZR 159/59) VersR 60, 855.

102 BGH vom 18. 10. 1960 (VI ZR 8/60) VersR 60, 1095.

103 BGH vom 30. 4. 1963 (VI ZR 7/62) VersR 63, 860.

104 BGH vom 28. 2. 1967 (VI ZR 14/65) VersR 67, 498.

105 BGH VersR 67, 499.

der die Bedienungsanleitung verfaßt hatte, als Erfüllungsgehilfe des Händlers anzusehen ist, hat der BGH in einem weiteren Urteil 1967 festgestellt[106]. Das Urteil ist insofern bemerkenswert, als der Senat hier erstmals Stellung zum in den Verkaufsbedingungen erklärten Haftungsausschluß für Folgeschäden nimmt und zu dem Ergebnis kommt, daß Unklarheiten in der Abfassung zu Lasten des Herstellers bzw. Händlers gehen[107].

Die verbraucherfreundliche Haltung der Rechtsprechung setzte sich weiter fort. Im *Trevira*-Fall[108] kam der BGH zur Ansicht, daß unter gewissen Voraussetzungen dem Markennahmen und den bei der Werbung für die Marke getroffenen Aussagen Zusicherungscharakter zukommen kann, die für spezifische Mängel eine Folgeschadenshaftung auszulösen vermögen. Konsequent vertrat späterhin der Senat im Kleber-Fall[109] die Auffassung, daß die Zusicherung bestimmter Eigenschaften den Verkäufer auch dann schadensersatzpflichtig macht, wenn gerade diese Einstandspflicht in den Allgemeinen Geschäftsbedingungen abbedungen wurde[110]. Anders als im Dieselöl-Fall[111], wo in der Lieferung von Dieselkraftstoff noch keine implizite Zusicherung der Normgerechtheit der Ware im Sinne der DIN 51601 gesehen wurde[112], ging das Lack-Urteil[113], das *Graf von Westphalen* als den „Höhepunkt der Produzentenhaftpflicht nach Maßgabe der §§ 459 ff. ...“[114] apostrophierte, einen Schritt weiter: der BGH ging hier davon aus, daß im Rahmen des Dauerlieferungsverhältnisses von Fensterlack auch eine stillschweigende Zusicherung der Unschädlichkeit des Lacks für das bearbeitete Holz anzunehmen war[115]. Damit hatte die Produzentenhaftpflicht, soweit sie auf ein Vertragsverhältnis zwischen Hersteller und Geschädigtem

---

106 BGH vom 5. 4. 1967 (VIII ZR 32/65) BGHZ 47, 313 = LM BGB § 278 Nr. 45 = BB 67, 560 = DB 67, 813 = JZ 68, 228 = MDR 67, 577 = NJW 67, 1805 = VersR 67, 688 = WM 67, 480.

107 BGH VersR 67, 690 f.

108 BGH vom 21. 6. 1967 (VIII ZR 26/55) BGHZ 48, 118 = LM BGB § 480 Nr. 6 = BB 67, 903 = DB 67, 1407 = MDR 67, 916 = NJW 67, 1903. Siehe hierzu auch die Entscheidungsrezension von *Teichmann*, A., Schadensersatz bei fehlerhafter Ware — BGHZ 48, 118, JuS 68, 315.

109 BGH vom 29. 5. 1968 (VIII ZR 77/66) BGHZ 50, 200 = LM BGB § 463 Nr. 14 = BB 68, 765 = DB 68, 1171 = JZ 68, 530 = NJW 68, 1622 = WM 68, 828.

110 Vgl. auch BGH vom 28. 4. 1971 (VIII ZR 258/69) BB 71, 673 (Fehlkonstruktion eines Tanklastzugs).

111 BGH vom 25. 9. 1968 (VIII ZR 108/66) BB 68, 1216 = NJW 68, 2238.

112 Ähnlich die Entscheidung des Berliner Kammergerichts vom 3. 11. 1972 (11 U 1137/72) DAR 73, 171 = VersR 73, 256.

113 BGH vom 5. 6. 1972 (VIII ZR 74/71) BB 72, 1069 = NJW 72, 1706.

114 BB 72, 1070 ff.

115 Vgl. hierzu kritisch *Teichmann*, A. und *Hansen*, R., Zur Zusicherung nach § 463 BGB, NJW 73, 20.

begründet war, faktisch den Stand einer verschuldensunabhängigen Gefährdungshaftung erreicht, wenngleich der BGH noch im Falle der Lieferung eines unzureichenden Wärmetauschers[116] und auch wieder im Silo-Urteil[117] den Haftungsausschluß des Herstellers für Folgeschäden für zulässig erklärte.

Auch dort, wo keine Vertragsbeziehungen zwischen Hersteller und Geschädigtem bestanden, wurde die Produzentenhaftung verschärft. Schnitt der BGH schon im Schubstreben-Fall[118], wo durch den Bruch einer kaltgeschmiedeten Schubstrebe einer PKW-Hinterachse das Fahrzeug von der Straße abgekommen war und die Insassen zu Schaden kamen, dem Hersteller den dezentralisierten Entlastungsbeweis ab, stellt das Hühnerpest-Urteil[119] den eigentlichen Durchbruch in der Produzentenhaftung dar. In einer Hühnerfarm waren nach der Impfung der Tiere mit einem mit lebenden Viren versetzten Serum alle Tiere eingegangen. Der BGH kehrte die Beweislast um und verlangte vom Hersteller den Nachweis dafür, daß ihm bei der Herstellung und Qualitätskontrolle kein Verschulden anzulasten sei, wobei der Anscheinsbeweis für sein schuldhaftes Verhalten nicht schon durch Hypothesen anderer Fehlerursachen außerhalb des Verantwortungsbereichs des Herstellers entkräftet werden dürfe[120]. Diese Grundsätze führten auch zum Erfolg der Schadensersatzklage eines Arztes, der beim sachgemäßen Abbrennen eines Feuerwerkskörpers durch einen weggeschleuderten Sprengkörper ein Auge verlor[121].

Noch einen Schritt weiter ging das Bremsen-Urteil[122], indem es dem Geschädigten auch den Nachweis der Fehlerhaftigkeit des Produktes erleichterte. Die Insassen eines PKWs wurden verletzt, als der Wagen auf der Rückfahrt von der Zulassungsstelle bei einem Bremsmanöver von der Fahrbahn abkam und sich überschlug. Der BGH erachtete bei der Würdigung des Unfallhergangs bzw. bei der Klärung der Schadenskausalität, d. h. in diesem Fall bei der Frage, ob die Unfallursache im

---

[116] BGH vom 9. 7. 1970 (VII ZR 70/68) BGHZ 54, 236 = BB 70, 1025.

[117] BGH vom 6. 12. 1973 (VII ZR 17/72) BB 74, 104.

[118] BGH vom 17. 10. 1967 (VI ZR 70/66) BB 67, 1357 = DAR 68, 17 = DB 67, 2068 = MDR 68, 139 = NJW 68, 247 = VersR 67, 1198.

[119] BGH vom 26. 11. 1968 (VI ZR 212/66) BGHZ 51, 91 = JZ 69, 387 = NJW 69, 269 = VersR 69, 155.

[120] Vgl. BGH NJW 69, 274: „... der Hersteller kann dann, wenn es um Schäden geht, die aus dem Gefahrenbereich seines Betriebes erwachsen sind, noch nicht dadurch als entlastet angesehen werden, daß er Möglichkeiten aufzeigt, nach denen der Fehler des Produktes auch ohne ein in seinem Organisationsbereich liegendes Verschulden entstanden sein kann."

[121] BGH vom 19. 6. 1973 (VI ZR 178/71) NJW 73, 1602 = MDR 73, 840 = JR 73, 501.

[122] BGH vom 28. 9. 1970 (VIII ZR 166/68) LM BGB § 433, Nr. 36 = JZ 71, 29 = VersR 71, 80.

Fehlverhalten des Fahrers oder im Versagen der Bremsvorrichtung gesehen werden mußte, den Anscheinsbeweis für zulässig, der hier angesichts der Straßenverhältnisse und der bereits bekannten, konstruktiv bedingten Unfallanfälligkeit der Bremsanlage für einen Fehler am Fahrzeug sprach.

Unterstützt durch gesetzgeberische Maßnahmen wie die Neuordnung des Arzneimittelrechts mit dem Arzneimittelgesetz vom 1. 8. 1961 und die Einführung des Maschinenschutzgesetzes vom 24. 6. 1968 wurden neben den prozessualen Erleichterungen für den Geschädigten auch die Pflichteninhalte des Herstellerverhaltens hin zu höherer Sorgfalt verschoben. So hatte die Herstellerfirma einer ohne Schutzabdeckung gelieferten Kreissäge für die Unfallfolgen schon wegen des Verstoßes gegen die Unfallverhütungsvorschriften einzustehen, wobei der Geschädigte allerdings sein beträchtliches Mitverschulden sich anrechnen lassen mußte[123]. Und der Hersteller des Narkosemittels *Estil*[124] wurde wegen unzureichender Hinweise auf die schweren Gesundheitsschäden, die bei unrichtiger Injektion des Mittels entstehen konnten, zum Schadensersatz verurteilt, obwohl für die Entstehung des Schadens zunächst ein Kunstfehler des behandelnden Arztes ursächlich war. Lediglich im Falle einer unzureichend gesicherten Förderanlage[125], in der ein Arbeiter tödlich verunglückte und im Falle der Lieferung mangelhafter Wasserrohre[126] ließen sich nach geltendem Recht die Ansprüche der Geschädigten nicht durchsetzen, wobei dahingestellt bleiben mag, ob im Förderanlagen-Fall eine vermehrte Anspannung der Verkehrssicherungspflichten deshalb nicht vorgenommen wurde, weil der Kläger ein Unfallversicherer und der Schaden damit bereits sozialisiert war.

Im ganzen gesehen scheint also die Rechtsprechung heute in der Lage, mit den vorhandenen Rechtsinstituten in den meisten Produktschadensfällen den Geschädigten zum Ersatz ihrer Schäden verhelfen zu können. Daß von den etwa 50 Produktschadensfällen, die die Rechtsprechung unter dem Gesichtspunkt der Herstellerhaftung beschäftigten, mehr als zwei Drittel zugunsten der Geschädigten ausgingen, läßt bei allen Vorbehalten, die wegen der kleinen und gegenüber der Grundgesamtheit wohl verfälschten Stichprobe der rechtshängig gewordenen

---

[123] OLG Hamm vom 18. 1. 1971 (3 U 193/70) BB 71, 845 = MDR 71, 488.

[124] BGH vom 11. 7. 1972 (VI ZR 193/70) BB 72, 1161 = DB 72, 1769 = NJW 72, 2217 = VersR 72, 1075; vgl. aber auch *Hasskarl*, H., Aufklärungspflichten des Warenherstellers, BB 73, 120 ff.; *Rebe*, B., Produzentenhaftung bei Verletzung der Aufklärungspflicht — BGH NJW 72, 2217, JuS 74, 429 ff.

[125] BGH vom 5. 11. 1971 (VI ZR 58/70) BB 72, 13 = DB 72, 85 = VersR 72, 149.

[126] BGH vom 14. 5. 1974 (VI ZR 48/73) BB 74, 998 = DB 74, 1427 = NJW 74, 1503 = VersR 74, 977; vgl. hierzu auch *Sack*, R., Produzentenhaftung nach § 823 Abs. 2 BGB in Verbindung mit § 3 UWG?, BB 74, 1369.

Produktschadensfälle gemacht werden müssen, auf einen akzeptablen Schutz des Geschädigten schließen.

Gleichwohl besteht kein Grund, sich mit diesem Stand in der Rechtsentwicklung zur Produkthaftpflicht zufrieden zu geben[127]. Schließlich ist nicht zu übersehen, daß die über die Anspannung der Verkehrssicherungspflichten und über prozessuale Maßnahmen sozusagen auf kaltem Wege erreichte faktische Gefährdungshaftung einmal die Dogmatik des BGB im Grunde sprengt und zum anderen der Haftungserfolg nur mit einem Unrechtsvorwurf an den Hersteller zu erzwingen ist, der häufig jedenfalls moralisch nicht zu rechtfertigen ist. Darüber hinaus bleibt fraglich, ob eine so konstruierte „Gefährdungshaftung“ sich als dauerhaft wirksames Instrument des Verbraucherschutzes erweisen kann, wenn der Hersteller nicht mehr durch die Beweisanforderung überrumpelt wird, und ob nicht durch eine ungeeignete Regelungsnorm ein Verhalten des Regelungsadressaten, also des Herstellers, provoziert wird, das dem Regelungszweck zuwiderläuft[128].

123 Der Sozialkostencharakter des Produktschadens

Es ist zu vermuten, daß ein beachtlicher Teil von Schäden, die ihre Ursache in einem Produktfehler haben, nicht als Produktschaden erkannt werden. Vielfach wird die Identifikation als Produktschaden daran scheitern, daß das Produkt zerstört ist, oder die Umstände, die zum Schadenseintritt führten, nicht mehr hinreichend rekonstruierbar sind. Wenn Mensch und Technik zusammenwirken, bietet sich Unachtsamkeit bzw. menschliches Versagen des Bedienungsmanns als Unfallursache schnell an. In der Tat dürfte aber ein nicht zu unterschätzender Anteil von Unfällen z. B. im Straßenverkehr auf Mängel an den Kraftfahrzeugen zurückzuführen sein. Genaue Angaben liegen nicht vor, das Vorhandensein einer Dunkelziffer wird zugegeben[129]. Wenn auch Wartungsmängel hier als Ursache des technischen Versagens dominieren, dürfte der Anteil der Fehler aus dem Herstellungsbereich nicht unerheblich sein. Für andere Produkte kann dasselbe gelten. Menschliches Versagen ist zudem nicht absolut zu sehen, wird es doch auch wesentlich durch die Konstruktion bzw. sicherheitstechnischen Eigenschaften des Gerätes bedingt.

Wenn dennoch nur selten die konsequente Zuordnung des Schadens als Produktfehlerursache und die Inanspruchnahme des Herstellers

---

127 Anders freilich *Beathalter*, 95 ff.; *Schmidt-Salzer*, Produkthaftung, 311 f.

128 Siehe unten, 161 f.

129 So wird z. B. die Angabe, daß nur zwei Prozent aller Unfälle im Straßenverkehr auf technisches Versagen zurückzuführen sind, vom TÜV und DAT bezweifelt; vgl. FAZ vom 13. 6. 1973, „Sind Uralt-Gebrauchtwagen kriminell“?

auf Schadensersatz betrieben wird, liegt das vielfach am fehlenden Impetus des Geschädigten bzw. des mittelbaren Schädigers. Man denke hier z. B. nur an den Halter eines Kraftfahrzeugs, der den aus einem Fehler am Fahrzeug resultierenden Eigen- und Fremdschaden durch seine Kasko- und Haftpflichtversicherung ersetzt bekommt und so im Grunde keinen Anlaß mehr hat, gegen den Hersteller vorzugehen. Freiwillige und erzwungene Schadensvorsorge in Form von Haftpflicht-, Sach- und Personenversicherungen[130] gewähren i. d. R. ausreichenden Schutz, ohne daß der Hersteller des schadensstiftenden Produkts angegangen werden muß. In dem in Deutschland gut ausgebildeten System privater und staatlicher Unfallvorsorge wird auch der Grund dafür gesehen werden müssen, daß im Gegensatz zu den USA sehr viel weniger Produktschäden einzuklagen versucht wurden.

Für den Schaden, den ein Passant infolge eines abspringenden Autoreifens erleidet, kommt zunächst die Haftpflichtversicherung des Fahrzeughalters auf. Durch Feuereinwirkung infolge des Brandes eines Haushaltsgerätes, z. B. eines Fernsehapparates unbrauchbar gewordene Einrichtungsgegenstände werden von der Hausratsversicherung des Wohnungsinhabers ersetzt. Die Behandlungskosten für ein Magenleiden infolge einer Vergiftung durch schädliche Nahrungsmittel werden von der Krankenversicherung getragen. Rentenzahlungen der Unfallversicherung mildern die Folgen der Invalidität einer Hausfrau, die von einer schadhaften Leiter gestürzt ist. Die Lebensversicherung schließt die Versorgungslücke einer Familie, wenn der Haushaltsvorstand durch ein defektes Elektrogerät Opfer eines tödlichen Unfalls wird. Die Reihe der Beispiele ließe sich beliebig fortsetzen. Regreßansprüche der Versicherer gegen den Warenhersteller sind in derartig gelagerten Fällen nicht bekannt geworden; ihre durchaus nicht leichte Durchsetzung würde vielfach auch nur einer Umverteilung der Schadensquote in den einzelnen Versicherungsbereichen gleichkommen. Einfacher ist es da schon, ein erhöhtes Produktrisiko in den Versicherungsbeiträgen auf Haftpflicht- bzw. Unfallversicherte zu verteilen. Der Widerstand, der den Versicherern bei Prämienerhöhungen entgegengesetzt wird bzw. werden kann, ist vergleichsweise gering. Die Prämienbemessung hat so freilich wenig mit dem Risiko zu tun, dem sich ein spezifischer Versicherungsnehmer durch den Ge- bzw. Verbrauch von Produkten aussetzt.

Ähnlich stellen sich die Verhältnisse zur Zeit auf der risikoerzeugenden Seite dar. In der Betriebshaftpflichtversicherung ist der Unter-

---

[130] Auf die neben der Sozialversicherung bestehenden Formen privater Schadensvorsorge soll hier nicht näher eingegangen werden. Eine knappe Übersicht findet sich bei *Schwartz*, G., Praktisches Versicherungslexikon, Freiburg/Basel/Wien 1973.

nehmer gegen das Risiko aus der Inanspruchnahme seiner gesetzlichen Produkthaftung geschützt. Bemessungsgrundlage des Versicherungsbeitrages ist Branchenzugehörigkeit bzw. Betriebsart, Beschäftigtenzahl[131], Lohnsumme und — allerdings erst in letzter Zeit — Umsatz des Unternehmens. Es handelt sich hier um Größen, die keine oder nur geringe Korrelation mit der Quelle der Haftpflicht, dem Schadenspotential der Produkte aufweisen[132]. Eine risiko-adäquate Prämienbemessung für den Hersteller erscheint damit jedenfalls bis heute nicht gewährleistet. Es ist daher nicht ausgeschlossen, daß auch längerfristig spezifische Produktrisiken auf die Gesamtheit der betriebshaftpflichtversicherten Unternehmen verteilt werden[133]. So ist die Schadenslastenaufteilung unter dem Gesichtspunkt der Zurechnung nach Schadensverursachung unvollkommen. Weder im Konsumbereich noch auf der Herstellerseite wird hier entsprechend dem eingegangenen bzw. dem geschaffenen Produktrisiko hinreichend differenziert. Darüber hinaus sind private und betriebliche Schadensvorsorge praktisch entkoppelt. In dem Prämienaufkommen für die verschiedenen Versicherungsformen steckt ein unaufgerechneter Prozentsatz durch Produktschäden bedingter Beitragsleistungen. Diese Unschärfe der Risikozurechnung verleiht dem Produktschaden aber den Charakter von Sozialkosten[134], indem zumindest ein Teil der Schadenslasten nicht in

---

[131] Vgl. z. B. das Tarifbuch für die Haftpflichtversicherung der VICTORIA-Versicherungsgesellschaft, Ausgabe Januar 1968; ATB/1: „Maßgebend ist die Durchschnittszahl der im V-Jahr tätigen Personen. Hierzu rechnen neben dem VN und seinen Angehörigen alle sonst im versicherten Betrieb regelmäßig oder vorübergehend tätigen Personen, auch Bürokräfte, Lehrlinge, Volontäre, Fahrstuhlführer, Handwerker, Hausmeister, Heizer, Putzfrauen, Heimarbeiter usw."

[132] Vgl. auch: Verband der Haftpflicht-, Unfall- und Kraftverkehrsversicherer e.V. (HUK-Verband), Hamburg, Rundschreiben H 20/69 M vom 26. 9. 1969, 16: „Bei der Prämienbemessung ist zu berücksichtigen, daß das Produktrisiko grundsätzlich in keinem bestimmten Verhältnis zu dem Risiko der Betriebsstätte steht. Ein vom Betriebsrisiko her positiv zu beurteilender geschlossener Betrieb kann unter dem Gesichtspunkt der Produkthaftpflicht ein sehr schweres Risiko darstellen. Eine Prämienberechnung in Form des prozentualen Zuschlages zur Grundprämie ist daher nicht möglich. Auch eine Zuschlagsbemessung nach der Lohnsumme entspricht bei der unterschiedlichen Mechanisierung und Automatisierung sowohl innerhalb einzelner Produktionszweige als auch zwischen diesen nicht dem Risiko." *Steiner*, SVZ 34 (1966/1967), 396 ff.; SVZ 35 (1967/1968), 15 f.

[133] Vgl. zu den Kalkulationsproblemen in der Betriebshaftpflichtversicherung *Steiner*, Aktuelle Fragen, SVZ 35 (1967/1968), 4 ff., insbes. 6.

[134] Als Sozialkosten werden übereinstimmend mit der Definition *Kapps* im Sinne der Schadenslehre alle direkten und indirekten Verluste Dritter oder der Öffentlichkeit als Resultat privatwirtschaftlicher Aktivitäten verstanden; vgl. *Kapp*, W., Artikel „Sozialkosten" im HdSW, Bd. 9, 524 ff., insbes. 525; derselbe, The social costs of private enterprise, Cambridge Mass. 1950, 13: "The term social costs refers to a wide variety of costs elements ... (It) covers all direct and indirect losses suffered by third persons or the general public as a result of private economic activities.

die Wirtschaftsrechnung der Einheiten eingeht, die mit ihrer Aktivität die Ursache des Schadens setzen. Damit schwindet der ökonomische Anreiz zur Schadensverhütung bzw. Schadensvermeidung. Das System weist insgesamt eine Tendenz zu einer nichtoptimalen Gleichgewichtslage hinsichtlich der Mängelfreiheit bei der Qualität der hergestellten Güter auf.

13 Qualität, Produktschaden und Verbraucherinteresse

Qualität ist ein finaler Begriff[135]. Er beschreibt die Eignung eines Gutes für eine bestimmte Verwendung. Das positive Recht liefert keine explizite Definition des Qualitätsbegriffs. Es stellt aber z. B. implizit einen Qualitätsmangel fest, wenn einem Produkt Fehler anhaften, „die den Wert oder die Tauglichkeit zu dem gewöhnlichen oder dem nach dem Vertrage vorausgesetzten Gebrauch aufheben oder mindern"[136]. Damit ist auf die Gebrauchstauglichkeit eines Erzeugnisses abgezielt. Der für Begriffsbestimmungen in der Industrie zuständige Deutsche Normenausschuß legt die Bedeutung des Begriffs Gebrauchstauglichkeit folgendermaßen fest: „Die Gebrauchstauglichkeit eines Gutes ist dessen Eignung für einen Verwendungszweck. Sie wird bestimmt durch objektiv feststellbare Eigenschaften und subjektive Beurteilungen ... Eigenschaften können unbedingt erforderlich sein oder bedingt erforderlich, also für den Gebrauch nützlich[137]."

These social losses may be reflected in damages to human health; they may find their expression in the destruction or deterioration of property values and the premature depletion of natural wealth; they may also be evidenced in an impairment of less tangible values ... the concept ... will serve its purpose if it helps to trace and to reveal a substantial proportion of the social losses of production for which neither law nor custom has as yet established an adequate responsibility of the individual producer." Vgl. auch *Lauschmann*, E., Zur Frage der „social costs", in: Jahrbuch für Sozialwissenschaft, Bd. 4/10, Göttingen 1959/1960, 193 ff., und auch *Link*, B., Social costs — Die Lösung der social costs als Ansatz einer Theorie der Wirtschaftspolitik, Bern 1969, 21, der „... unter social costs ... denjenigen volkswirtschaftlichen Kostenzuwachs, der nicht in die Wirtschaftsberechnungen der Verursacher eingeht und dem kein volkswirtschaftlicher Ertragszuwachs gegenübersteht ..." versteht. Bei den von *Link* und *Lauschmann* vorgeschlagenen Definitionen liegt der Akzent weniger auf der Trennung von Schadensträgern und Schadensverursacher, sondern mehr auf dem Phänomen eines durch eine Aktivität bewirkten volkswirtschaftlichen Kostenzuwachses, dem kein gleichwertiger Ertrag gegenübersteht. In diesem Sinn kann nicht jeder Produktschaden, der nicht auf den Verursacher zurückfällt, zum Posten der Sozialkosten gerechnet werden: eine schadenstiftende, weil fehlerhafte Produktion kann sich gesamtwirtschaftlich als nützlicher herausstellen als die Herstellung fehlerfreier Waren, wie noch weiter unten zu zeigen sein wird.

[135] Vgl. hierzu und zum folgenden *Masing*, W., Qualitätslehre, Berlin/Köln/Frankfurt 1974.

[136] § 459 BGB Absatz 1, Satz 1.

[137] DIN 66050, Begriff der Gebrauchstauglichkeit (Juni 1966).

Aus dem Spektrum der Produkteigenschaften, die die Gebrauchstauglichkeit ausmachen, ist für diese Untersuchung nur die Sicherheitsqualität relevant, d. h. die Summe derjenigen Eigenschaften[138], die das Auftreten von Folgeschäden aus der Benutzung des Produkts verhindern; die Betrachtung des übrigen funktionalen Nutzens oder des Geltungsnutzens eines Gutes ist hier unerheblich.

Unzulässige Abweichungen vom Sollwert eines Qualitätsmerkmals sind Fehler. Machen sie das Erzeugnis für den vorgesehenen Zweck unbrauchbar oder haben sie seinen Ausfall oder Verlust zur Folge, werden sie als kritische Fehler bezeichnet. Können sie Menschenleben gefährden, spricht man von überkritischen Fehlern[139]. An diese beiden Fehlerkategorien knüpft sich die engere Produzentenhaftung.

131 Optimale Qualität

Qualität und Produktfehler sind reziprok. Für das einzelne Produkt bedeutet das, daß die Sicherheitsqualität maximal ist, wenn dem Produkt kein kritischer oder überkritischer Fehler anhaftet. Bei der seriellen Herstellung von Gütern kommt mit der Anzahl der fehlerhaften bzw. fehlerfreien Produkte die quantitative Dimension hinzu: maximale Qualität einer Produktion liegt vor, wenn *kein* Produkt einen Fehler aufweist. Das Erreichen dieses Qualitätsstands kann aber nicht Ziel der Warenherstellung sein. Einmal erweist sich das völlige Ausschalten von Defekten i. d. R. als technisch unmöglich. Zum anderen unterliegt die Güterproduktion den Gesetzen der Wirtschaftlichkeit, die die Relativierung von Aufwand und Ertrag erfordern. Hohe Qualität bedeutet hohen Aufwand, ebenso wie die Beseitigung des Produktschadens Aufwand erfordert. Die Erzeugung von Qualität und der Produktschaden einer Produktion sind hinsichtlich des Aufwands in gewissen Bereichen komplementär. Gesamtwirtschaftlich, d. h. im Sinne der Verwendung volkswirtschaftlicher Ressourcen optimal ist die Güterproduktion dann, wenn Grenzkosten, i. e. marginaler Kostenzuwachs und Grenznutzen der Produktion gleich sind. Dieser Zustand wird als „Pareto-Optimum" bezeichnet[140]. Die ökonomisch optimale Qualitätslage ist also dann erreicht, wenn jede zusätzliche qualitätsbessernde Maßnahme mehr Kosten verursacht, als sie Schadensaufwendungen vermeidet. Dieses Kriterium könnte man als die Paretobedingung der

---

138 Obwohl nicht eigentliche Produkteigenschaften, sind hierzu auch Benutzerinstruktion, Warnende Hinweise, Wartungsvorschriften usw. zu rechnen.

139 Vgl. *Masing*, 18; und auch DEUTSCHE GESELLSCHAFT FÜR STATISTISCHE QUALITÄTSKONTROLLE (ASQ), Begriffserläuterungen und Formelzeichen im Bereich der statistischen Qualitätskontrolle, Köln, o. J., 6 f.

140 Vgl. *Pareto*, V., Manuel d'economie politique, Paris 1909, 617.

Produktqualität bezeichnen[141]. Freilich hilft eine solche Optimalitätsaussage für die Bewertung der realen Produktqualität in praxi zunächst nicht weiter. Die Nichtoperabilität ist evident, bedenkt man die Problematik der Quantifizierung des Produktschadens bzw. des sozialen Grenznutzens des Güterangebotes insgesamt und einer spezifischen Produktion insbesondere[142].

Die Produktqualität kann zudem nicht isoliert gesehen werden. Sie wirkt auch auf den Mengen-Output und damit auf den Versorgungsgrad der Wirtschaft insgesamt zurück. Weite Teile der Bevölkerung könnten z. B. der Vorzüge des Individualverkehrs mit dem eigenen PKW nicht teilhaftig werden, wenn die Automobilindustrie nur noch Fahrzeuge mit einem Standard des technisch maximal Möglichen hinsichtlich Zuverlässigkeit, Verkehrssicherheit, Insassenschutz und Lebensdauer bauen würde. Ein derartiges Fahrzeug würde den mehrfachen Preis eines Mittelklassewagens kosten[143], und könnte damit nicht für einen größeren Verbraucherkreis zur Verfügung stehen. So muß man sich mit einem ökonomisch sinnvollen Standard begnügen.

Ähnliche Zusammenhänge sind in fast allen Bereichen der Gütererstellung anzutreffen. Nur um das Auftreten einiger seltener oder harmloser Fälle von Allergien zu vermeiden, wäre es z. B. offensichtlich widersinnig, Waschmittel und Kosmetikartikel vom Markt zu verbannen oder mit beträchtlich gesteigertem Aufwand herzustellen[144]. Letztlich steht die Frage an, welcher Aufwand zur Qualitätsbesserung noch vertretbar ist. Der Marktmechanismus scheint die Antwort nicht immer liefern zu können. So muß der Ansatz zu einer Lösung in der Methode der Kosten/Nutzenanalyse[145] gesucht werden. Vor allem aus dem Bereich des Straßenverkehrs bzw. Automobilbaus sind derartige Unter-

---

141 Vgl. hierzu statt aller *Sohmen*, E., Grundlagen, Grenzen und Entwicklungsmöglichkeiten der Welfare Economics, in: Probleme der normativen Ökonomik und der wirtschaftspolitischen Beratung, hrsg. von E. v. Beckerath und H. Giersch, Berlin 1963, 69 ff., hier 92: „Ganz banal, aber sehr treffend, lassen sich ... die Paretobedingungen als Kriterien kennzeichnen, welche die Ausschaltung jeglicher Verschwendung von Ressourcen gewährleisten.“

142 Vgl. hierzu *Kapp*, W., Social Costs and Social Benefits — A Contribution to Normative Economics, in: Probleme der normativen Ökonomik, 183 ff., insbes. 196 ff.

143 Vgl. zur Diskussion um das Sicherheitsauto und die hierfür erforderlichen Aufwendungen z. B. *Diekmann*, A., Wirtschaftliche Aspekte der Verkehrssicherheit, Stuttgart 1972; FAZ vom 4. 8. 1971 „Langer Weg zum Sicherheitsauto“; FAZ vom 3. 11. 1971 „Sicherheitsauto: Ein Ruf in die Zukunft“; *Scherenberg*, H., Sicherheitsauto, in: Umschau 72 (1972) Heft 1, 3.

144 Richtig OLG Celle VersR 58, 104 (Haarfärbemittel).

145 Vgl. zur Methodik der Kosten/Nutzenanalyse z. B. *Prest*, A. R., *Turvey*, R., Cost-benefit-analysis: A Survey, in: The Economic Journal (12) 1965, 683 ff.; *Eckstein*, O., The Benefit-Cost-Criterion, Cambridge (Mass.) 1965.

suchungen bekannt[146]. Sie liefern mit der Bewertung von Kosten und schadensmindernder Auswirkung eine Aussage über Effizienz und Rangfolge bestehender bzw. geplanter Sicherheitsmaßnahmen[147] und können so Anhalt für die Feststellung der optimalen Sicherheitsqualität eines Automobils sein. Verschiedentlich ist allerdings zu Recht darauf hingewiesen worden, daß der herkömmliche monetäre Ansatz nicht hinreicht, wenn es um die Bewertung von immateriellem Leid des Geschädigten geht[148]. Auch der Zeitfaktor birgt Probleme, wenn es um die Diskontierung künftigen Nutzens geht[149]. Die Grenzen der Kosten/Nutzenanalyse sind dann erreicht, wenn bei der Beurteilung einer Produktinnovation weder der gegenwärtige noch der alternative zukünftige Schaden hinreichend bestimmt werden kann. Ein Pharmazieprodukt, das z. B. wegen der langwierigen Beobachtung der Nebenwirkungen bei Langzeiteinnahme erst mit beträchtlicher Verzögerung den Markt erreicht, kann mehr Schaden im Sinne von nicht erzielter Heilung anrichten als die Nebenwirkungen ausmachen, die bei einigen Patienten als Folge ungenügender Erprobung auftreten mögen[150]. Was als optimale Qualität in gesamtwirtschaftlicher Hinsicht angesehen werden kann, bleibt damit eine schwer zu beantwortende Frage. Immerhin kann festgestellt werden, daß die absolute Perfektion der Produktsicherheit i. d. R. nicht den idealen Zustand darstellen wird. Welches Maß an Produktfehlern zulässig erscheint, hängt letztlich vom Schadenspotential und dem Aufwand der Fehlerverhütung ab. Die Produk-

---

146 Vgl. A. D. *Little* Inc. (Hrsg.), Cost-Effectiveness in Traffic Safety, New York 1968, *Niklas*, J., Nutzen/Kosten-Analysen von Sicherheitsprogrammen im Bereich des Straßenverkehrs, Schriftenreihe des VDA, Nr. 7, Frankfurt 1970, m. w. Nachw.

147 So kommt eine amerikanische Studie zu dem Ergebnis, daß die Grenze sinnvoller Aufwendungen für alle Maßnahmen zur Steigerung der Insassensicherheit bei ca. 1400 US-Dollar pro Automobil liegt. Vgl. OFFICE OF SCIENCE AND TECHNOLOGY, "Cumulative Regulatory Effects on the Cost of Automotive Transportation (RECAT)", 1972.

148 Vgl. *Mishan*, E. J., Evaluation of Life and Limb; A Theoretical Approach, in: Journal of Political Economy, 1971, 687 ff.; ebenso *Gögler*, E., Wie sicher sind unsere Autos? (Referat gehalten in Frankfurt/M. am 22. 9. 1973 anläßlich der Internationalen Automobilausstellung): „250 Blinde im Jahr — einseitig und beidseitig — ausschließlich durch Einscheibensicherheitsglas wiegen vom monetären Ansatz der Kosten-Nutzenanalyse bei weitem nicht die Mehrkosten der Verbundglas-Windschutzscheiben an 6 Millionen Fahrzeugen auf, aber irgendwo hat die Humanität Vorrang vor dem nackten Kalkül der monetären Kosten/Nutzenbilanz ..." Vgl. speziell zur Diskussion um das Sicherheitsglas im Automobilbau FAZ vom 22. 11. 1973 „Der alte Streit um Krümel und Splitter".

149 Vgl. hierzu ausführlich *Stolber*, W. B., Nutzen-Kosten-Analysen in der Staatswirtschaft, Göttingen 1968, 100 ff.

150 Vgl. hierzu *Chain*, E. B., Akademische und industrielle Beiträge zur Arzneimittelforschung, in: Arzneimittelforschung 1963, 829 ff., insbes. 840; *Kaufer*, E., Wettbewerb und Produktinnovation, in: Mitteilungen der LIST-Gesellschaft 8 (1973), 3, 53 ff., insbes. 60; *Dunz / Kraus*, 140.

tion eines Gutes kann also optimal sein, nicht nur obwohl, sondern gerade weil sie fehlerbehaftet ist und damit Folgeschäden nach sich zieht.

132 Schadensausgleich und Prävention

Auch wenn sich das Zielsystem des realtypischen Unternehmers nicht ausschließlich in der Gewinnmaximierung erschöpft[151] und die objektive Zweckrationalität betrieblicher Entscheidung angesichts der polymorphen Struktur der Wirklichkeit fraglich bleibt[152], wird man doch davon ausgehen müssen, daß jedenfalls das Wirtschaftlichkeitsprinzip und in einem marktwirtschaftlichen System das Gewinnstreben dominante Zielgrößen unternehmerischer Betätigung darstellen[153].

Der Produktschadensfall stellt sich somit vordergründig als Kollision des Bestandsinteresses des Geschädigten mit dem Gewinninteresse des Warenherstellers dar, das sich einerseits angesichts technischer und ökonomischer Restriktionen in der Herstellung nicht perfekter Produkte und andererseits in dem Abwehrversuch der Folgeschadenhaftung manifestiert. Soweit zwischen den Betroffenen keine wirksamen Dispositionen getroffen sind, ist es die Aufgabe der gesetzlichen Regelung, hier einen gerechten Ausgleich der Parteiinteressen herbeizuführen, wobei jede Schadensausgleichsregelung eine Wertung der Schutzwürdigkeit des Interesses der Beteiligten impliziert. Wenn auch heute in Haftungsprozessen der Hersteller bei seinem Entlastungsversuch an der Beweislastumkehr scheitert, darf das nicht darüber hinwegtäuschen, daß diese Wertung am Maßstab der „richtigen Qualität", wenn auch in die Frage nach der schuldhaften Verletzung von Verkehrssicherungspflichten durch den Hersteller gekleidet, vorgenommen werden muß. Dieses Abstellen auf die Qualität als haftungsbegründendes Tatbestandsmerkmal überführt aber den Interessenkonflikt zwischen Hersteller und Geschädigtem in einen Konflikt zwischen dem Interesse der gesamten Verbraucherschaft und dem des einzelnen Geschädigten, wenn die sich im Einzelfall schädlich auswirkende Qualität im Rahmen insgesamt qualitätsrichtiger Produktion liegt[154]. Billigt man dem Hersteller zu, daß seine Produktion einen adäquaten Standard aufweist, muß der

---

[151] Vgl. *Bidlingmayer*, J., Unternehmerziele und Unternehmerstrategien, Wiesbaden 1964; *Heinen*, E., Das Zielsystem der Unternehmung, Wiesbaden 1966, 28 ff.; *Schmidt-Sudhoff*, U., Unternehmerziele und unternehmerisches Zielsystem, Wiesbaden 1967, 43 ff.

[152] Vgl. *Bidlingmayer*, 184, 190 ff.

[153] Derselbe, 126; *Heinen*, 38 f., 70, 108; *Schmidt-Sudhoff*, 102; *Ulrich*, H., Die Unternehmung als produktives soziales System, Bern und Stuttgart 1972, 190 f., 194.

[154] Dieser Sachverhalt braucht sich nicht auf den Fertigungsfehler zu beschränken. Er kann auch im Bestehen konstruktiver Mängel des Produkts gegeben sein, wenn die Beseitigung der Mängel gemessen am Schadenspotential unverhältnismäßig hohen Aufwand erfordern würde.

Geschädigte leer ausgehen, was nicht befriedigen kann. Denn es bedeutet einerseits, daß eine Minderheit von Schadensopfern die Nachteile zu tragen hat, während die übrige Verbraucherschaft die Vorteile kostengünstiger Massenfertigung genießt. Andererseits kann in diesen Fällen das Interesse des Geschädigten durch die Vornahme des Schadensausgleichs nur um den Preis eines unberechtigten Vorwurfs an die Herstelleradresse wahrgenommen werden.

Von der rechtsdogmatischen Fragwürdigkeit konstruierter Schuldvorwürfe abgesehen, liegen die Gefahren einer solchen Vorgehensweise darin, daß damit Signale gesetzt werden, deren Auswirkungen durchaus unerwünscht sein können. Das betrifft allerdings weniger die Verbraucherseite und ihre mögliche Nachfragereaktion auf Haftungsprozesse. Höchstrichterliche Rechtsprechung hat nicht den Charakter von Warentestberichten, und die juristische Fachpresse wäre auch nicht das geeignete Forum für Verbraucherverbände. Die — anders als z. B. in den USA — geübte Zurückhaltung bei der Darstellung der Sachverhalte und der namentlichen Nennung der Prozeßbeteiligten vermeidet, daß unzutreffende Rückschlüsse auf die Qualitätspolitik des Herstellers aus möglicherweise insignifikanten Schadensfällen gezogen werden. Nur besonders spektakuläre Haftungsprozesse mit entsprechender Publizität dürften sich negativ auf das Firmenimage auswirken. Direkter wirkt da schon das Haftungsrecht auf die Herstellerseite und die dort betriebene Qualitätspolitik ein. Bedenkliche Entwicklungen können eingeleitet werden, wenn dem Schadensausgleich Strafcharakter zukommt, wie es in den USA durch sogenannte „punitive damages" geschieht[155]. Dabei kann weit über das erwünschte Qualitätsziel hinausgeschossen werden, wenn die Schadensersatzpflicht prohibitive Größenordnungen erlangt.

Aber auch ohne Strafzuschläge darf die präventive Wirkung des Haftungsrechts nicht unterschätzt werden[156]. Industrielle Gütererstel-

[155] Vgl. *Schürpf*, VersWirtsch 1, 1973, 26: „... punitive damages sind Zahlungen an den Geschädigten über den vollen Schadensersatz hinaus, zu denen der Haftpflichtige in den meisten Staaten der USA verurteilt werden kann, wenn sein schadensstiftendes Verhalten als so verwerflich empfunden wird, daß eine zusätzliche Zahlung als Strafe auferlegt wird. Im ... MER/29-Fall (ein Medikament zur Herabsetzung des Cholesteringehaltes, das schwere Körperschäden verursachte) wurden z. B. allein in Chicago 40 Klagen für durchschnittlich je 500 000 US-Dollar Punitive Damages eingereicht. In einem anderen Fall wurden den Opfern eines Flugzeugunfalls neben 2,5 Millionen US-Dollar-Schadensersatz nicht weniger als 10 Millionen US-Dollar als Punitive Damages zugesprochen. Die ... National Commission on Products Safety hat in einem ähnlichen Sinn vorgeschlagen, daß geschädigte Konsumenten Ersatz in dreifacher Höhe des Schadens sollen verlangen können"; *Weyers*, H. L., Unfallschäden, Frankfurt 1971, 209.

[156] Vgl. hierzu z. B. *Marton*, G., Versuch eines einheitlichen Systems der zivilrechtlichen Haftung, AcP 162, 1 ff., insbes. 45 ff.; *Weitnauer*, VersR 63, 111; *Mertens*, H. J., Der Begriff des Vermögensschadens im Bürgerlichen

lung ist als rationaler Prozeß der Abschreckung durch Androhung der Ersatzpflicht durchaus zugänglich[157], ist doch in weiten Bereichen die Voraussetzung erfüllt, daß der „Adressat der Norm die Möglichkeit hat, sich dadurch zu einem Verhalten bestimmen zu lassen, das den Schaden vermeidet“[158]. Die hier besonders ausgeprägte „Sekundärwirkung“ des Schadensersatzrechts im Sinne einer präventiven Verhaltensbeeinflussung des Warenherstellers vergrößert allerdings die Gefahr, daß sich nicht intendierte Effekte auf die künftige Qualitätspolitik des Herstellers dann einstellen, wenn der Schadensausgleich im Einzelfall nur über extreme Qualitätspostulate zu erreichen war.

Recht, Stuttgart/Berlin/Köln/Mainz 1967, 109 f.; vgl. aber auch *Katz*, H. A., Negligence in Design: A current look, ILJ January 1965 (504), 12: "The imposition of financial responsibility on auto manufacturers for the unreasonable and unnecessary risk they have created may succeed in engendering social responsibility where the pleas of physicians and other concerned citizens on humanitarian ground have so abjectly failed. The damage suit has been history's great persuader of the socially irresponsible. It can be no less effective here." Einschränkend *Esser*, J., Grundlagen und Entwicklung der Gefährdungshaftung, 2. Auflage, München 1969, 74; derselbe, Schuldrecht, Bd. I, 4. Auflage, Karlsruhe 1970, § 40 II, 267. *Essers* Einwände gegen die Wirksamkeit der Prävention (Grundlagen, 74, Fußnote 4) vermögen für den Bereich der Güterproduktion allerdings nicht zu überzeugen. So schon *Rümelin*, G., Culpahaftung und Causalhaftung, AcP 88, 285 ff., hier 292.

[157] Vgl. auch *Deutsch*, E., Grundmechanismen der Haftung nach deutschem Recht, JZ 68, 721 ff., insbes. 724; derselbe, Die Zwecke des Haftungsrechts, JZ 71, 244 ff., insbes. 248: „Es ist unbestreitbar, daß mit der Zuweisung des Haftungsrisikos an den Unternehmer der Anreiz verbunden sein wird, diesen Teil der Betriebskosten gering zu halten. Man könnte insoweit von betriebswirtschaftlicher Prävention sprechen.“ Ebenso beurteilt *Weyers* die Erreichung des Präventivzwecks bei der Produzentenhaftung günstig. Vgl. *Weyers*, 456 ff., insbes. 472 ff., 661.

[158] *Larenz*, I, § 27 I, 306.

Zweiter Abschnitt

Qualität und Marktwirtschaft

21 Qualitätssteuerung und Qualitätsregelung

Das Zustandekommen einer bestimmten Produktqualität in einer Volkswirtschaft kann als Ergebnis von Regelungs- und Steuermechanismen verstanden werden. Der systemtheoretische Ansatz[1] bzw. die Untersuchung wirtschaftlicher Vorgänge als Regelkreise[2] ist keineswegs neu. Versuche, die Rechtsordnung als kybernetisches Gebilde zu begreifen, sind dagegen relativ jung[3].

Im Rahmen dieser Untersuchung steht die Frage an, in welchem Verhältnis die gesetzlichen Sanktionen zu den übrigen Kommunikationen und Interaktionen zwischen Hersteller und Verbraucher hinsichtlich ihres Einflusses auf die Qualität der erstellten Produkte stehen. Primär bestimmen Preis und Qualität eines Produktes die Nachfrage, die ihrerseits auf die Qualitätspolitik des Herstellers, in die wiederum weitere Störgrößen[4] wie gesetzliche Vorschriften, Veränderungen des Technologiewissens und der Marktverhältnisse u. a. m. eingehen, rückwirkt. Aber auch die Androhung der Ersatzpflicht bzw. die fälligen Schadensersatzleistungen im Falle schädlicher Qualität beeinflussen, abhängig von der Führungsgröße des normierten pflichtwidrigen Verhaltens und je nach der Ausgestaltung des Haftpflichtrechts, mehr oder weniger das Herstellerverhalten. Die Schadensersatzpflicht kann hier als Stellgröße im Sanktionskreis angesehen werden. Die diesbezüglichen

---

1 Vgl. statt aller *Luhmann,* N., Funktionale Methode und Systemtheorie, in: Soziologische Aufklärung. Aufsätze zur Theorie sozialer Systeme, Opladen 1971, 31 ff. Grundlegend zur Systemtheorie in der Betriebswirtschaftslehre *Ulrich,* passim, insbes. 100 ff. m. w. Nachw.

2 Vgl. nur *Geyer,* H. und *Oppelt,* W. (Hrsg.), Volkswirtschaftliche Regelungsvorgänge im Vergleich zu Regelungsvorgängen der Technik, in: Beiheft zur Regelungstechnik, München 1957.

3 Vgl. *Lang,* E., Staat und Kybernetik — Prolegomena zu einer Lehre vom Staat als Regelkreis, Salzburg/München 1966, 41 ff.; *Suhr,* D., Zur Einführung: Recht und Kybernetik, JuS 68, 351 ff.; *Lang,* E., Zu einer kybernetischen Staatslehre, Salzburg/München 1970; *Luhmann,* Rechtssystem, passim.

4 Zur Terminologie der Regelungstechnik vgl. z. B. *Oppelt,* W., Kleines Handbuch technischer Regelvorgänge, Weinheim 1972, 13 ff.; Wörterbuch der Kybernetik, hrsg. von G. Klaus, Berlin 1968; DIN 19226: Regelungstechnik und Steuerungstechnik — Begriffe und Benennungen, Mai 1968.

Zusammenhänge sind vereinfacht in Bild 1 dargestellt[5]. Zwar können exakte Aussagen über das Übertragungsverhalten der einzelnen Glieder bzw. über die Stabilitätseigenschaften des Kreises nicht getroffen werden — mikroökonomische Entscheidungsprozesse entbehren in der Regel der hierbei vorauszusetzenden Konstanz des Verhaltens der Wirtschaftssubjekte[6]. Aber die kybernetische Betrachtungsweise vermag

Bild 1: Vereinfachte Darstellung des Qualitätskreises

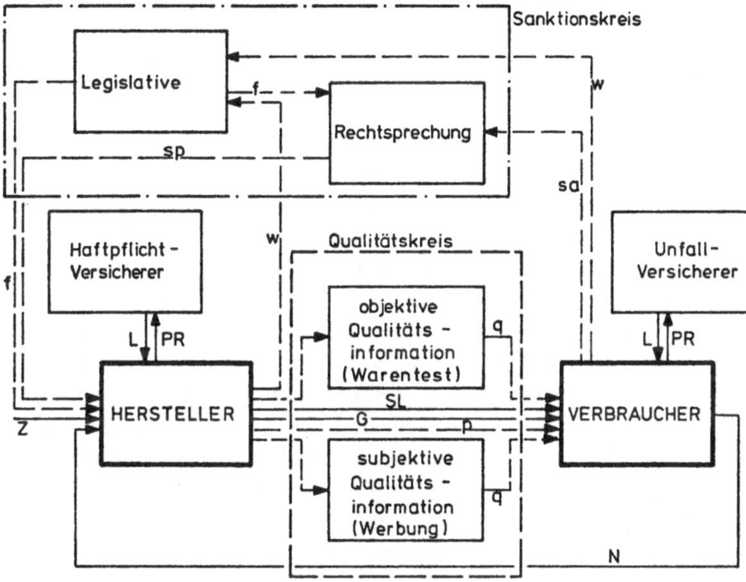

Legende:

Materielle Beziehungen (durchgezogene Linien)

G — Güterstrom Hersteller — Verbraucher
L — Leistungen des Versicherers an den Versicherungsnehmer
N — Nachfrage nach Gütern — Zahlungen für Güter
PR — Prämienleistungen an den Versicherer
SL — Schadensersatzleistungen für Produktschäden
Z — Störgrößenvektor (Technologie, Ressourcen u. a. m.)

Immaterielle bzw. informative Beziehungen (unterbrochene Linien)

f — Führungsgrößen, Rechtsnorm, Tatbestand, gesetzliche Standards
p — Preise der Güter
q — Qualitätsinformation
sa — Schadensersatzansprüche der Geschädigten
sp — Schadensersatzpflicht
w — Willensbildung im demokratischen Staatswesen

[5] Das Schaubild versucht, die wesentlichen materiellen und informativen Zusammenhänge, die zwischen der Produktions- und Verbraucherseite einer Volkswirtschaft bestehen, unter dem Qualitätsaspekt darzustellen.

[6] Vgl. *Geyer*, H., Einfache Modelle des volkswirtschaftlichen Prozesses als Regelkreise, in: Volkswirtschaftliche Regelungsvorgänge, a.a.O., 22 f.

doch einen wesentlichen Hinweis auf die Wirkungsmechanismen und hier speziell auf die unterschiedliche Natur des Preis/Qualitätswettbewerbs bzw. des Qualitätskreises Hersteller/Verbraucher und des Sanktionskreises Hersteller/Rechtsprechung/Verbraucher zu vermitteln und hat damit zumindest heuristischen Wert.

Klammert man den Schadensausgleich zunächst aus der Betrachtung aus, weist die Beziehung Hersteller/Verbraucher den Charakter einer Regelung auf, deren ideales Funktionieren in der Marktwirtschaft durch einen entsprechenden Normenrahmen gewährleistet werden soll. Der Sanktionskreis besitzt dagegen überwiegend Merkmale einer Steuerung, insofern, als gesetzliche Qualitätsvorschriften bzw. haftungsauslösende Tatbestände durchaus nicht effizient rückgekoppelt sind.

Regelung und Steuerung unterscheiden sich dadurch voneinander, daß der Wirkungsablauf bzw. die Wirkungskette bei der Steuerung offen ist. Das Fehlen einer selbständigen Leistungs- bzw. Wirkungskontrolle, prinzipielles Merkmal jeder Steuerung[7], wirft auch bei der Produkthaftpflicht Probleme auf. Wenn auch in einer Marktwirtschaft die Bedeutung der gesetzlichen Qualitätssteuerung eher subsidiär erscheinen mag, sollte doch nicht unterschätzt werden, daß auch längerfristige negative Impulse auf die Produktion ausgeübt werden können: zum einen erscheint es nicht immer gewährleistet, daß die Festlegung der Führungsgröße des haftungsbegründenden Tatbestands ohne einseitige Interessenbeeinflussung durch die Herstellerseite vorgenommen sein wird, zum anderen wird der Soll/Ist-Vergleich mit der Regelgröße Qualität i. d. R. nur punktuell und in unregelmäßigen Zeitabständen vorgenommen werden, wobei dann noch infrage steht, ob dem Entscheidungsträger überhaupt die Konsequenzen seiner Entscheidung unmittelbar einsichtig sein können. Um die Effekte wenigstens qualitativ zu beschreiben, erscheint daher zunächst eine Untersuchung über das Wirkungsverhältnis der miteinander vermaschten Qualitäts- bzw. Sanktionskreise angebracht.

22 Qualitätsregelung

221 Qualitätswettbewerb

Konsumgütermärkte entsprechen regelmäßig nicht dem theoretischen Ideal vollkommenen Wettbewerbs bzw. reiner Preiskonkurrenz[8]. Weder

---

[7] Vgl. statt aller *Lang*, Kybernetische Staatslehre, 65: „Die Steuerung ist dadurch charakterisiert, daß bei ihr eine Einstellung von Abläufen im voraus erfolgt, daß ein Programm ohne Rücksicht auf Störungen durchgeführt wird."

[8] Vgl. zur Definition der vollkommenen Konkurrenz *Chamberlin*, E. H., The Theory of Monopolistic Competition, Cambridge Mass. 1962, 6 ff.; *Schneider*, E., Einführung in die Wirtschaftstheorie, Bd. II, Tübingen 1969,

die Voraussetzung einer atomistischen Angebotsstruktur noch die Bedingung eines homogenen Güterangebotes oder der vollständigen Markttransparenz sind erfüllt[9]. Auf zunehmend oligopolistisch strukturierten Angebotsmärkten hat Preiswettbewerb zudem untergeordnete Bedeutung, weil er leicht ruinösen Charakter annehmen kann[10]. Die konkurrierenden Anbieter geben den harmloseren Formen des Qualitäts- und Reklamewettbewerbs den Vorzug[11]. Das neoklassische Modell, das im übrigen das Problem inhomogener Qualitäten nicht berücksichtigt[12], hat damit, wenn überhaupt, nur einen geringen Erklärungswert für die realen wirtschaftlichen Austauschvorgänge und für die tatsächlichen Entscheidungsprozesse des Unternehmers bzw. Verbrauchers[13]. Darüber hinaus stellt sich ein „reiner" Preiswettbewerb ohnehin nicht als idealer Zustand für die bestmögliche Güterversorgung in einer Wirtschaft dar[14]. Der Qualitätswettbewerb ist hier eine ergänzende, wenn nicht wesentliche Komponente zur Befriedigung differenzierter Bedürfnisse der Konsumenten[15]. Sein Funktionieren hängt von der Transparenz der Qualität für den Käufer einerseits und den Möglichkeiten der Käufermanipulation durch den Hersteller andererseits ab[16]. Daß der Käufer eine „freie" Konsumwahl treffen kann, erweist sich als Illusion[17]. Werbung[18] und soziales Konsumklima[19] sorgen für einen „Abhängigkeitseffekt"[20], der sich in einer Umkehr des Ursache/Wirkungs-Ver-

---

68 ff.; *Abbott*, L., Qualität und Wettbewerb, München und Berlin 1958, 112 ff., m. w. Nachw.

9 Siehe hierzu statt aller *Arndt*, H., Artikel „Unvollständiger Wettbewerb" in HdSW 10, 588 ff., insbes. 597.

10 Vgl. *Abbott*, 248: „Wenn die Wettbewerber der Zahl nach beschränkt und ihre Produkte identisch sind, kann die gnadenlose Auseinandersetzung im Wettbewerbskampf unerträglich sein. Die kleinste Preisänderung ist dann untragbar. Preiswettbewerb kann unter solchen Umständen nicht stattfinden." Ähnlich *Burns*, A. F., Prosperity without inflation, New York 1957, 83.

11 Vgl. *Machlup*, F., Artikel „Oligopol" in HdSW, Bd. 8, Stuttgart/Tübingen/Göttingen 1964, 82 ff., insbes. 91.

12 Vgl. *Streissler*, E. und M., Konsum und Nachfrage, hrsg. von E. und M. Streissler, Köln/Berlin 1966, 54 f.

13 Vgl. *Kade*, G., Die Grundannahmen der Preistheorie, Frankfurt 1962, 148 ff.; *Biervert*, B., Wirtschaftspolitische, sozialpolitische und sozialpädagogische Aspekte einer verstärkten Verbraucheraufklärung, Köln 1972, 8 ff.

14 Vgl. *Abbott*, 11 ff.

15 *Abbott*, 247.

16 Derselbe, 254.

17 Vgl. nur *Menge*, W., Der verkaufte Käufer, Frankfurt 1974, passim.

18 Vgl. z. B. *Baran*, P. A., Zur politischen Ökonomie der geplanten Wirtschaft, Frankfurt 1968, 124 ff.

19 Vgl. *Riesman*, D., Die einsame Masse, Hamburg 1958, der die zunehmende „Außenleitung" des Menschen durch Massenmedien und Umwelt in der heutigen Konsumgesellschaft feststellt.

20 Vgl. *Galbraith*, J. K., Gesellschaft im Überfluß, München/Zürich 1963, 137 ff.

hältnisses manifestiert: nicht der Bedarf bestimmt das Angebot, sondern die Produktion schafft entsprechende Bedürfnisse[21].

Der Konsument, konfrontiert mit emotionalen Werbeappellen[22], Pseudoinnovationen oder scheinbaren „Produktverbesserungen" wird i. d. R. nicht das Maß an Rationalität aufbringen können, das für einen wirksamen Qualitätswettbewerb erforderlich wäre[23]. Vor allem das Qualitätsmerkmal „Produktsicherheit" wird sich vielfach einer zutreffenden Beurteilung durch den Konsumenten entziehen. Selbst wenn man das Bemühen um einen rationalen Kaufentscheid unterstellt, wird der Käufer von komplizierten technischen Produkten wie z. B. Personenkraftwagen und Elektrogeräten, aber auch anderen Gütern wie Lebensmitteln[24] und Pharmazeutika beim Kaufentscheid aus Mangel an Sachkenntnis und Erfahrung und Zeit oder wegen der Distributionsform einer Markenware in Originalverpackung nicht in der Lage sein, die „beste" bzw. „sichere" Qualität auszuwählen. So kann sich der Konsument auch durch sorgfältige Produktauswahl beim Kauf schlecht vor Schäden schützen. Sicherheitsqualität ist eben wenig transparent. So lange der Hersteller nicht erwartet, für die Folgen mangelhafter Sicherheit einstehen zu müssen, bleibt sein Anreiz zu diesbezüglichen Qualitätsanstrengungen, die der Konsument aus Unkenntnis nicht honorieren kann, gedämpft. Minderqualität bzw. Produktschadensfälle haben, von spektakulären Katastrophen abgesehen, geringe Publizität. „Good-will"-Verlust und Absatzeinbußen als Folgen erweisen sich daher vielfach als zu wenig ausgeprägt, um die Qualitätspolitik des Herstellers entscheidend beeinflussen zu können[25]. Andererseits wird der Unternehmer bezüglich seiner Werbeaussagen, d. h. der Selbstdarstellung seiner Qualität, in Deutschland im Gegensatz zum Ausland, wo

---

[21] Derselbe, 137 ff., 228 f.; vgl. auch *Mishan*, E. J., The Costs of Economic Growth, London 1967, 109 ff., der in diesem Zusammenhang vom „Mythos der Konsumentensouveränität" spricht.

[22] Vgl. *Dichter*, F., Strategie im Reich der Wünsche (The Strategy of Desire), München 1964; *Packard*, V., Die geheimen Verführer (The Hidden Persuaders), Düsseldorf 1958.

[23] Vgl. *Abbott*, 82.

[24] Vgl. z. B. *Schulze*, H., Grundsätze des Lebensmittelrechts, München 1969, 41 f.

[25] Vgl. auch *Berekoven*, L., Die absatzpolitische Bedeutung vergleichender Warentests, in: Jahrbuch der Absatz- und Verbrauchsforschung, hrsg. von G. Bergler und W. Vershofen, München 1962, 110: „... der Anbieter hat nur ein abgeleitetes Interesse daran (an der Qualität), denn er ist mit dem Schicksal der verkauften Güter nur insoweit verbunden, als deren Eignung ihm Reklamationen und — auf lange Sicht — Kundenverluste erspart. Zwar sollte man meinen, daß Kundenverlust Grund genug wäre, die Qualität einer Marktleistung optimal zu gestalten, aber die Unzulänglichkeiten in dieser Beziehung zeigen, daß es genug Anbieter gibt, die dazu nicht willens oder in der Lage sind."

bereits strengere Maßstäbe angelegt werden[26], nur zaghaft beim Wort genommen[27].

222 Vergleichende Warentests

Sieht man von dem kurzen Intermezzo der Verbraucherzeitschrift *„DM — Deutsche Mark"* in den Jahren 1961 - 1966 ab[28], ist der vergleichende Warentest seit der Gründung der *Stiftung Warentest* im Jahre 1964 in der BRD institutionalisiert. Es erübrigt sich an dieser Stelle näher auf die ordnungspolitischen Probleme[29], auf die Methodik[30] und auf die Fragen der Zulässigkeit und Grenzen[31] vergleichender Warentests einzugehen: fest steht, daß der vergleichende Warentest, d. h. eine von einer objektiven Stelle vorgenommene fachmännische Untersuchung gleichartiger Produkte verschiedener Hersteller hinsichtlich Gebrauchstauglichkeit und Preiswürdigkeit mit anschließender, sachlich korrekter Veröffentlichung der Prüfungsergebnisse als legitimes Instrument der Verbraucheraufklärung und damit als ein wesentliches Glied im Qualitätsregelkreis anzusehen ist. Ob der vergleichende Warentest den von der Verbraucherseite erhofften Effekt einer breitenwirksamen Transparenz der Produktqualität hat, bleibt allerdings fraglich. Erfahrungen im In- und Ausland zeigen, daß das Finden eines Kompromisses im Zielkonflikt zwischen publikumswirksamer, „reißerischer" Darstellung bzw. i. d. R. angreifbarer Globalbeurteilungen[32]

---

26 Vgl. z. B. FAZ vom 5. 6. 1971, „Beweisen oder zahlen — Reklame, die zuviel verspricht, ist strafbar: Ein neues Gesetz in Schweden"; FAZ vom 15. 3. 1972, „Die sogenannte Wahrheit in der Autowerbung — Die amerikanische Federal Trade Commission verlangt Beweise".

27 Kritisch in diesem Zusammenhang zur unbefriedigenden gesetzlichen Regelung in Deutschland, *Simitis,* K., Werbung und Vertragsfreiheit, in: Gerechtigkeit in der Industriegesellschaft, hrsg. von K. Duden, H. R. Külz, Th. Ramm, R. Scharnberg, W. Zeidler, Karlsruhe 1972, 67 ff., 70 ff.

28 Vgl. z. B. DER SPIEGEL, Nr. 4/1966, 57 ff.; Nr. 6/1966, 29 ff.

29 Vgl. hierzu *Meiners,* D., Ordnungspolitische Probleme des Warentests, Berlin 1968 (Volkswirtschaftliche Schriften, Heft 129).

30 Siehe hierzu z. B. *Kluy,* H., in: Vergleichende Warentests, hrsg. von E. Ulmer u. a., FIW-Schriftenreihe, Heft 20, Köln 1964, 39 ff.; *Kluy,* H., Problematik und Stand des Warentests, in: Jahrbuch der Absatz- und Verbrauchsforschung, hrsg. von G. Bergler und W. Vershofen, München 1963, 152 ff.

31 Vgl. hierzu z. B. *Helle,* E., Über öffentlich vergleichende Warentests und die Grenzen ihrer Zulässigkeit, NJW 72, 1177 ff.; *Richthofen,* H., Freiherr von, Zulässigkeit und Schranken vergleichender Warentests zur Verbraucheraufklärung, Diss. Köln 1963; *Schultz,* D., Vergleichender Warentest und Recht am eingerichteten und ausgeübten Gewerbebetrieb, NJW 63, 1801.

32 Globalurteile über ein Produkt in Form von „best buy" oder „sehr empfehlenswert" schlagen wirksamer auf die Nachfrage durch als die differenzierte Beurteilung einzelner Qualitäten. Vgl. *Meiners,* 181 ff., insbes. 190, wo auch ähnliche Erfahrungen aus den USA referiert werden. Andererseits können dem Globalurteil subjektive Einschätzungen des Testers oder unzutreffende, d. h. den Konsumentenwunsch nicht berücksichtigende Prioritäten von Eigenschaften zugrunde liegen.

von Produkten und der sachlichen, abwägenden, aber noch aussagefähigen Aufzählung einzelner Qualitätsmerkmale eines Produktes nicht immer gelingt[33]. Ebenso führen methodische Schwierigkeiten bei der Bewertung von komplexen Produkten bzw. der Qualität allgemein[34], Lethargie bzw. ein nicht idealrationales Verhalten der Konsumenten[35] und wohl auch ein Finanzierungsproblem dazu, daß der vergleichende Warentest nicht als idealwirksame Institution des Verbraucherschutzes vor schädlicher Produktqualität angesehen werden kann[36]. Darüber hinaus wird der Beitrag, den Warentests zur Regelung der optimalen Qualität beizusteuern in der Lage sind, in Deutschland dadurch geschmälert, daß die Werbung mit den Testergebnissen durch den Hersteller unzulässig ist, soweit nicht das Einverständnis des Testveranstalters vorliegt[37]. § 14 der Satzung der Stiftung Warentest verlangt aber gerade, daß „einer Verwendung der von ihr veröffentlichten Untersuchungsergebnisse zu Werbungszwecken entgegenzuwirken"[38] sei.

---

[33] Differenzierte Urteile zu einzelnen Produkteigenschaften können in ihrer Aussage so vage sein, daß sie dem Konsumenten bei der Entscheidung nicht helfen (vgl. *Meiners,* 101) oder ihre Publikumswirksamkeit einbüßen. So *Berekoven,* Jahrbuch der Absatz- und Verbrauchsforschung, 1962, 107 ff., insbes. 120 f.

[34] Dies gilt auch gerade für die im Zusammenhang mit der Haftung relevante Sicherheitsqualität eines Produktes. Vgl. *Berekoven,* 114 f.: „Einige Eigenschaften lassen sich darüber hinaus praktisch überhaupt nicht messen, wohl aber von einem Fachmann beurteilen, wie etwa Handlichkeit, Unfallschutz, Verarbeitung usw.; allerdings ist hier die Gefahr wertender (= nicht gemessener) Angaben sehr groß, gemessen an den Folgen, die aus ihrer Veröffentlichung entstehen können. Die Aussagefähigkeit (des Warentests) wird dadurch eingeschränkt, daß ein Gut nicht nur Nutzen stiftet, die auf (technisch) meßbaren oder doch fachmännisch zu beurteilenden Eigenschaften basieren, sondern auch solche, die wir als Zusatznutzen bezeichnen und die sich vollends der Meßbarkeit und damit des objektiven Vergleichs entziehen."

[35] Das Informationsstreben und die Umsicht beim Warenkauf sind stark positiv mit der Höhe des Einkommens und dem Bildungsgrad des Konsumenten korreliert. Entsprechend finden Warentests bevorzugt bei Konsumenten mit höherem Einkommen bzw. höherer Bildung Beachtung. Vgl. *Braunschweig,* C. von, Der Konsument und seine Vertretung, Wiesbaden 1964, 70 f., 83 ff.; *Meiners,* 161 ff. Ebenso darf die Häufigkeit des emotional beeinflußten Impulskaufes nicht unterschätzt werden. Vgl. *Meiners,* 167 f.

[36] So stellt auch *Meiners,* 190 fest: „Rein informative Tests dagegen dürften durch die Art ihrer Ergebnisse eine weit geringere Werbewirkung besitzen, so daß die Erfahrungen amerikanischer Hersteller nur in beschränktem Maße auf einen der sozialen Marktwirtschaft konformen Warentest zu übertragen sind. Es wird daher kaum zu derartigen Absatzsteigerungen bei bestimmten Produkten kommen, andererseits dürfte bei Vermeidung subjektiver Aussagen auch die Tendenz zu Produktverbesserungen bei den Herstellern weniger ausgeprägt sein."

[37] Vgl. auch *Will,* M. R., Warentest und Werbung, Abhandlung zum Arbeits- und Wirtschaftsrecht, Band 18, Heidelberg 1968, passim. insbes. 142 f.; vgl. zum ganzen auch *Baumbach / Hefermehl,* Wettbewerbs- und Warenzeichenrecht, 11. Aufl., München 1974, Randnr. 357 zu § 1 UWG.

[38] Satzung für die Stiftung Warentest vom 4. 12. 1964.

223 Markenartikel und Gütezeichen

Der überwiegende Teil von Konsumgütern kommt heute als Markenartikel auf den Markt[39]. Mit der Markierung bzw. mit dem Warenzeichen verspricht der Hersteller einheitliche und gleichbleibende Qualität der Ware. Der Vertrieb von Markenartikeln muß auch nach dem Wegfall der Möglichkeit einer vertikalen Preisbindung[40] primär als absatzpolitische Maßnahme verstanden werden, ist doch wirksame Werbung und Differenzierung gegenüber den Konkurrenzprodukten nur bei Markenartikeln denkbar[41]. Die Markierung hat die wesentliche Funktion, die Herkunft der Ware bzw. die Ware selbst zu bezeichnen. Erst in zweiter Linie beinhaltet die Marke, sei sie Herstellermarke oder Handelsmarke, eine Gütegarantie, ohne jedoch Spitzenqualität oder Fehlerfreiheit zu versprechen[42]. Die Sicherheitsqualität betreffend enthält die Marke aber weder eine transparente noch eine verbindliche Aussage. Entsprechend wurde in der Rechtsprechung[43] und in der Literatur[44] mit Ausnahme von *Müller*[45] und vorübergehend *Rehbinder*[46] in der Markierung der Ware kein haftungsbegründender Tatbestand für Folgeschäden gesehen.

Neben dem Bemühen des einzelnen Herstellers, die Qualität seiner Produkte durch die Marke zu profilieren, unternehmen Industriever-

---

[39] Vgl. statt aller *Mellerowicz*, K., Markenartikel — Die ökonomischen Gesetze ihrer Preisbildung und Preisbindung, München und Berlin 1963, 1 ff., insbes. 5 ff.

[40] Mit dem Inkrafttreten der 2. Kartellgesetznovelle am 14. Juni 1973 wurde die vertikale Preisbindung in Deutschland unzulässig. Damit wurde auch der im übrigen wenig überzeugende Versuch *Hesses*, eine Produzentenhaftung aus diesem Phaenomen „direkter" Beziehungen zwischen Hersteller und Verkäufer zu begründen, obsolet. Vgl. hierzu *Hesse*, G., Vertikale Preisbindung und Produktenhaftung, in: Festschrift für G. Wilde, München 1970, 53 ff., insbes. 64.

[41] Vgl. z. B. *Gutenberg*, E., Grundlagen der Betriebswirtschaftslehre, Bd. II, Der Absatz, Berlin/Heidelberg/New York 1967, 384 ff.; *Mellerowicz*, 46 ff.

[42] Vgl. z. B. *Günther*, E., Der Markenartikel als Instrument der Verbraucherpolitik, MA 6/73, 252 ff., hier 254 f.

[43] Vgl. RGZ 100, 266; RGZ 110, 234; RGZ 163, 21 und auch BGHZ 8, 202, BGHZ 51, 91 ff., insbes. 99; vgl. auch *Baumbach / Hefermehl*, Kommentar zum Wettbewerbs- und Warenzeichenrecht, 9. Aufl. 1967, Einl. WZG, Rdnr. 3, 13. Eine Ausnahme stellt lediglich der TREVIRA-Fall dar (BGHZ 47, 118 = NJW 67, 1904).

[44] Vgl. z. B. *Reimer / Trüstedt*, Wettbewerbs- und Warenzeichenrecht, 4. Aufl., Köln/Berlin/Bonn/München 1960, 20: „Ein garantierendes Gütezeichen kennt das deutsche Gesetz nicht." Vgl. aber auch *Diederichsen*, Haftung, 286 ff.; *Simitis*, Gutachten, 26 f.; *Dunz / Kraus*, 129 f.; *Schmidt-Salzer*, Produktehaftung, 251.

[45] Vgl. *Müller*, K., Zur Haftung des Warenherstellers gegenüber dem Endverbraucher, AcP 165, 285 ff., insbes. 304.

[46] Vgl. *Rehbinder*, E., Zur Haftung des Warenherstellers gegenüber dem Verbraucher ohne Verschulden, BB 65, 439 ff., insbes. 442 f.; derselbe, Pyrrhussieg in der Produzentenhaftung? — BGH NJW 69, 269; JuS 69, 208 ff., insbes. 209 ff.

bände freiwillige Anstrengungen zur Einrichtung überbetrieblicher Qualitätsstandards, die „über die Gründung verbandseigener Forschungsinstitute bis zur Einführung von Qualitätsrichtlinien und der Bildung von Gütezeichengemeinschaften“[47] reichen. Der wettbewerbsfördernde bzw. qualitätsbessernde Erfolg dieser Aktivitäten bleibt allerdings fraglich. Neben der Irrelevanz von DIN-Normen[48], Markennamen und Gütezeichen für Haftungsfragen[49] und der damit verminderten Präventionswirkung auf den Hersteller kommt hinzu, daß bei der Festlegung der zugrundeliegenden Qualitätsstandards das Herstellerinteresse dominiert. Darüber hinaus inkliniert das sich freiwillig von den Mitgliedsfirmen auferlegte Qualitätssoll zum kleinsten gemeinsamen Teiler, d. h. zum Minimalstandard[50]. Wenn die Grenzwerte über ein Mindestqualitätsmaß nicht hinausgehen, hilft es dem Verbraucher auch nicht weiter, daß „das Gütezeichen ... einen tatsächlichen und (für ihn) zuverlässigen Nachweis für die Einhaltung der Gütebedingungen ... bildet“[51]. Abgesehen davon, daß sich auf spezifische Eigenschaften bezogene Gütezeichen weniger für die Qualitätsbeschreibung komplexer Produkte eignen[52], dürften Markenartikel vielfach einen über den mit Gütezeichen ausgewiesenen Qualitätsstandard aufweisen[53]. Die praktische Bedeutung des Gütezeichens im Qualitätswettbewerb

---

47 Vgl. *Scholten*, S., Der Qualitätsgedanke in der Konsumgüterindustrie. Eine Übersicht über den Stand der Arbeiten zur Qualitätsforschung und -sicherung, erstellt im Auftrag des Ausschusses der Konsumgüterindustrie des Bundesverbandes der Deutschen Industrie, Drucksache Nr. 50, 9 f.; *Johnson*, A. S., Safety Standards — A Demonstration of Industrial Self-Government, in: *Reck*, D. (Hrsg.), National Standards in Modern Economy, New York 1956, 148 ff.

48 Vgl. z. B. BGH NJW 68, 2238 (Dieselöl).

49 Vgl. RGZ 161, 29 ff., insbes. 37 = GRUR 39, 852 ff., insbes. 856; BGHZ 51, 91 ff.; BGH NJW 74, 1503 (Prüfzeichen). Kritisch zu der hier zu beobachtenden restriktiven Haltung der Rechtsprechung *Lorenz*, W., Die haftungsrechtliche Bedeutung von Gütezeichen, GRUR Internat 73, 486 ff., insbes. 492.

50 Vgl. z. B. *Rumberger*, C. L., The Importance of Company and National Standards in Processed Foods, in: *Reck*, a.a.O., 100 ff., insbes. 105: “Perhaps the most disappointing development resulting from the use of grades in processing foods has been the tendency on the part of manufacturers to pack products which will score down to the minimum of the grade.” Ähnlich skeptisch *Hoch*, P., Die Bedeutung der Verbrauchererwartung im Lebensmittelrecht, Diss. Würzburg 1970, 194.

51 *Völcker*, F., Das deutsche Gütezeichen, Diss. Hamburg 1965, 40.

52 Vgl. *Völcker*, 54.

53 Vgl. *Völcker*, 71 f.: „Daß nun der Markenartikel — zumindest der von Weltruf — häufig eine ausgesprochene Spitzenqualität, eine Höchstleistung ausweisen wird, während die Gütezeichen i. d. R. gehobene, über dem Durchschnitt liegende Leistungen garantieren, ist unverkennbar und wird in der Gütezeichenbewegung keineswegs geleugnet. Bedenklich scheint es aber zu sein, wenn auch aus Kreisen mancher Markenartikelfirmen den Gütezeichen oft lediglich die Aufgabe zugeteilt wird, der Unterscheidung markenloser Durchschnittsware gegenüber unbezeichneter, minderwertiger Ware zu dienen ...“

für Konsumgüter erscheint damit gering[54], zumal obendrein nicht gewährleistet ist, daß die in Qualitätssiegeln und Prüfzeichen enthaltene Qualitätsaussage den Konsumenten erreicht[55].

224 Verbrauchervereinigungen

Entspricht die industrielle Angebotsseite i. d. R. nicht dem neoklassischen Ideal der atomistischen Konkurrenz, so findet sich eben diese Struktur auf der Nachfrageseite für Konsumgüter. Das bedeutet, daß der einzelne Verbraucher keine gewichtige Stimme zur Beeinflussung von Qualitätsstandards hat, es sei denn, er arbeitet in entsprechenden Gremien wie Verbraucherverbänden und Normenausschüssen mit. Eine „maßgeschneiderte" Fertigung auf den speziellen Kundenwunsch hin kann ohnehin nicht erwartet werden. Sie widerspräche dem Prinzip der Massen- und Serienfertigung, die eben durch den Kompromiß in geschmacklicher und qualitativer Hinsicht die ökonomische Befriedigung breiter Bedürfnisse bewirken soll. Dieser Nachteil für den Konsumenten wird durch die Möglichkeit der Konsumwahl bzw. des Konsumverzichts nur scheinbar kompensiert, weil oftmals mangelhafte Qualitätstransparenz eine rationale Entscheidung erschwert, wenn nicht gar unterbindet. Ebenso ungünstig stellt sich die Position des einzelnen Geschädigten im Produktschadensfall dar, wenn er seine Ansprüche gegenüber dem Produzenten prozessual durchzusetzen versuchen muß. Für den regelmäßig rechtlich unerfahrenen Verbraucher wird der Rechtsweg fremd, kompliziert und unübersichtlich erscheinen; Prozeßrisiko, Instanzenweg und damit verbunden eine u. U. lange Dauer des Verfahrens schrecken ab. Schließlich sieht er sich auch im Unternehmen bzw. dessen Versicherung Organisationen gegenüber, die gemeinsam auf die Abwehr des Anspruchs hinarbeiten werden[56]. Die Barriere, die sich vor dem Geschädigten auftut, wenn er berechtigten Ersatz seines Schadens erlangen will, ist beachtlich und dürfte in ihrer „abschreckenden" Wirkung nicht zu unterschätzen sein, zumal Rechtsschutzgesellschaften für derartige Prozeßrisiken dem Verbraucher regelmäßig keinen Versicherungsschutz gewähren. Eine wirksame Interessenvertretung des Verbrauchers scheint nur durch den Zusammenschluß zu

---

[54] Anders *Nicklisch*, F., Das Gütezeichen, Stuttgart 1969, 1 ff.

[55] Vgl. z. B. Institut für Werbepsychologie und Markterkundung GmbH., Frankfurt (Main), Bekanntheitsgrad von Markenzeichen und Markensymbolen, Nr. 505, Januar 1970. Der Bekanntheitsgrad des VDE-Zeichens (Prüfzeichen des Verbands Deutscher Elektrotechniker e.V.) wurde dort mit 59 % ermittelt. Nur 40 % dieser Personen, denen das Zeichen zumindest bekannt war, also nur ca. 24 % aller Befragten hatten mehr als nur diffuse Vorstellungen übersteigende Assoziationen mit diesem Prüf- und Gütezeichen für Elektrogeräte.

[56] Vgl. die Allgemeinen Versicherungsbedingungen für Haftpflichtversicherung (AHB), § 3, II.

Gruppen mit entsprechendem finanziellen Rückhalt und Artikulationsmöglichkeit der Qualitätsvorstellungen erreichbar.

In Deutschland gibt es eine Reihe von Vereinen, Verbänden und sonstigen Institutionen, die es sich ausschließlich oder neben anderen Zielsetzungen zur Aufgabe gemacht haben, Verbraucherinteressen wahrzunehmen: die *Arbeitsgemeinschaft der Verbraucherverbände* (AGV), der *Deutsche Hausfrauenbund,* die Konsumgenossenschaften, der *Deutsche Gewerkschaftsbund* (DGB); auf übernationaler, d. h. auf europäischer Ebene der *Schutzverein für Käuferinteressen,* das *Comité de Contact des Consammateurs de la Communauté Européenne* und das *Bureau Européen des Unions des Consommateurs* und das *International Office of Consumers Unions;* mit spezifiziertem Aufgabenbereich z. B. der *Allgemeine Deutsche Automobil-Club* (ADAC) und der *Automobilclub von Deutschland* (AvD) u. a. m.[57].

Die Verbraucheridentifikation bzw. -affinität dieser Institutionen ist unterschiedlich, ihr Einfluß erscheint insgesamt gering[58]. Neben Zweifeln an der quantitativen Repräsentanz — die Angaben der AGV z. B. über die Zahl von 7 Millionen Einzelmitgliedern ist umstritten[59] — muß die qualitative Repräsentanz der Verbraucherverbände mit einem Fragezeichen versehen werden[60]. Dazu gesellt sich noch das Bedenken,

---

57 Vgl. hierzu *Braunschweig,* passim.

58 So kommt *Braunschweig,* 232, zu dem Ergebnis, daß „es keine Organisation der Verbraucher ... (gibt) ..., die in der Lage wäre, ein Gegengewicht gegen die Forderungen der Produzentenverbände zu bilden, oder deren Ansicht von der öffentlichen Meinung als bedeutsam gewertet wird". Zum strukturbedingt geringen Einfluß der Verbraucherverbände vgl. auch *Tuchtfeld,* E., Bemerkungen zur Verbandsdiskussion, in: Jahrbuch für Sozialwissenschaft, hrsg. von Jürgensen u. a., Band 13, 1962, 79 ff., 80 f.: „Mit Ausnahme der Gewerkschaften handelt es sich hier (bei den Personenverbänden) um mehr oder weniger schwache Verbände, die i. d. R. nur vor den Wahlen einen gewissen Einfluß auf die Wirtschaftspolitik auszuüben vermögen (weil sie dann als ‚Stimmvieh' interessant sind)." Zu den Personenverbänden gehören beispielsweise die Verbandsbildungen der Sparer, Wertpapierbesitzer, Grundeigentümer, Konsumenten, Flüchtlinge, Kriegsopfer usw.; ebenda, 85: „Das klassische Beispiel für die Schwäche von Personenverbänden gegenüber Unternehmungsverbänden bilden die Konsumenten. Vielfach geht es bei der Problematik der Wirtschaftsverbände um Produzenteninteressen, die auf Kosten der Konsumenten durchgesetzt werden sollen. An diesem Tatbestand hat sich seit Beginn des interventionistischen Zeitalters nichts geändert. ... Die Schwäche der Konsumenten rührt daher, daß sie im Gegensatz zu den Produzenten zersplittert sind und ihre Organisierung (jedenfalls in Deutschland) auf schwer überwindbare soziologische und psychologische Hemmungen stößt"; vgl. auch FAZ vom 2. 2. 1971 „Der Verbraucher kennt seine Macht nicht".

59 Vgl. *Braunschweig,* 144.

60 Vgl. dieselbe, 145: „Die Arbeitsgemeinschaft (AGV) als Zusammenschluß sehr heterogener Gruppen wie das Rote Kreuz, die Deutsche Volksgesundheitsbewegung, Der Deutsche Frauenring, der Bund der Vertriebenen, der Zentralverband der kath. Frauen- und Müttergemeinschaften ... ist in ihrer Tätigkeit weder kontrolliert noch unterstützt durch einzelne Kon-

daß überwiegend nur die höheren Bildungs- und Einkommensschichten vertreten werden[61]. Die Bemühungen um organisierte Interessenvertretung durch Verbraucherverbände[62] oder in Institutionen wie dem *Deutschen Normenausschuß* (DNA) oder dem *Ausschuß Gebrauchstauglichkeit* (AGT) können damit alles in allem nicht als erfolgreich angesehen werden[63].

Dies mag sich in Zukunft ändern. So will die Bundesregierung in dem Jahr 1974 rund 125 Millionen DM für eine verstärkte Verbraucheraufklärung in Beratungsstellen aufwenden[64], wobei sich dieser Betrag immer noch gering gegenüber den Werbeaussagen der Industrie ausnimmt. Darüber hinaus finden sich in den USA und im skandinavischen Ausland vermehrt Ansätze einer qualitätsbewußten Konsumentenbewegung, Konsumerismus[65] bezeichnet, mit dessen Übergreifen auf Deutschland gerechnet werden kann. Der Einfluß einer lautstarken Konsumentenlobby auf die Qualität und Absatzpolitik ist zwar nicht zu übersehen[66]. Es muß allerdings berücksichtigt werden, daß z. B.

---

sumenten ... Das hat zur Folge, daß die Funktionäre in dieser Organisation allein bestimmend sind." Vgl. auch *Marzen*, W., Preiswettbewerb und Verbraucherpolitik, Saarbrücken 1964, 258. *Karstens*, W., Wirkung und Wirkungsmöglichkeit der Verbraucherverbände in Deutschland, Berlin 1964, 155 ff., insbes. 161.

[61] Vgl. *Braunschweig*, 84: „Die Kundschaft der Verbraucherberatungsstellen setzt sich aber zu einem sehr viel höheren Prozentsatz aus Angehörigen des gehobenen Mittelstandes zusammen, als dies dem Bevölkerungsdurchschnitt entsprechen würde." Ebenso *Karstens*, 27; FAZ vom 10. 5. 1973, „Der Kunde ist kein König mehr".

[62] So findet, vom Bundesministerium für Wirtschaft finanziert, seit 1966 jährlich ein Verbraucherseminar statt, an dem Mitglieder der AGV und des AGT teilnehmen. Vgl. DIN-Mitteilungen, Bd. 52 (1973), 158.

[63] Vgl. *Braunschweig*, passim, insbes. 231 f.: „Während es verhältnismäßig einfach sein dürfte, Vertreter der Landwirtschaft oder der Industrie ausfindig zu machen, müssen diejenigen Organe der Regierung, welche sich etwa vor der Schaffung eines neuen Gesetzes über den Standpunkt der Verbraucher unterrichten wollen und dazu einen legitimierten und kompetenten Verbrauchervertreter suchen, in Verlegenheit geraten. Es gibt keinen Verband, der soviel Einfluß hat, wie es notwendig wäre, um den Verbraucher etwa vor Wettbewerbsverzerrungen oder schädlichen Arzneimitteln zu schützen." Ähnlich spricht *Karstens*, 190 f., in diesem Zusammenhang von „geringer Verbandsfähigkeit" der Konsumenten; vgl. zum ganzen auch *Biervert*, passim, insbes. 218 ff.

[64] Vgl. FAZ vom 12. 11. 1973, „Mehr Geld für Aufklärung".

[65] Zu Wesen und Entwicklung des Konsumerismus vgl. z. B. GFK-Sonderdienst, Nürnberg (11) 1970, 637 ff.: „Die Verbraucher APO" — kommt es zum Aufstand der Konsumenten?; GFK-Sonderdienst (11) 1972, 365 ff.: „Ist Konsumerismus ein ‚Antimarkt'?"; FAZ vom 7. 11. 1972, „Amerikas Consumer Union wird aggressiver"; FAZ vom 3. 1. 1973, „Neue Verbraucherwünsche mit weitreichenden Folgen"; *Hollier*, D., Does a Consumerism crunch threaten business?, BUSINESS ADMINISTRATION, 1/1973, 21 ff.

[66] So wird z. B. von der verzögerten Einführung neuer, umstrittener Produkte berichtet. Vgl. „Consumerismus verlangsamt die Einführung neuer Produkte", MA 2/1972, 55.

gerade in den USA in dem Engagement einzelner Persönlichkeiten[67] und einer zum Teil extrem verbraucherfreundlichen Rechtsprechung, die Schadensersatzklagen in für Deutschland unbekannten Größenordnungen stattgibt, Voraussetzungen für den Konsumerismus geschaffen sind, die hier in diesem Maße noch nicht gegeben scheinen[68].

Eine „Selbstheilung" der Wirtschaft hin zur „optimalen" Qualität ist so also nicht zu erwarten[69], die Rückkopplung des Qualitätskreises erscheint unzulänglich. Nur wenn der Marktmechanismus ideal wirksam wäre, könnte sich aber der Auftrag der Rechtsordnung bei der Produktschadensregelung in einer wie immer gearteten Sozialisierung der Verluste erschöpfen, ohne daß präventive Funktionen wahrgenommen werden müßten. Nachdem das nicht der Fall ist, erscheint eine Korrektur der „Qualitätslandschaft" durch spezielle gesetzliche Vorschriften und durch das Haftpflichtrecht, also der ordnungspolitische Eingriff des Staates im Sinne einer multiplen Qualitätssteuerung unumgänglich.

23 Qualitätssteuerung

231 Die direkte Steuerung durch gesetzliche Qualitätsvorschriften

Durch gesetzliche Vorschriften zur Herstellung und Zulassung von Produkten zum Markt sucht der Gesetzgeber, zum Schutz des Verbrauchers qualitätssteuernden Einfluß auf die Warenproduktion zu nehmen. Beispiele hierfür sind das Lebensmittelgesetz[70], das Fleischbeschaugesetz[71], das Weingesetz[72], sowie die zahlreichen diesbezüglichen Verordnungen[73], das Arzneimittelgesetz[74], das Futtermittelgesetz[75], das

---

67 Vgl. GFK-Sonderdienst (11) 1970, 651, wo namentlich *Esther Peterson*, *Virginia Knauer* und *Ralph Nader* genannt werden.

68 Vgl. *Lange*, M., *Treis*, B., Konsumentensouveränität und Konsumfreiheit, MA 5/1972, 533 ff.

69 Vgl. auch *Däubler*, W., Konsumenten-Ombudsman und Verbraucherselbsthilfe, in: Gerechtigkeit, 57 ff., insbes. 63 ff.

70 Vgl. Gesetz über den Verkehr mit Lebensmitteln und Bedarfsgegenständen in der Fassung vom 17. 1. 1936 (RGBl. I, 17), in der geänderten Fassung vom 8. 9. 1969 (BGBl. I, 1590), insbes. § 3 Nr. 1 a, Nr. 2; § 4 Nr. 1, Nr. 2, Nr. 3; §§ 4 a, 5 a Abs. 1, Nr. 1, Abs. 2 und 3; § 4 b Nr. 1, Nr. 3, Nr. 4; § 4 c Abs. 1.

71 Vgl. Fleischbeschaugesetz vom 29. 10. 1940 (RGBl. I, 1463), geändert durch das FrFl Änderungsgesetz vom 14. 12. 1970 (BGBl. I, 1711).

72 Vgl. Gesetz über Wein, Likörwein, Schaumwein, weinhaltige Getränke und Branntwein aus Wein vom 14. 7. 1971 (BGBl. I, 893), in der geänderten Fassung vom 19. 7. 1972 (BGBl. I, 1249).

73 Vgl. z. B. Lebensmittel-Kennzeichnungsverordnung in der Fassung vom 25. 1. 1972 (BGBl. I, 85); Allgemeine Fremdstoff-Verordnung in der Fassung vom 22. 12. 1971 (BGBl. I, 2147); Konservierungsstoff-Verordnung in der Fassung vom 25. 4. 1968 (BGBl. I, 339); Farbstoff-Verordnung in der Fassung vom 28. 3. 1972 (BGBl. I, 523); Essenzen-Verordnung in der Fassung vom

Waffengesetz[76], das Maschinenschutzgesetz[77], die Gewerbeordnung[78] und die Zulassungsordnung für Fahrzeuge des Straßenverkehrs[79].

Die in diesen Schutzgesetzen und Verordnungen aufgestellten Qualitätsstandards können den Konsumenten weitgehend gegen Produktschäden absichern. Inwieweit sie dennoch nicht nur den Charakter von Minimalanforderungen haben und ob sich staatliche Stellen überhaupt wirkungsvoll für die Interessen der Verbraucherschaft einsetzen können, beibt indes fraglich. „Daß der Staat quasi unvermeidlich unter dem einseitigen Druck der Produzenten steht“[80], ist nicht zu leugnen. Wo der Staat selbst z. B. im Bereich der öffentlichen Bauten und bei der Beschaffung von Rüstungsgütern als Investor oder als Konsument auftritt, ist er freilich berechtigt und befähigt, entsprechende Qualitätsmaßstäbe zu setzen[81].

Dagegen erscheint die Annahme illusorisch, daß allgemein durch Eingriffe des Gesetzgebers oder durch Kontrolle staatlicher Stellen effiziente Qualitätssteuerung bzw. Gefahrenvorbeugung betrieben werden kann. Zu träge reagiert der Verwaltungsapparat auf veränderte technologische und ökonomische Parameter einerseits[82], zu sehr

---

22. 11. 1972 (BGBl. I, 2220); Schwefeldioxyd-Verordnung in der Fassung vom 22. 11. 1972 (BGBl. I, 2220); Antioxydantien-Verordnung vom 22. 11. 1972 (BGBl. I, 2220); Höchstmengen-Verordnung Pflanzenschutz vom 30. 11. 1966 (BGBl. I, 667); Fleisch-Verordnung vom 11. 12. 1969 (BGBl. I, 2091); Wein-Verordnung vom 15. 7. 1971 (BGBl. I, 926).

74 Vgl. Gesetz über den Verkehr mit Arzneimitteln vom 16. 1. 1961 (BGBl. I, 553), §§ 5 ff.

75 Vgl. Futtermittelgesetz vom 22. 12. 1926 (RGBl. I, 525), § 6.

76 Vgl. Waffengesetz vom 19. 9. 1972 (BGBl. I, 1797), §§ 16, 18, 19, 25.

77 Vgl. Gesetz über technische Arbeitsmittel (GTA) vom 24. 6. 1968 (BGBl. I, 717), in Verbindung mit zahlreichen Verwaltungsvorschriften, auf die in § 11 GTA Bezug genommen wird.

78 Vgl. Gewerbeordnung für das Deutsche Reich vom 26. 7. 1960 in der Fassung vom 13. 2 1974 (BGBl. III, 7100 - 1), §§ 16, 24 c, 30 ff.

79 Vgl. Straßenverkehrs-Zulassungs-Ordnung (StVZO) vom 6. 12. 1960 (BGBl. I, 898) in der Fassung vom 9. 11. 1973 (BGBl. I, 1609), §§ 16 ff., §§ 30 ff.

80 *Myrdal*, G., Jenseits des Wohlfahrtstaates, Stuttgart 1961, 93.

81 Vgl. z. B. die Bauordnungen der Bundesländer. Im Bereich der militärischen Beschaffung vgl. STANAG Nr. 4108 vom 26. 6. 1968: NATO-Forderungen an ein werkseitiges Qualitätskontrollsystem — AQAP-1 mit AQAP-2 (Leitfaden für die Beurteilung der Übereinstimmung des Qualitätskontrollsystems eines Auftragnehmers mit AQAP-1 in Zusammenhang mit STANAG Nr. 4108), September 1968; vgl. auch die Vorschriften zur Qualitätskontrolle und Gütesicherung MIL-I-45208 A: Forderungen für das Kontrollverfahren, vom 16. 12. 1963; MIL-Q-9858 A: Forderungen für das Gütesicherungsprogramm vom 16. 12. 1963.

82 Vgl. FAZ vom 3. 5. 1972, „AN 1 — das getarnte Suchtmittel ... Versagen der Kontrollinstanzen“; FAZ vom 26. 1. 1972, „Gehirnschäden durch Desodorantien. Gesundheitsministerium und -amt vernachlässigen Hexachlorophengefahr“; FAZ vom 27. 4. 1973, „Schuldig am Unfall: Der Gesetzgeber“; desgleichen DER SPIEGEL Nr. 19/1973, 63 f.; vgl. aber auch *Raisch*, P.,

scheut er die Einleitung oder Förderung innovatorischer Prozesse andererseits[83]. Staatliche Qualitätssteuerung allein scheint eine pareto-optimale Güterversorgung nicht gewährleisten zu können. Ein Blick auf die staatlich gesetzten Qualitätsziele in Zentralverwaltungswirtschaften bestätigt das, indem auch dort nicht die autonome Qualitätssetzung, sondern vielmehr die Ausrichtung am Qualitätsniveau der Weltmarktproduktion und der Wettbewerbsgedanke dominieren[84]. Das darin einerseits implizierte Eingeständnis der Unfähigkeit staatlicher Stellen, optimale Qualität zutreffend autonom bestimmen zu können[85], und die zwar nicht ideale, aber doch verläßlichere Funktion eines nationalen und internationalen Qualitätswettbewerbs als wirksames Regulativ andererseits lassen den Schluß zu, daß bei der Suche nach der Lösung des Qualitätsproblems einer Qualitätsregelung durch den Markt der Vorrang vor einer Steuerung durch eine direkte staatliche Intervention in Form von „Qualitätsgesetzen", d. h. Normen oder Verordnungen, die

---

v. Olshausen, E., Gefahrenvorbeugung, in: Gerechtigkeit, 97 ff., insbes. 98 f.; FAZ vom 25. 3. 1974, „Explosionsfähige Stoffe sollten gekennzeichnet sein — Einstellung eines Verfahrens wegen fahrlässiger Tötung mit Mahnung an den Gesetzgeber"; *Achilles*, E., Vorbeugender Brandschutz dringender denn je, in: BERATENDE INGENIEURE 5/1974, 26 ff., insbes. 32.

[83] Vgl. *Kaufer*, 58 f.

[84] Vgl. Law of February 27th, 1968 on State Quality Control, Collection of Laws, No. 30/1968, Part 10, 1: "Art. 1 — The performance of the State Quality Control consists ... of the evaluation of determined products, their properties being compared with properties of analogous products of first rate world producers"; ebenda, 8: "Art. 16 — ... as first degree are classified products of excellent quality which not only meet all requirements determined by the State Testing Laboratory, but which by their own properties fully equal or excel comparable products on world level." Vgl. ebenso Deutsches Amt für Meßwesen und Warenprüfung (DAMW) der DDR, Staatliche Qualitätskontrolle und staatliches Gütezeichensystem in der Deutschen Demokratischen Republik, Berlin 6. 1. 1970, 5: „"Die Volkswirtschaft der DDR wird durch ihre) ... starke Außenhandelstätigkeit ständig mit dem Weltmarkt konfrontiert. Aus diesen Gründen kann es für die wichtigsten Erzeugnisse ... nur ein Ziel geben, nämlich den wissenschaftlich-technischen Höchststand oder die Qualität von Spitzenerzeugnissen des internationalen Marktes. Nur mit dieser Zielsetzung oder diesem Maßstab sichern wir die für die Befriedigung der Bedürfnisse unserer Bevölkerung erforderliche hohe volkswirtschaftliche Effektivität — und zwar auf lange Sicht. Den wissenschaftlich-technischen Höchststand als staatlichen Qualitätsmaßstab wendet das DAMW bei der staatlichen Qualitätsbeurteilung und der Güteklassifizierung an ..."; vgl. hierzu Gesetzblatt der Deutschen Demokratischen Republik, Teil II, Nr. 15/1970, 105 ff. Vgl. auch *Vulev*, N. N., Die Planung und Leitung der bulgarischen Wirtschaft wird verbessert, in: Bulgarien, Heft 8/1965, 33 (zitiert nach *Meiners*, 17): „So bedingen Ein- und Ausfuhr die Erzeugung höherer Qualitäten (in den Zentralverwaltungswirtschaften Osteuropas)."

[85] Vgl. auch das Zitat des damaligen Bundesministers für Arbeit und Sozialordnung *Hanz Katzer*: „Der Staat würde sich selbst überfordern, wollte er versuchen, durch perfekte Rechtsetzung mit der technischen Entwicklung Schritt halten zu wollen", zitiert nach *Herschel*, W., Regeln der Technik, in: NJW 68, 617.

explizit für bestimmte Produkte oder Produktteile bestimmte Qualitätsmerkmale bzw. Standards im einzelnen vorschreiben, zu geben sein wird. Schließlich muß jede gesetzliche Qualitätsvorschrift um so mehr mit dem marktwirtschaftlichen System in Konflikt geraten, je weiter sie über allgemeine und unabdingbar angesehene Minimalstandards der Funktionserfüllung hinausgeht und je spezifischer sie auf Gestaltung und Ausführung des Produkts im Detail Einfluß zu nehmen sucht[86].

232 Die indirekte Steuerung durch das Haftpflichtrecht

Das Haftpflichtrecht erfüllt im Qualitätskreis primär die Aufgabe, Interessenausgleich zwischen Hersteller und Geschädigtem im Schadensfall herbeizuführen. In der Ersatzleistung materialisiert sich für den Hersteller die Androhung der Einstandspflicht für den Fall eines den Verbraucher schädigenden Verhaltens. Neben der negativen Publizität von Haftungsprozessen trifft den Hersteller mit dem Schadensersatz eine Sanktion, die unverfälscht in seine Wirtschaftsrechnung als Kostenfaktor eingeht. Die Schadensausgleichsregelung hat aber gleichzeitig eine präventive Nebenwirkung auf die Qualitätspolitik der Herstellerseite, und zwar um so mehr, je größer die Abweichung zwischen den von der Rechtsprechung festgestellten und den vom Hersteller erwarteten Pflichten ausfällt. Nach geltendem Recht stellt das Verschuldensprinzip in Verbindung mit den gesetzlichen Qualitätsvorschriften und den Generalklauseln des verkehrsrichtigen Verhaltens bzw. des Handelns nach den „Regeln der Technik" sowie die Ausgestaltung der Beweislastverteilung die Führungsgrößen der Ersatzpflicht, also das Maß für das Ansprechen der Rechtsprechung auf Qualitätsmängel dar.

Der Maßstab bzw. der Sollwert ist freilich nicht absolut. Mit dem Grundsatz, daß derjenige, der im Verkehr eine Gefahrenquelle schafft oder unterhält, die erforderlichen und zumutbaren Vorkehrungen zu treffen hat, um Gefahren für die Verkehrsteilnehmer abzuwenden[87], bzw. daß von der Wissenschaft anerkannte und in dem für die Anwendung maßgeblichen Personenkreis bekannte Regeln bei der Herstellung zu beachten sind[88], liegen zwar flexible und von der durch die gesetzlichen Vorschriften festgelegten Minimalqualität wegzeigende Tatbestandsmerkmale für die Rechtsfindung vor. Inwieweit allerdings z. B.

---

[86] So ist die Vorschrift des § 35 a, Absatz 7 StVZO, der ab 1. 3. 1976 den Einbau von Sicherheitsgurten in Kraftfahrzeugen vorschreibt, fraglos noch systemkonform, während sich der gesetzliche Zwang zum Einbau eines bestimmten Systems wohl nicht mehr mit marktwirtschaftlichen Überzeugungen vereinbaren lassen dürfte.

[87] Zur Verkehrssicherungspflicht vgl. z. B. *Larenz*, II, § 66 I, 432 ff., m. w. Nachw.

[88] Vgl. zum Begriff der allgemein anerkannten Regeln, RGSt. 44, 75 ff., insbes. 78 f.

die DIN-Normen, die Regeln der Gas- und Wasserfachleute oder des Verbandes Deutscher Elektrotechniker (VDE) stets den erforderlichen Qualitätsstand verkörpern, ist fragwürdig[89]. Ihre Verbindlichkeit bleibt im Einzelfall entsprechend zu prüfen[90]. Das kann einmal zur Rechtsunsicherheit bei den betroffenen Herstellern führen[91, 92], zum anderen ist die Rechtsfindung damit keineswegs erleichtert. Die syllogistische Methode[93] gerät hier gleich zweifach in Bedrängnis. Richtige Produktqualität erweist sich auch unter Bezugnahme auf technische Regeln als schlecht zu bestimmender Tatbestand[94], und das für den Schaden ursächliche Herstellerverhalten entzieht sich in seiner Komplexität als schlecht zugänglicher Sachverhalt oftmals zutreffender Beurteilung. Der typische Produktschaden entspringt einem Qualitätsbereich, innerhalb dessen sich Wert und Unwert der Herstellung schädlicher Produkte nicht mehr sinnvoll unterscheiden lassen[95]. Jedenfalls sorgt die Regelung der Qualität durch den Wettbewerb wenn auch nicht für ein ideales, so doch für ein im ganzen gutes Qualitätsniveau[96].

---

89 Ob der Herausgeber der technischen Regel für den Fall einzustehen hat, daß sich die Norm als falsch herausstellt, muß hier nicht weiter diskutiert werden. Im allgemeinen wird bei sorgfältiger Aufstellung der Norm wohl keine Haftpflicht eintreten. Vgl. *Herschel,* NJW 68, 623; und auch *Ullrich,* H., Rechtsschutz gegen überbetriebliche Normen der Technik, Stuttgart 1971, 3 f.

90 Vgl. *Lipps,* W., Herstellerhaftung beim Verstoß gegen „Regeln der Technik", NJW 68, 279 ff., insbes. 283.

91 Vgl. *Zemlin,* H., Die überbetrieblichen Normen — ihre Wesensmerkmale und ihre Bedeutung im rechtlichen Bereich, Köln 1973, 119.

92 Die Beachtung der Regeln der Technik z. B. durch Einhaltung bestimmter Richtlinien und/oder überbetriebliche Normen begründet nur die widerlegbare Vermutung, gesetzmäßig im straf- oder zivilrechtlichen Sinn gehandelt zu haben. Qualitätsbesserndes und Fortschritt hemmendes Moment liegen hier eng beieinander. Jedes Abweichen von der Norm kann im Streitfall Beweisprobleme in der Form aufwerfen, ob das „Sich-über-die-Norm-Hinwegsetzen" im Sinne einer Verbesserung geschehen ist. Das Beharren auf dem allgemein bekannten Stand der Technik, vielfach fortschritthemmend, ist wiederum keine Gewähr für die Anerkennung des Verhaltens als „verkehrsrichtig".

93 Vgl. *Esser,* J., Vorverständnis und Methodenwahl in der Rechtsfindung, Frankfurt/Main 1970, 45 ff.

94 Einfach ist die Kategorisierung des Herstellerverhaltens nur da, wo es sich um eklatante Verstöße des Herstellers gegen Unfallverhütungsvorschriften oder VDE-Richtlinien handelt. Vgl. hierzu beispielsweise die bei *Boller,* W., Verantwortlichkeit und Haftung des Maschinen-Herstellers und -Händlers, VersR 65, 20 ff., hier 21, zitierten Fälle. Schlechter faßbar sind aber schon Schäden, die sich nicht ohne weiteres auf wohldefinierten Regeln zuwiderlaufende Handlungen zurückführen lassen. Vgl. z. B. BGH VersR 57, 251 (Heizungsanlage) und BGH VersR 66, 81 (Durchlauferhitzer).

95 Ähnlich *Kuhlmann,* der feststellt, „daß die weitverbreitete Praxis, in juristischen Wertbegriffen der ‚Schuld' und ‚Unschuld' zu denken, im Sinne einer objektiven Unfallforschung außerordentlich belastend und hinderlich sein kann"; vgl. *Kuhlmann,* A., u. a., Prognose der Gefahr, Köln 1969, 15.

96 Vgl. hierzu *Juran,* J. M., Quality Control Handbook, New York 1962, 1 - 14; "Where quality of competing goods differs sharply, such difference is by

Eindeutig fraudulöses, arglistiges oder von der Norm abweichendes und damit leicht mit dem Schuldvorwurf belegbares Unternehmerverhalten stellt eine Randerscheinung dar[97]. Hier ist die Steuerungsfunktion des Haftpflichtrechts freilich unproblematisch. Ob aber Verständnis oder Vorverständnis[98] des Rechtsanwenders, d. h. des Richters derart beschaffen sind, um im typischen Schadensfall Wert und Unwert der schädlichen Produktion diskriminieren und gleichzeitig die Konsequenzen eines Werturteils zutreffend abschätzen zu können, erscheint fraglich[99], ganz abgesehen davon, daß durch eine diskrete Ja/Nein-Entscheidung zur Einstandspflicht der Zielkonflikt zwischen Geschädigteminteresse und Verbraucherinteresse ohnehin nicht zu lösen ist.

Die Rechtsprechung unterliegt schließlich insoweit keiner eigentlichen Richtigkeits- bzw. Wirkungskontrolle, als Rechtsfindung und Qualitätsgeschehen nicht effizient rückgekoppelt sind. Unerwünschte Folgen müssen dann auftreten, wenn die Rechtsprechung im Rahmen des geltenden Rechts nur durch übermäßige Anspannung des Pflichtenkatalogs einen vermehrten Verbraucherschutz durchsetzen kann. Was im Einzelfall billig erscheint, kann sich als Pyrrhus-Sieg bei der Lösung des Zielkonflikts zwischen dem individuellen Interesse des Geschädigten und dem kollektiven Interesse der Verbraucherschaft herausstellen. Eine ergänzende „Feinabstimmung" des Qualitätskreises scheint mit dem geltenden Haftpflichtrecht unmöglich. Zutreffende Aussagen über

---

itself sufficient to drive the inferior goods out of the market"; derselbe, 1 - 22: "... it ist not possible to stay in business if quality is poor, unless one has a monopoly." Freilich gilt das nur bis zum Erreichen einer Mindestqualität und damit einer „Mindestakzeptanz" durch den Käufer; derselbe, 1 - 15: "It follows ... that companies are well advised, in the case of consumer goods, to put forth substantial effort to secure such quality improvements as will bring their product into the range of acceptability ... However, once the product has been moved into this range, the evidence is that the effect of quality differences is overshadowed by other marketing factors."

97 So stellt z. B. die Absicht eines Kunststofferzeugers, von der *Edwards*, C. D., Standards and Product Differentation, in: *Reck*, a.a.O., 328, berichtet, wohl eine Ausnahme dar: Um einen höheren Preis für ein Plastikmaterial bei den Herstellern von Zahnprothesen gegenüber dem allgemeinen Markt durchzusetzen bzw. den billigeren Bezug durch diese Nachfrageseite zu unterbinden, sollte das Grundmaterial mit Arsen versetzt werden.

98 Siehe hierzu *Esser*, Vorverständnis, 10 f., 133 ff.

99 Ganz ähnlich wie bei der Rechtsanwendung des Rechts der Wettbewerbsbeschränkungen muß man sich fragen, wer eigentlich die Phänomene der Konstruktion, der Produktion und der Qualitätssicherung „aus dem Technischen (und ökonomischen) in die Sprache des Rechts übersetzt" (vgl. *Böhm*, F., Reden und Schriften, Karlsruhe 1960, 173). Vgl. auch *Lukes*, R., Zum Verständnis des Wettbewerbs und des Marktes in der Denkkategorie des Rechts, in: Wirtschaftsordnung und Rechtsordnung, Festschrift für Böhm, Karlsruhe 1965, 199 ff., hier 201.

die Sollqualität eines Produktes mögen fallweise gelingen[100], ohne daß der kollektive Nutzen tangiert wird. Generell bleibt die Abschätzung des mit einer Produktqualität verbundenen kollektiven Nutzens als entscheidende Wertgröße schwierig, um so mehr, als sich der typische Produktschaden nicht als Ergebnis gänzlich minderwertiger Qualität darstellt. Denn für die Einhaltung einer im wesentlichen sinnvollen Produktqualität ist ohnehin durch den Marktmechanismus gesorgt.

[100] So hat der BGH VersR 52, 357 ff., insbes. 358 im Rungenverschlußfall die Verletzung der Sorgfaltspflicht durch den Hersteller darin gesehen, daß „nach dem damaligen technischen Entwicklungsstand Bauweisen möglich waren, die dem Erfordernis höchster Betriebssicherheit mehr entsprachen als die Konstruktion, die zum Unfall des Klägers geführt hat, und die deshalb statt ihrer hätte verwendet werden können“.

Dritter Abschnitt

Qualitätspolitik und Qualitätssicherung beim Hersteller

31 Qualität und Planung

Die Qualität eines Produktes ist das Ergebnis planender und kontrollierender Aktivitäten auf allen Ebenen des betrieblichen Leistungserstellungsprozesses. So ist letztlich jeder Produktfehler bzw. Produktschaden auf den Faktor Planung als Ursache zurückzuführen[1]. Entsprechend geht das Selbstverständnis der Qualitätssicherung im Unternehmen dahin, systematisch Fehlern vorzubeugen und Defekte zu vermeiden[2], was sich keineswegs in der Vornahme einer Endkontrolle erschöpft. Es entspricht der Überzeugung der Qualitätssicherungspraxis, daß Qualität in ein Erzeugnis nicht hineinkontrolliert werden kann, sondern erzeugt werden muß. Zwei Wirkungsebenen sind hier vorzustellen. Ein Unternehmen bestimmt einmal die Qualität seiner Erzeugnisse durch den Entwurf, d. h. durch die Konstruktion oder das Rezept, und zum anderen durch die Art der Ausführung des Entwurfs. Entsprechend unterscheidet man Entwurfsqualität[3] und Fertigungs- bzw. Ausführungsqualität[4] eines Produktes. Während die Entwurfsqualität deterministischen Charakter hat[5], d. h. durch bestimmte konstruktive Spezifikationen beschrieben ist, liegen die Verhältnisse bei der Ausführungsqualität komplizierter. Die fertigungstechnische Realisation des Entwurfs wird regelmäßig eine Streuung um den Vorgabewert auf-

---

[1] Vgl. auch *Kuhlmann,* A., u. a., Prognose der Gefahr, 89 ff., insbes. 91.

[2] Vgl. z. B. *Seder,* L. A., The Technique of preventing defects, in: Industrial Quality Control, May 1953, 23 ff.

[3] Englisch: quality of design.

[4] Die englische Bezeichnung „quality of conformance" ist an sich treffender. Gemeint ist der Grad der Übereinstimmung, der in der laufenden Produktion zwischen Entwurf und realer Ausführung erreicht wird. Vgl. z. B. *Juran,* 1 - 9: "Quality of conformance relates to the fidelity with which the product conforms to the design. A Chevrolet which can run and a Chevrolet which cannot run, have the same quality of design, but they differ in quality of conformance."

[5] Aus der Sicht des Verbrauchers enthält die Entwurfsqualität auch eine stochastische Komponente, indem die Lebensdauer eines Gebrauchsgegenstandes, integraler Bestandteil konstruktiver Planung, abhängig von der Produktgestaltung um einen Sollwert streuen wird.

weisen, weil sich das zur Produktion eingesetzte Mensch-Maschine-Umwelt-System während des Herstellungsprozesses nicht konstant verhält. Je geeigneter das gewählte Verfahren ist, je besser die Abschirmung von Störeffekten und je effektiver die Überwachung gelingt, um so geringer wird die Streuung der Produkteigenschaften um den Sollwert ausfallen. Gänzlich wird sie sich jedoch nicht beseitigen lassen. Ein Erfahrungswert der Qualitätskontrolle zeigt, daß selbst bei sorgfältiger Herstellung und vollständiger Prüfung Fehleranteile von 0,2 Prozent nicht zu vermeiden sind. Auch Mehrfachkontrollen versprechen hier keine wirksame Abhilfe. Arbeitswissenschaftliche Untersuchungen haben gezeigt, daß mit verringertem Fehleranteil die Aufmerksamkeit der Kontrollperson nachläßt und der Kontrollwirkungsgrad sich verschlechtert[6].

Auf welche Einflußgröße die Abweichung der Ist-Qualität von der Soll-Qualität zurückzuführen ist, hängt naturgemäß von der Art des Produkts bzw. des Herstellungsvorgangs ab. Mit zunehmendem Mechanisierungsgrad der Fertigung tritt die Fehlerursache Mensch in den Hintergrund und Fertigungseinrichtungen und -methode stellen die wesentliche Bestimmungsgröße der Qualität dar[7]. In jedem Fall darf aber das stochastische Element im Erscheinungsbild des Produktfehlers nicht darüber hinwegtäuschen, daß auch die Streuung der Fertigungsqualität Ergebnis einer planerischen Festsetzung einer bestimmten Qualitätslage ist. Produktfehler sind, von der Ausnahme abgesehen, daß sie sich nach dem technischen Wissensstand jeglicher planerischen Einflußnahme entziehen, weitgehend vermeidbar[8]. Wenn sie dennoch auftreten, verkörpern sie entweder das Ergebnis unzulänglicher Planung oder einen Zufall, der freilich geplant ist und aus ökonomischen Gründen in Kauf genommen wird. Gerade der letzte Sachverhalt ist typisch für eine rational-ökonomische Unternehmenspolitik: neben den technologischen und absatzpolitischen Parametern kommt der Aufwand/Ertrag-Relation und dem Gesichtspunkt der Wirtschaftlichkeit[9] von Qualitätsplanung und Qualitätssicherung für die Qualitätsentscheidung wesentliche Bedeutung zu.

---

[6] Vgl. zum ganzen *Masing*, 47 ff.

[7] Vgl. *Goubeaud*, F., Erfassen, Bewerten und Regeln der Qualität mit dem Computer, in: Industrielle Organisation 38 (1969), Nr. 1, 2 f.

[8] Vgl. auch *Steindorff*, E., Repräsentanten- und Gehilfenversagen und Qualitätsregelungen in der Industrie, AcP 170, 93 ff., insbes. 110.

[9] Vgl. *Gutenberg*, E., Einführung in die Betriebswirtschaftslehre, Wiesbaden 1958, 31: „... Wirtschaftlichkeit ... ist ... das Verhältnis zwischen der günstigsten Kosten- oder Aufwandsituation und der tatsächlich realisierten Kosten- und Aufwandsituation, und zwar immer bezogen auf eine bestimmte Produktionsleistung ...“

32 Qualität und Kosten

Die Qualität der Leistung bestimmt den gesamten Herstellungsprozeß und muß so als Haupteinflußgröße der Kosten[10], d. h. des Produkts aus Faktorpreisen und Faktoreinsatzmengen[11] angesehen werden. Die Kosten der Qualität schlagen in allen Kostenarten zu Buche; eine eindeutige Zuordnung von Qualität und Kosten erscheint allerdings unmöglich[12]. Entsprechend unscharf müssen Aussagen über die Abhängigkeit der Kosten von der Entwurfsqualität, der Zuverlässigkeit oder der Fertigungsqualität eines Produkts ausfallen[13].

Aus Gründen der Operabilität werden Qualitätskosten daher in einem engeren Sinne definiert als Kosten für fehlerverhütende und vorbeugende Maßnahmen (Fehlerverhütungskosten), für Prüfungen und Beurteilungen (Prüfkosten) und für Fehler und mindere Qualität (Fehlerkosten)[14]. Aber auch in diesem Rahmen gelingt es nicht immer, qualitätsbezogene Anstrengungen bzw. Aufwendungen als Qualitätskosten zu erfassen. So können Maßnahmen, die Motivation der Mitarbeiter hinsichtlich der Qualität zu steigern, keine zurechenbaren Kosten entstehen lassen. Organisatorische Vorkehrungen, die durch kontrollierten Abtransport von Ausschußteilen deren Wiederverwendung verhindern, müssen nicht auf der Kostenseite zu Buche schlagen. Die Kosten für die Arbeitsplatzbeleuchtung, wiewohl in der Wirkung qualitätsfördernd, werden beispielsweise nicht von den allgemeinen Kostenarten zu trennen sein. Ebensowenig lassen sich i. d. R. versteckte Kosten in Form von Produktionsverzögerungen oder Good-will-Verlusten durch mindere Qualität als Fehlerkosten identifizieren und quantifizieren[15]. Dennoch wird man davon ausgehen können, daß die Qualität/Kosten-Beziehung, wie sie z. B. von *Juran*[16] und anderen[17] angegeben wird, zu-

---

[10] Vgl. *Gutenberg*, E., Grundlagen der Betriebswirtschaftslehre, Bd. 1, Die Produktion, Berlin/Heidelberg/New York 1969, 326 ff., insbes. 332 ff. Gutenberg zählt die Faktorqualität zur wichtigsten Kosteneinflußgröße für eine vorgegebene Produktion. Diese ist aber mit der Produktqualität korreliert.

[11] Vgl. *Gutenberg*, Einführung, 65.

[12] Vgl. *Ehrt*, R., Die Zurechenbarkeit von Kosten auf Leistungen auf der Grundlage kausaler und finaler Beziehungen, Stuttgart 1967, 23 ff.

[13] Vgl. z. B. *Yereance*, R. A., Reliability — costs and guarantees, in: SYSTEMS DESIGN, 6/1964, 2 ff.

[14] Vgl. hierzu und zum folgenden Deutsche Gesellschaft für Qualität (ASQ), Qualitätskosten-Rahmenempfehlung zu ihrer Definition/Erfassung/Beurteilung, Berlin und Köln 1971, 7 ff.

[15] Vgl. auch *Lesser*, W. H., Cost of Quality, in: Industrial Quality Control 11/1954, 11 ff.

[16] *Juran*, 1 - 8 ff.

[17] Vgl. z. B. *Masser*, W. J., The Quality Manager and Quality Costs, in: Industrial Quality Control, Vol. 14, Nr. 4, 10/1957, 5 ff.; derselbe, Was kostet Qualität: in: Qualitätskontrolle, 1959, Heft 3, 31 ff. *Purcell*, W. R., Quality

mindest qualitative Gültigkeit hat, wenn auch die behaupteten Abhängigkeiten mehr heuristischen als empirischen Charakter haben.

BILD 2: ENTWURFSQUALITÄT

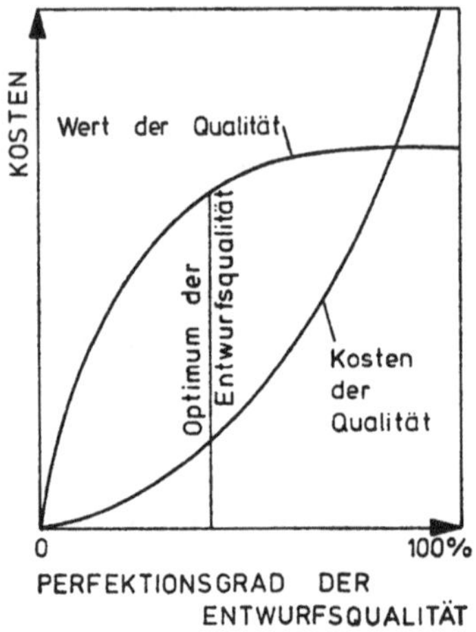

BILD 3: FERTIGUNGSQUALITÄT

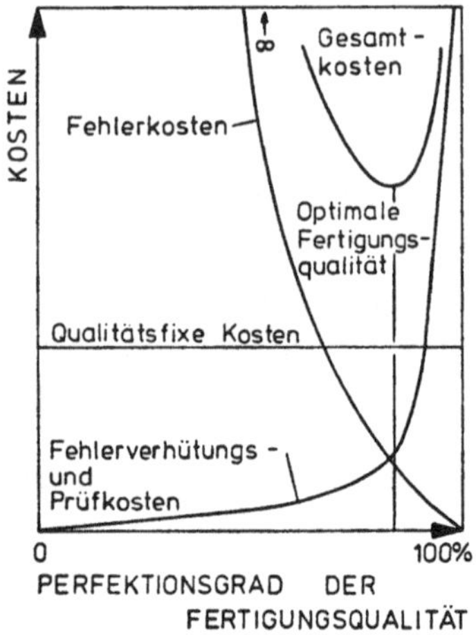

Einigkeit besteht darüber, daß ab einem gewissen Qualitätsstand die Steigerung sowohl der Entwurfsqualität als auch der Ausführungsqualität i. d. R. nur durch progressive Steigerung des Faktoreinsatzes und damit der Kosten zu erzielen ist[18]. Eine absolute Perfektion in Entwurf und Ausführung scheint prinzipiell nicht erreichbar. Beispiele für Produktionen in der Nähe des absoluten Perfektionsgrades finden sich auf dem Gebiet militärischer Rüstung oder bei der Anwendung neuer Technologien, wie z. B. in der Luft- und Raumfahrt sowie im

Cost Control, in: Industrial Quality Control, Vol. 18, Nr. 11, 5/1962, 22 ff.; *Zollikofer*, O., Qualität und Kosten, in: Industrielle Organisation, 20 Jg., 1951, Heft 1, 2 ff.

[18] Die Entwurfsqualität hat dort ihr Optimum, wo die marginale Steigerung des Werts der Qualität der marginalen Kostensteigerung gleich ist. (Bild 2.) Als Wert der Qualität kann für ein Unternehmen der erzielbare Marktpreis, für die Volkswirtschaft der gesamtwirtschaftliche Nutzen angesehen werden.

Die kostenoptimale Ausführungsqualität liegt da, wo die Gesamtkosten, also die Summe aus Fertigungs-, Fehlerverhütungs-, Prüf- und Fehlerkosten ihr Minimum haben (Bild 3). In der Praxis enthalten die Fertigungskosten auch qualitätsabhängige Fehlerverhütungskosten und werden nicht den Fixkostencharakter aufweisen, wie er in Bild 3 vereinfacht angenommen wurde. Vgl. auch ASQ, Qualitätskosten, 7. Zwischen beiden Qualitätsoptima bestehen Abhängigkeiten insofern, als sich der Grad der Entwurfsqualität in den Kostenverläufen des Fertigungsbereiches niederschlägt. Vgl. zu den Abbildungen *Juran*, 1 - 9 und 1 - 10. Für die Kosten von Sicherheitsvorkehrungen im Luftverkehr werden ähnliche Abhängigkeiten beschrieben. Vgl. *Lederer*, J. F., Application of NASA-Safety Techniques to Industry, in: Raumfahrt — Vorbild für Sicherheitstechnik und Unfallverhütung? IfU-Colloquium 1972, hrsg. vom Institut für Unfallforschung, Köln 1973, 154.

Reaktorbau. Wenn auch dort das Prinzip der Wirtschaftlichkeit nicht außer acht gelassen werden kann und die Budgets limitiert sind[19], stellt die erreichte Qualität bzw. Sicherheit in diesen Bereichen i. d. R. einen maximalen Standard dar, der in erster Linie durch physikalische, technische oder organisatorische Grenzen vorgegeben ist. Dennoch sind Produktfehler und Folgeschäden auch hier nicht vollständig vermeidbar[20]. Bei der Herstellung von derart komplexen Systemen und Geräten ist offensichtlich selbst bei Hintanstellung ökonomischer Restriktionen ein Minimum von Produktfehlern nicht gänzlich auszuschließen, wenn auch nur eine extrem niedrige Wahrscheinlichkeit des Fehlereintritts durch geeignete Gestaltung, Kontrollen und Redundanz des Systems zugelassen wird. Bei der Herstellung von Konsumgütern wird dagegen von geringeren Sicherheits- und Qualitätsanforderungen ausgegangen. Der ökonomische Aspekt rückt hier in den Vordergrund. Die Forderung nach „Sicherheit um jeden Preis" ist weder realistisch noch sinnvoll[21]. Produktfehler und Ausfallraten, die nicht mehr das technische Minimum darstellen, sind eben billigend in Kauf zu nehmen, wobei die dominanten Elemente unternehmerischer Qualitätsplanung und Qualitätssicherung Gewinn- und Kostendenken sind: Ziel ist nach der Bestimmung gewinnmaximaler Entwurfsqualität die kostenminimale Realisation dieser Vorgabe in der Fertigung.

Freilich ist die Qualitätsentscheidung so komplex und sind die Entscheidungsgrundlagen regelmäßig nicht so vollständig bekannt oder transparent[22], daß eine echte Minimierung der Kosten oder simultane Optimierung des Unternehmungsergebnisses als Funktion der Qualität derzeit möglich erschiene. Die ersten quantitativen Untersuchungen bezogen sich auf die Abhängigkeit von Toleranzen bzw. Passungen und Herstell- und Prüfkosten für einen Bearbeitungsvorgang an einem einzelnen Werkstück[23]. In den letzten Jahren sind innerbetriebliche Quali-

---

[19] Vgl. *Compes*, P., Fakten und Fragen aus Raumfahrt-Erkenntnissen und Erfahrungen für konventionelle Sicherheitstechnik und traditionelle Unfallverhütung, in: Raumfahrt, a.a.O., 58 ff.

[20] Man erinnere sich z. B., daß bei APOLLO 204 bei einem Brand 3 Astronauten das Leben verloren und APOLLO 13 auf Grund einer Explosion an Bord seine Mission vorzeitig beenden mußte. Vgl. auch *Radnofsky*, M. I., Non-Flammable Materials — Application to Transportation, Industry and Home, in: Raumfahrt, a.a.O., 54.

[21] Vgl. zum ganzen *Jaeger*, Th., Zur Sicherheitsproblematik technologischer Entwicklungen, QZ 19 (1974), Heft 1, 2 ff.

[22] Vgl. ASQ, Qualitätskosten, 5: „... wesentliche Kosten, die vom Qualitätsgeschehen im Betrieb verursacht werden, ... (gehen) ... in Gemeinkosten unter ... Die Folge davon ist, daß die Betriebsexekutive aller organisatorischen Ebenen ... zur Beurteilung wichtigster qualitätsbeeinflussender Maßnahmen kein schlüssiges Zahlenmaterial zur Verfügung hat ..."

[23] Vgl. *Zollikofer*, 2 ff., insbes. 4: Die dort gemessenen Fertigungsgenauigkeits/Aufwand-Verläufe weisen den typischen, stark ausgeprägten

tätssteuerungsmodelle entwickelt worden, die den Weg zu einer umfassenden, rational-ökonomischen Qualitätssteuerung zeigen, wozu wesentlich der Einsatz von Datenverarbeitungsanlagen bei der Erfassung und Auswertung der qualitäts- bzw. kostenrelevanten Information beigetragen hat[24]. Wenn auch heute noch die betriebliche Qualitätsentscheidung eher auf groben Schätzungen und subjektiven Werturteilen als auf der Ratio objektiver Kostenzurechnung basiert, darf man doch davon ausgehen, daß Qualität zunehmend Ergebnis rationaler Planung ist und Kostenüberlegungen das wesentliche Fundament dieser Planung darstellen. Jedenfalls ist sich die Qualitätsplanung der Tatsache bewußt, daß Qualitätsänderungen i. d. R. Kostenänderungen verursachen, und daß sich Fehlerverhütungskosten und Fehlerkosten reziprok verhalten.

33 Qualität und Haftung

Zunehmende Qualität bedeutet abnehmende Fehlerkosten. Von den internen, d. h. im Betrieb anfallenden Kosten durch Ausschuß, Verfahrensabfall, Mengenabweichungen, Wertminderungen des Produkts, Nach- und Sortierarbeiten, Wiederholungsprüfungen und Ausfallzeiten[25] sind die externen Fehlerkosten zu unterscheiden. Hierzu sind die Kosten für Garantie und Gewährleistung bzw. Nachbesserung sowie die Schadensersatzleistungen für Folgeschäden und auch der Nachfrageausfall auf Grund bekanntgewordener Produktmängel zu rechnen.

Während der Nachfrageeffekt der Qualität nur grob abgeschätzt und bewertet werden kann, schlagen sich die internen Fehlerkosten sowie Garantie- und Schadensersatzleistungen deutlich in der Kostenrechnung nieder. Die Fehlerkosten stellen damit einen wesentlichen Entscheidungsparameter der unternehmerischen Qualitätsplanung dar. Steigende Fehlerkosten bedeuten ceteris paribus steigende Gesamtkosten der Produktion. Gleichzeitig verschiebt die Zunahme der Fehlerkosten den Punkt der kostenoptimalen Qualität zu einem höheren Qualitätsniveau hin[26]. Indem das Haftpflichtrecht bestimmt, für welche

---

Hyperbelcharakter wie die oben, 61, Bild 3, Fußn. 3, wiedergegebene Fehlerverhütungskostenkurve auf. Sie zeigen, daß die Fertigungskosten nur zu einem kleinen Teil Fixkostencharakter haben.

[24] Vgl. *Goubeaud,* F., Qualitätsbewertung — Steuerung — Sicherung unter Einsatz datenverarbeitender Maschinen, in: Qualitätskontrolle 9 (1964), 1. Teil, Was ist Qualität?, Heft 2, 93 ff.; 2. Teil, Die Qualitätsbewertung und ihre Grundlagen, Heft 3, 136 ff.; 3. Teil, Die Qualitätssteuerung und ihre Grundlagen, Heft 4, 38 ff.; 4. Teil, Die Qualitätssicherung durch Lochkartenauswertung, Heft 7, 78 ff.; derselbe, in: Industrielle Organisation 38 (1969), Nr. 1, 1 ff. Vgl. auch *Sieper,* H. P., Voraussetzung und Lösungsansätze für ein innerbetriebliches Qualitätsinformationssystem, Diss. Aachen 1970.

[25] Vgl. ASQ, Qualitätskosten, 14 ff.

[26] Vgl. oben, 64, Bild 3 und Fußnote 18.

Folgeschäden der Unternehmer einzustehen hat, wirkt es über die Fehlerkostenbelastung sowohl auf die Produktionskosten als auch indirekt auf die vom Hersteller angesteuerte Qualitätslage der ausgebrachten Erzeugnisse ein. Dabei hängt es wesentlich von der Ausgestaltung des Haftpflichtrechts ab, ob die in Erwartung bestimmter Fehlerkosten geplante Qualitätslage gesamtwirtschaftlich optimal ist. Die mikroökonomische Qualitätskostenoptimierung des Herstellers führt keineswegs zwangsläufig zum Pareto-Optimum. Erst wenn gewährleistet ist, daß in die Qualitätskostenrechnung der Unternehmung auch die Verluste, die dem Verbraucher aus Produktfehlern entstehen, als Kostenterm eingehen. ist damit zu rechnen, daß vom Hersteller Kosteneinsparungen nicht um den Preis übermäßiger Produktschäden beim Verbraucher angestrebt werden. Jeder Produktschaden, der als Sozialkosten in die Gesellschaft diffundiert, führt zur Abweichung des Systems von der optimalen Qualitätslage, ohne daß dies dem Hersteller anzulasten wäre, handelt er doch legitim und rational im erwerbswirtschaftlichen Sinne.

Daß in einer Reihe von Unternehmen die Qualitätsentscheidung noch nicht auf der Basis einer exakten Optimierung der Qualitätskosten getroffen wird, ändert nichts an der prinzipiellen Richtigkeit der dargestellten Wirkungszusammenhänge. Auch dort wo präationale Wertungen und subjektive Erfahrungen die Qualitätsplanung dominieren, ist mit einem deutlichen, wenn auch nicht exakt angebbaren Einfluß des Haftungsrechts auf das Qualitätsverhalten des Herstellers zu rechnen, in dem Sinne, daß gesteigerte Haftungsandrohung das Qualitätsbewußtsein des Managements schärfen wird. Qualitätssicherung ist eben nicht nur eine organisatorische Leistung, sondern auch eine Frage des Qualitätsbewußtseins aller am Herstellungsprozeß Beteiligten[27] und besonders des Managements[28]. Und gerade im marktwirtschaftlichen System, wo die Gefahr besteht, daß eine gewinnorientierte Unternehmenspolitik das Wirtschaftlichkeitsprinzip innerhalb der bestehenden Freiräume auf Kosten der Allgemeinheit unzulässig überhöht[29], kann sich im Grunde nur das Haftpflichtrecht als wirksames und systemkonformes Korrektiv der gesamtwirtschaftlich schädlichen Qualitätspolitik eines Produzenten erweisen.

---

27 Vgl. z. B. *Feigenbaum*, A. V., Managing Quality Control to Encourage Quality-Mindedness, IQC (IX) 5/1953, 16 ff.; derselbe, Company Education in the Quality Problem, IQC (X) 5/1954.

28 Vgl. z. B. *Juran*, J. M., The Top Executive's Responsibilities for Quality, IQC (XI) 5/1955, 34 ff.

29 Vgl. hierzu nur *Heilbronner*, R. L. (Hrsg.), Im Namen des Profits oder Fahrlässigkeit als Unternehmensprinzip, Hamburg 1973, passim.

Vierter Abschnitt

Warenherstellung und Verschuldenshaftung

41 Die Probleme der Anwendung der Deliktsvorschriften auf die Warenherstellung

Der Hersteller eines fehlerhaften Produktes haftet dem Konsumenten nach geltendem Recht auf den Ersatz von Produktschäden zunächst nach den Vorschriften der §§ 823 ff. Neben dem deliktrechtlichen Anspruch können vertragliche Ansprüche bestehen, wenn Produzent und Geschädigter durch ein Abnehmer/Lieferantenverhältnis verbunden sind; in besonders gelagerten Fällen können vertragsrechtliche Durchgriffskonstruktionen zum Tragen kommen. Die Rechtsprechung war derartigen Konstruktionen gegenüber bislang restriktiv eingestellt[1]. Jedenfalls ist vom atypischen Sachverhalt abgesehen, daß ausdrückliche Eigenschaftszusicherungen[2] vom Hersteller/Verkäufer gemacht wurden, was im Prinzip zu einer verschuldensunabhängigen Garantiehaftung führt[3], die Herstellerhaftung, sei sie aus Vertrag oder Gesetz begründet, Verschuldenshaftung. Die gesetzliche Haftung entspringt dem Grundsatz, daß denjenigen, der eine Gefahrenquelle für den allgemeinen Verkehr schafft, die Pflicht zur Gefahrenabwendung trifft. Im Bereich der Warenherstellung sind diese „Verkehrssicherungspflichten" als Organisationspflichten umrissen, die in Anbetracht der Komplexität als „eigenständiges Bündel freier Verhaltensnormen"[4] nicht erschöpfend darzustellen sind, sondern nur fallweise konkretisiert werden können, wobei auf das positive Recht wie das Maschinenschutzgesetz[5] oder das Arzneimittelgesetz[6] und auch auf gewerbe-, arbeitsschutz- und unfallversicherungsrechtliche Vorschriften zurückgegriffen werden kann[7].

---

1 Mit Ausnahme des atypischen Schmiermittelurteils (BGH DB 59, 1083) hat der BGH die Drittschadensliquidation für unzulässig erachtet. Vgl. BGH NJW 63, 2071 (Gürtel); BGHZ 48, 118 (Trevira); BGH NJW 69, 269 ff., insbes. 271 f. (Hühnerpestserum). Ebenso ablehnend *Diederichsen*, Haftung, 131 ff.

2 Werbeaussagen zählen regelmäßig nicht hierzu. So auch BGHZ 48, 122 f. und in dieser Richtung bestärkend BGH NJW 69, 273.

3 Vgl. BGH NJW 68, 1622 (Kleber); BGH NJW 72, 1706 (Lack).

4 Vgl. *Fikentscher*, W., Schuldrecht, Berlin/New York 1971, § 103 III 2, 631.

5 Vgl. *Lukes*, R., Produzentenhaftung und Maschinenschutzgesetz, JuS 68, 349 ff.

6 Vgl. z. B. BGH NJW 72, 2217 (ESTIL) mit Anm. von *Franz* und *Schmidt-Salzer*.

7 *Fikentscher*, § 103 IV 3, 637.

Daß mit dem Inverkehrbringen des schädlichen Produktes durch den Hersteller die Schadensursache bereits gesetzt wird, wird nicht als ausreichend angesehen, um eine Haftung des Herstellers zu begründen[8]. Anknüpfungspunkt der deliktischen Haftung ist vielmehr die Herstellerhandlung, auf die die unzureichende Qualität des Produktes als Ergebnis zurückgeführt wird. Nicht schon jede Rechtsgutverletzung beim Benutzer, erst der Verstoß gegen objektive Verhaltensnormen ist pflichtwidrig und indiziert damit Rechtswidrigkeit und Schuldhaftigkeit des Verhaltens[9]. Mit der Einsicht, daß Produkte für den Benutzer nicht absolut sicher sein können, muß auch, jedenfalls für die Regelung der Produzentenhaftung im Rahmen des Deliktsrechts, die Vorstellung erfolgsbezogener Rechtswidrigkeit fallengelassen werden[10]. Die klassische Dreiteilung der Haftungsvoraussetzungen in Tatbestandsmäßigkeit, Rechtswidrigkeit und Schuld reduziert sich damit auf den Nachweis der Kausalität eines Produktfehlers für den eingetretenen Schaden und die Prüfung des qualitätsrichtigen Verhaltens[11].

Zur Abwehr des Anspruchs muß der Produzent entweder dartun, daß der objektive Tatbestand einer Verletzungshandlung nicht gegeben ist, d. h. weder ein Konstruktions- noch ein Fabrikations- oder Instruktionsfehler[12] des Produktes den Schaden adäquat kausal verursacht hat, oder daß er nicht schuldhaft gegen eine objektive Herstellerpflicht verstoßen hat[13]. Während die Tatbestandsmäßigkeit sich lediglich als Beweisproblem für den Produktgeschädigten darstellt, bereitet die Gewinnung objektiver Verhaltensmaßstäbe für das Produzentenver-

---

[8] Vgl. z. B. *Beathalter*, 90: „So darf die Tatsache allein, daß der Hersteller und damit auch der Markenartikelhersteller mit dem Inverkehrbringen seiner Produkte zum Teil unvermeidliche Risiken für den Verbraucher schafft, noch nicht ausreichen, um seine Haftung zu begründen. Es ist vielmehr eine Bewertung der Interessenlage zu verlangen. Zu fragen ist demnach nicht nur, aus wessen Sphäre ein bestimmter Fehler stammt, sondern ob er bei wertender Betrachtung dem Risikobereich desjenigen zuzurechnen ist, der ihn verursacht hat." Siehe hierzu auch BGH BB 56, 572 f. (Fahrradgabel).

[9] Vgl. *Simitis*, Grundfragen, 75, 78.

[10] Derselbe, ebenda, 76, 79.

[11] Diese von den Vertretern der Lehre einer handlungsbezogenen Rechtswidrigkeit wie *Fikentscher* und *Simitis* vorgebrachte Auffassung, daß schon mit der Abkehr von dem erfolgsbezogenen hin zum handelsbezogenen Rechtswidrigkeitsbegriff die Problematik bewältigt und die Produzentenhaftung damit als deliktische Haftung zu retten sei, erweist sich allerdings nicht als stichhaltig, wie weiter unten zu zeigen sein wird. Selbst *Simitis* ist von dieser Linie späterhin abgerückt. Vgl. *Simitis*, Gutachten, passim.

[12] Zur Fehlerklassifizierung vgl. statt aller *Weitnauer*, NJW 68, 1594 m. w. Nachw.

[13] Mit dem Hühnerpesturteil (BGH NJW 69, 269 ff.) hat die zunächst für den Vertragsbereich vom RG entwickelte Lehre von den Gefahrenbereichen und der entsprechend umzukehrenden Beweislast Eingang in die Produzentenhaftung gefunden.

halten ebenso wie die Subjektivierung des Schuldvorwurfs beachtliche Probleme für die Rechtsanwendung.

411 Der Handlungsbegriff des § 823 BGB

Das System des BGB knüpft die Delikthaftung an den Handlungsvorgang an[14]. Unter Handlung ist „jedes menschliche Tun zu verstehen, das als vom Willen beherrschbar gedacht und daher objektiv, d. h. zur Tat, zugerechnet werden kann"[15]. Zum Begriff der Handlung ist sowohl das Tun als auch das Unterlassen einer Handlung zu rechnen[16]. Ob es sich beim Inverkehrbringen schädlicher Ware um die Vornahme eines verbotenen Tuns oder um das Unterlassen einer gebotenen Kontrolle handelt, ist müßig zu diskutieren: Fehlererzeugung und Fehlerverhütung sind bei der Warenherstellung stets komplementär; jede schadensstiftende Produkteigenschaft kann beliebig als Resultat unzureichenden Tuns bzw. Nichttuns erklärt werden[17]. Die betriebliche Realität industrieller Serienproduktion sperrt sich gegen die Beurteilung in so simplistischen Kategorien. Der Versuch, das Produktionsgefüge in einzelne individualistische Handlungen oder Unterlassungen aufzubrechen, kann angesichts der vielfältigen Interdependenzen und zeitlichen Varianzen sowohl im dispositiven Bereich als auch im Hinblick auf die Fremdbestimmtheit des arbeitenden Menschen durch Maschinen und Arbeitsanweisungen im Bereich objektbezogener Arbeit nur scheitern[18]. Es erscheint ebenso aussichtslos, durch Rückverfolgung des gesamten Produktionsprozesses die Fehlerursache isolieren zu können, wie es sinnlos ist, den Fehler einer einzelnen Handlung als Erfolg zurechnen zu wollen.

Konstruktionsfehler[19] werden sich oftmals vordergründig als Fertigungsfehler darstellen, Instruktionsfehler können durch konstruktive Maßnahmen kompensiert werden, und die Konstruktion selbst muß Restriktionen durch Material und Fertigungstechnologie berücksichtigen. Konstruktive Vorgaben in Form von Passungen oder Toleranzen, chemischen Reinheitsgraden oder Bauteilanordnungen wirken auf die

---

[14] Im Gegensatz zum Recht der ungerechtfertigten Bereicherung beruht daher „das Unrecht der unerlaubten Handlungen nicht auf einer Güterzuordnung, sondern auf einer Wertentscheidung über eine schädigende Handlung" (*Fikentscher*, § 97 II 2, 552).

[15] *Larenz*, II, § 65 I a, 400 (im Original kursiv).

[16] Vgl. anstelle aller *Fikentscher*, § 102 IV, 607.

[17] Vgl. auch *Simitis*, Grundfragen, 52 f.; *Markert*, Die Schadenshaftung des Warenherstellers gegenüber dem Verbraucher, BB 64, 231 ff., insbes. 232; *Schmidt-Salzer*, Produkthaftung, 39 f.

[18] Vgl. auch *Diederichsen*, Haftung, 50 ff.; ähnlich *Steindorff*, 120.

[19] Zur Fehlertypologie vgl. z. B. *Simitis*, Grundfragen, 3 ff.; *Weitnauer*, NJW 68, 1594.

Fertigungsqualität und Effizienz der Qualitätskontrolle ebenso ein wie diese Parameter wiederum auf die konstruktiven Möglichkeiten rückwirken[20]. Die Ursache für die Fehlerhaftigkeit einer Schraube kann im Entwurf und/oder im Material und/oder in der maschinellen Ausstattung des Arbeitsplatzes und/oder in der Unaufmerksamkeit des Bedienungsmannes und/oder in einer zu kurzen Bearbeitungszeitvorgabe und/oder in der unzureichenden Kontrollvorschrift usw. liegen. Schließlich können konstruktive Unzulänglichkeiten oder Fertigungsmängel erst als Folge einer gegenüber dem Benutzer unzureichenden „Instruktionshandlung" in ihrer Schädlichkeit voll zum Tragen kommen. Je komplexer ein Produkt ist, desto größer wird die Anzahl der Dimensionen inklusiver und exklusiver Schadensbedingungen, desto mehr muß die Bedeutung eines einzelnen Parameters relativiert werden.

Die Rechtsprechung hat versucht, dem in den Hintergrund tretenden Einfluß einzelner Arbeitnehmerhandlungen dadurch Rechnung zu tragen, daß sie auf das Organisationsverschulden des Unternehmers als Haftungsgrund abgestellt hat[21]. Damit ist zwar die Klippe des § 831 zu umschiffen[22], der dem Hersteller prinzipiell die Möglichkeit einräumt, sich für das Versagen eines Arbeitnehmers entlasten zu können, wenn er nachweisen kann, daß er auf Auswahl und Überwachung des Gehilfen die nötige Sorgfalt verwandt hat[23]. Wenn so auch der Akzent der Haftungsanknüpfung von der Handlung auf die Struktur, d. h. den Handlungsrahmen der Produktion und damit in den Pflichtenkreis des Unternehmers verschoben wurde, ist das Kernproblem der Herstellerhaftung aber noch nicht gelöst.

Nicht nur ist Warenherstellung mehr als die Summe individualistischer Handlungen, sie ist auch nicht determiniert in dem Sinne, daß entsprechen, gleich ob es sich um die Wirkung einer einzelnen Fertigungshandlung oder die Vorgabe des Prozesses durch die Planung den einzelnen Aktivitäten im Herstellungsbereich eindeutige Erfolge

---

[20] Ähnlich weist *Kuhlmann*, A., Prognose der Gefahr, Köln 1969, 102 ff. auf die vielfältigen Interdependenzen von Schadensursachen hin.

[21] Vgl. RG 78, 107; RG 89, 136; RG DR 1940, 1294 (Kraftdroschke); vgl. LG Hanau, VersR 56, 785 (Mineralwasserflasche); BGH VersR 59, 104 (Seilschloß); BGH NJW 68, 247 (Schubstrebe); BGH NJW 73, 1602 (Sprengkörper); vgl. auch *Diederichsen*, Haftung, 5 f.; *Simitis*, Grundfragen, 25; *Simon*, Sitzungsberichte, 26: „Die Lehre vom Organisationsverschulden ist nichts anderes als der folgerichtige Versuch, nunmehr umgekehrt den Betriebsorganismus für schadensstiftende Handlungen einstehen zu lassen."

[22] Vgl. *Simitis*, Grundfragen, 25 f.; ebenso *Lorenz*, W., Beweisprobleme bei der Produzentenhaftung, AcP 170, 367 ff., insbes. 373; aber auch *Fikentscher*, § 103 IV 12, 646: „Was die Warenhaftung anlangt, bedarf es der Neufassung des § 831 nicht."

[23] Zum Entlastungsbeweis bei der Schadenszufügung durch einen Gehilfen siehe anstelle aller *Larenz*, II, § 67 VI, 445; *Fikentscher*, § 107 12 d, 665 ff.; *Soergel / Siebert / Zeuner*, § 831, Rdnr. 37 ff.; *Palandt / Thomas*, § 831, 6.

handelt. Exogene Zufallseinflüsse der Umwelt sowie endogene Nicht-Konstanz der Produktionsfaktoren Mensch und Maschine und die additive oder multiplikative Verknüpfung von Störgrößen sorgen für die stochastische Abweichung des Produktionsergebnisses vom Sollwert. Diese Streuung erscheint zwar insgesamt mit den Methoden der Qualitätsplanung bzw. -sicherung beherrschbar, ist aber dem signifikanten Einfluß einzelner Handlungen entzogen oder sollte es zumindest sein, geht es doch im Qualitätswesen einer Unternehmung vornehmlich darum, die individuellen Fehlleistungen zu kompensieren bzw. deren schädliche Auswirkungen in Grenzen zu halten. Solange es sich nicht um Exzeßfälle handelt, in denen einzelne am Herstellungsprozeß Beteiligte vorsätzlich oder heimlich nicht entdeckbare Fehler herbeiführen, kann weder die Einzelhandlung für das Qualitätsergebnis sinnvoller Zurechnungsgrund sein noch kann die Planung bzw. Organisation an Hand des Einzelfalls beurteilt werden. Sobald das Ergebnis der Handlung nicht offensichtlich und ständig unzureichend ist, stellen konkret ausgeführte oder auch in der Planung vorweg geleistete Handlungen keinen Anknüpfungspunkt für eine Wertung dar. Wenn ein und dieselbe Handlung in der gleichen Organisationsumwelt, hundert Mal wiederholt, neunundneunzig fehlerfreie und ein fehlerhaftes Produkt hervorbringt, kann nicht mit gutem Gewissen behauptet werden, daß eben diese Handlung oder diese Organisation zum Vorwurf gereicht[24], es sei denn, man argumentiert, ohne auf das schuldhafte Verhalten abzustellen, vom Handlungserfolg her, womit ein Grundprinzip deliktischer Zurechnung aufgegeben wäre[25].

Gleichgültig, ob man den Standpunkt einer erfolgsbezogenen oder einer handlungsbezogenen Haftung vertritt, bleibt es aber immer das zentrale Problem einer als Haftung für Unrecht ausgestalteten Produzentenhaftung, die Grenzziehung zwischen Rechtsmäßigkeit und Rechtswidrigkeit der Warenherstellung durch Bestimmen des zulässigen bzw. vertretbaren Anteils schädlicher Produkte am gesamten Output vorzunehmen. Damit ist nicht nur die Frage nach der richtigen Fertigungsqualität angesprochen, in gleicher Weise steht die richtige Konstruktion zur Diskussion: das Weglassen einer konstruktiven Sicherheitsmaß-

---

[24] Vgl. BGH VersR 56, 410 = DB 56/592 (Fahrradgabel): „Wie die Lebenserfahrung zeigt, gehört es zur Natur des industriellen Betriebes, daß gelegentlich technische Fehlleistungen in der Fabrikation nicht ausschließbar sind und auch nicht mit absoluter Sicherheit, wenigstens soweit es sich um komplizierte Fabrikationsvorgänge handelt und um die Untersuchung nicht offenliegender Teile des Fabrikates, bei der Abnahme ausgeschaltet werden können. Die Tatsache allein, daß bei einer Massenfabrikation ein einzelnes mangelhaftes Stück auf Grund des Fehlers eines Arbeiters in den Verkehr gelangt, bedeutet daher nicht, daß der erste Anschein für einen Fehler der Geschäftsleitung spricht."

[25] Ebenso im Ergebnis *Diederichsen*, Haftung, 57.

nahme z. B. muß keineswegs immer einen Schadenseintritt beim Verbraucher herbeiführen, es mag sich vielleicht nur in einigen wenigen Fällen durch das Dazutreten besonderer Umstände schädlich auswirken. Produkte müssen Fehler aufweisen dürfen, soll ihre Herstellung wirtschaftlich möglich sein. Jedes Produkt stellt insoweit einen Kompromiß dar. Ob der Kompromiß gelungen ist, d. h. ob und welche Fehler und Schäden der Hersteller voraussehen konnte bzw. noch einplanen durfte, ist nicht am einzelnen Schadensfall oder im Bezug auf eine bestimmte Herstelleraktivität festzustellen. Die Unterscheidung von Fallgruppen[26] nach Fehlerarten muß aufgegeben werden[27], weil sie weder der betrieblichen Realität noch dem Phänomen des Produktschadens gerecht wird. Nur die ganzheitliche Betrachtung des Produktschadens erweist sich als adäquat und operabel[28].

---

[26] Vgl. z. B. *Lorenz*, Länderbericht, 7 ff.; *von Caemmerer*, E., Products Liability, in: Jus privatum gentium — Festschrift für Rheinstein, Band II, Tübingen 1969, 659 ff., hier 663 f.

[27] So auch *Steindorff*, 98 ff.; *Kuchinke*, K., Die Risiken der Beweisführung bei Haftungsklagen gegen den Produzenten, in: Jus et Commercium — Festschrift für Laufke, Würzburg 1971, 113 ff., hier 126 f.; Graf *von Westphalen*, F., Grundsätze deliktischer Haftung, WiR 72, 85 f.

[28] Das übersieht freilich *Bruns*, wenn er den Einstellungsbeschluß des CONTERGAN-Strafverfahrens im Hinblick auf eben diese ganzheitliche Betrachtungsweise kritisiert. Vgl. *Bruns*, H. J., „Ungeklärte materiell-rechtliche Fragen des Contergan-Prozesses", in Festschrift für Heinitz, Berlin 1972, 317 ff., hier 319: „Der Einstellungsbeschluß geht — in Übereinstimmung mit der Anklage, aber ohne jede Begründung — davon aus, daß das gesamte, den Angeklagten vorwerfbare Verhalten eine sog. „natürliche Handlungseinheit", also nur *eine Handlung* i. S. d. § 73 StGB darstelle ... Ob dieser Ausgangspunkt des gesamten Contergan-Prozesses rechtlich haltbar ist, unterliegt erheblichen Zweifeln: Das den Angeklagten zum Vorwurf gemachte Gesamtverhalten erstreckt sich zeitlich auf die Jahre 1957 bis 1964, sachlich auf Forschung, Herstellung und Vertrieb des AM (Arzneimittel, Anm. d. Verf.), das örtlich fast unbeschränkt im In- und Ausland in Verkehr gebracht worden war."

Schließlich spricht angesichts der langen Vorbereitungszeit des Verfahrens (die Ermittlungen der Staatsanwaltschaft begannen bereits 1961, die 900 Seiten umfassende Anklageschrift wurde am 10. 3. 1967 vorgelegt) und der zweijährigen Verfahrensdauer (Eröffnung 18. 1. 1968, Einstellung am 18. 12. 1970) alles dafür, daß nicht mangelnder Wille oder Unfähigkeit der Strafverfolgungsbehörden, sondern die Komplexität der Sachverhalte eine hinreichende Durchleuchtung des Geschehens unmöglich machten. *Bruns* schreibt zwar: „Eine entsprechende Aufschlüsselung des vieljährigen Gesamtgeschehens ist im Contergan-Prozeß trotz wiederholter Anträge der Verteidigung nicht einmal versucht worden, wäre aber notwendig gewesen. Weder genügt für die Beurteilung der den Angeklagten vorgeworfenen Körperverletzungs- oder Tötungs-‚*Handlungen*' die Angabe der Personen, die Contergan eingenommen haben, noch läßt sich aus den mitgeteilten Umsatzziffern auch nur annähernd entnehmen, wer das AM i. S. d. § 44 AMG ‚in Verkehr gebracht' hat (321 f.)". Er muß aber im nächsten Satz zugeben: „Der ‚Vertrieb' ist jeweils unter ganz verschiedenen Umständen, in örtlich und zeitlich trennbaren Phasen, bei fortlaufend geänderten Verbraucher-Informationen und mit wechselnden subjektiven Vorstellungen der einzelnen Angeklagten erfolgt, deren ‚Gut- oder Bösgläubigkeit' hinsichtlich der schädlichen Neben-

Eine Differenzierung der Rechtsfolgen nach Fehlerklassen stellt sich nicht nur selbst vor unlösbare Probleme der Fehlerursachenforschung, sie führt auch für die Fälle voraussehbarer Produktschäden zur Ungleichbehandlung gleichartigen Herstellerverhaltens: wer für den Fabrikationsfehler angesichts des Zufallelements die unbeschränkte Haftung fordert und es für den Konstruktions- und Instruktionsfehler beim Verschuldensprinzip belassen will[29], übersieht, daß der Dimensionierung eines Bauteils keine anderen Überlegungen zugrunde liegen wie bei der Einrichtung von Warenendkontrollen. Der Konstrukteur, der sein Produkt nur für 98 Prozent der möglichen Belastungsfälle auslegt, mag genau so wenig schuldhaft handeln wie der Qualitätssicherungsmann, der 2 Prozent Durchschlupf akzeptiert. Der Konsument freilich, bei dem der Schaden aufgrund des Zusammentreffens unglücklicher Umstände bzw. einer dem Konstrukteur zwar bekannten, aber von ihm nicht vorgesorgten Belastung des Produkts eintritt, verdient aber genau den gleichen Schutz wie das Opfer einer „Montagsproduktion".

Wert oder Unwert der Warenherstellung können nur am Maßstab der gesamtwirtschaftlich optimalen Qualität gemessen werden, einer Maßgröße, die für den Rechtsanwender allerdings nicht operabel, weil nicht bekannt ist, die aber auch keine Relevanz für den Schadensausgleich im Einzelfall haben kann. Nicht von ungefähr hat es die Rechtsprechung möglichst zu vermeiden gesucht, explizite Standards zulässiger Qualität als Beurteilungskriterien des Herstellerverhaltens heranzuziehen. Dafür hat sie sich bemüht, über die Schwächung der Beweisposition des Herstellers den gewünschten Verbraucherschutz zu erreichen[30]. Die Ergebnisse mögen unter dem Gesichtspunkt des Konsumentenschutzes befriedigen; die „kleine Lösung"[31] der Produzentenhaftung über die Beweislastumkehr darf aber darüber nicht hinwegtäuschen, daß sich die Warenherstellung nicht mit der individualistisch-deterministischen Handlungsvorstellung des BGB begreifen läßt[32]. Die angesichts der kollektiven und stochastisch beeinflußten Produktionsvorgänge erforderliche erfolgsorientierte Beurteilung des Herstellungsprozesses läßt

---

wirkungen des AM von der StA zeitlich ganz unterschiedlich fixiert worden war. Noch verschwommener, weil gar nicht konkretisiert, erscheint die tatbestandsmäßige Abgrenzung und Qualifizierung der selbständigen *Unterlassungen* die besondere Bedeutung von dem Zeitpunkt gewinnen, an dem das AM von der Firma aus dem Verkehr gezogen worden ist."

[29] So z. B. *von Caemmerer*, Products Liability, 666 f.; vgl. aber auch Sitzungsberichte, 130 ff.

[30] Vgl. BGH NJW 68, 241 (Schubstrebe); insbes. BGH NJW 69, 269 (Hühnerpestserum); BGH VersR 59, 104 (Seilschloß); BGH VersR 71, 80 (Bremse); BGH NJW 73, 1602 (Sprengkörper).

[31] *Schmidt-Salzer*, J., Produkthaftung, Produkthaftpflichtversicherung, Betriebsorganisation und risk management, BB 72, 1430.

[32] Anders freilich noch *Simitis*, Grundfragen, 76, 78 f.

aber die Rechtsprechung in einen unlösbaren Zielkonflikt geraten: eine Bewältigung des individuellen Schadensausgleichs erscheint nur bei gleichzeitiger Ignoranz des Wesens gesamtwirtschaftlich optimaler Qualität erreichbar, Akzeptanz nicht perfekter Fertigung als richtig muß andererseits zur Leistungsverweigerung an den Geschädigten führen.

Zu der prinzipiellen Unzulänglichkeit der Delikthaftung als Regelung der Produktenhaftpflicht kommen freilich noch die Anwendungsschwierigkeiten hinzu, die einmal aus der inneren Inkonsistenz der einzelnen dem Hersteller auferlegten Pflichten und zum anderen aus der notwendigen Objektivierung dieser Pflichten resultieren. Vor einer abschließenden Beurteilung der Leistungsfähigkeit des bestehenden Regelungsmusters sind diese Punkte näher zu diskutieren.

412 Innere Struktur der Verkehrssicherungspflichten und Schuldvorwurf

Die Verkehrssicherungspflichten des Herstellers, die treffender als Qualitätssicherungspflichten zu bezeichnen wären, werden herkömmlich in die Kategorien der Konstruktions-, Organisations- bzw. Kontrollpflichten im Bereich der Fertigung, der Instruktions- und der Produktbeobachtungspflichten beim Vertrieb unterteilt[33]: der Hersteller muß also dafür Sorge tragen, daß seine Produkte betriebssicher und zuverlässig nach dem Stand der Technik entworfen sind, die Fertigung die entsprechenden Spezifikationen einhält, der Benutzer auf die Gefahren, die von dem Produkt ausgehen können, aufmerksam gemacht wird und daß Produkte, die sich nach dem Zeitpunkt der Auslieferung als gefährlich erweisen, wieder aus dem Verkehr gezogen werden. Wenn dieser Katalog auch nicht abschließend gemeint sein kann, birgt eine so vorgenommene Typologisierung eine nicht zu unterschätzende Gefahr: sie suggeriert die Vorstellung, daß die Einzelpflichten sich hinreichend konkretisieren lassen, und daß sich ein Produktfehler zweifelsfrei als Folge eines Pflichtverstoßes identifizieren läßt. Das ist freilich nicht unbedenklich. Indem die Inhalte der einzelnen Pflichten konkurrieren, sich ergänzen oder sich überschneiden, impliziert jede Feststellung eines Pflichtverstoßes die Wertung anderer Pflichten als erfüllt. Je nachdem, von welcher Seite man sich dem Herstellerverhalten nähert, kann der Pflichtverstoß des Herstellers entweder auf der Konstruktions- oder der Instruktionsseite gesehen werden.

Trifft z. B. den Hersteller eines Geschirrspülmittels der Vorwurf des Pflichtverstoßes, wenn das Spülmittel für den normalen Gebrauch zwar fehlerfrei, aufgrund seiner Giftigkeit in höherer Konzentration eine

---

[33] Vgl. hierzu und zum folgenden *Schmidt-Salzer*, BB 72, 1433 ff.; *Graf von Westphalen*, WiR 72, 73 ff.

Gefährdung für ein Kleinkind darstellt, das in einem unbeaufsichtigten Moment davon trinkt[34], und wenn ja, gegen welche Pflicht wurde verstoßen? Wie ist die Werbung des Herstellers in Form von Citrusfrüchten auf dem Etikett der Flasche, die die Vorstellung von trinkbarem Inhalt fördert, bzw. seine Weigerung, eben diese Werbung einzustellen, in diesem Zusammenhang zu beurteilen[35]? Besteht hier überhaupt eine Pflicht des Herstellers, solchen insgesamt wenig wahrscheinlichen Gefahren vorzubeugen, und wenn ja, worin besteht die Pflichtverletzung, wenn er es nicht tut: in der Herstellung einer giftigen Substanz, in der Darstellung von Früchten auf dem Etikett oder im Unterlassen eines drastischen Hinweises auf die Toxizität[36], der sowohl für die unmittelbare Abschreckung des Kindes als auch für die erhöhte Sorgfalt der Eltern sorgen könnte, indem diese das Mittel verschlossen aufbewahren? Wer sich auf den Standpunkt stellt, daß die Eltern allein für die Sicherheit ihres Kindes zu sorgen hätten, braucht sich freilich keine Gedanken mehr über die Herstellerpflichten zu machen. Wer die Meinung vertritt, daß ein warnender Hinweis genügt, spricht damit gleichzeitig aus, daß Geschirrspülmittel giftig sein dürfen. In gleicher Weise impliziert die Feststellung des BGH im *Estil*-Fall[37], die Hinweise des Herstellers seien unzureichend gewesen, daß das Präparat trotz der schweren Schäden, die durch nicht exakte Applikationen ausgelöst wurden, prinzipiell im Markt belassen werden durfte[38]. Konstruktions-

---

[34] Die genaue Anzahl derartiger Unfälle im Haushalt ist nicht bekannt. Immerhin kommen täglich 30 Menschen in der BRD bei Haushaltsunfällen ums Leben (vgl. FAZ vom 25. 9. 1973 „Täglich 30 Tote bei häuslichen Unfällen"). Aus den USA sind ähnliche Untersuchungsergebnisse bekannt: „Die zur Verringerung von Unfällen in den Vereinigten Staaten eingesetzte Produktsicherheitskommission hat jetzt eine Liste von 369 unfallträchtigen Gegenständen veröffentlicht. Da an Unfällen vor allem auch Kinder beteiligt sind — Unfälle sind bei dieser Altersgruppe die häufigste Todesursache — ist es nicht verwunderlich, daß das Fahrrad nach dem Auto, mit dem sich die Kommission allerdings nicht befaßt, der gefährlichste Gegenstand ist. Es folgen Treppen und Hauseingänge, Türen und Garagentore, *Reinigungsmittel*, Tische, Betten, Football, Schaukeln, Rutschen und ähnl. Spielgeräte, brennbare Flüssigkeiten, Schiebetüren, Rasenmäher, Baseball, Badewannen und Duschen sowie Raumlüfter und Öfen ..." (FAZ vom 24. 10. 1973 „Die häufigsten Unfallquellen".)

[35] Vgl. hierzu z. B. FAZ vom 13. 12. 1973 „Die Industrie verzichtet nicht: Bilder von Zitronen und andere Nahrungsmittelsymbole sollen wegen der Verwechslungsgefahr mit Lebensmitteln von Spülmittelflaschen verschwinden, doch wird dies erst nach der Gesamtreform des Lebensmittelrechts durchzusetzen sein, weil Haushaltreinigungs- und Spülmittel bisher nicht unter das Lebensmittelgesetz fallen; die Bemühungen der Bundesregierung auf einen Verzicht dieser Art von Werbung bei der Industrie haben keinen Erfolg gebracht."

[36] z. B. in Form des bekannten Totenkopfsymbols.

[37] Vgl. BGH NJW 72, 2217.

[38] Ausweichend freilich BGH NJW 72, 2220: „Der Senat braucht nicht darüber zu befinden, ob ... schon im Zeitpunkt des Zwischenfalls bei der Klägerin das *Inverkehrbringen* des ESTIL wegen der damit verbundenen Gefahren ... erkennbar unzulässig war."

und Instruktionspflichten hängen dabei wesentlich von den Voraussetzungen ab, die hinsichtlich des Umgangs mit dem Produkt der Konsument selbst oder, wie im *Estil*-Fall, der behandelnde Arzt erfüllen müssen.

Nicht jede unsachgemäße Betätigung des Konsumenten oder fehlerhafte Mittlerhandlung des Arztes vermag hier die adäquate Kausalität zwischen Herstellung bzw. Vertrieb des Produkts und eingetretenem Schaden aufzuheben[39]. Vielmehr muß davon ausgegangen werden, was üblicherweise vom Konsumenten an Sorgfalt erwartet werden kann[40]. Dies wird um so weniger sein, je breiter und unqualifizierter der in Frage kommende Personenkreis ist[41]. Nur von ausgebildeten Fachleuten anzuwendende Produkte müssen und können vielfach nicht „narrensicher" gestaltet sein[42]. Freilich muß auch hier mit Unzulänglichkeiten des Produktanwenders gerechnet werden, wie die versehentlich intraarteriellen Injektionen eines Narkosemittels in den *Estil*-Fällen zeigen. Der Hersteller darf sich keineswegs immer auf den Standpunkt stellen, durch das Fehlverhalten des Produktanwenders falle der Schaden nicht mehr in seinen Verantwortungsbereich[43]. Allerdings darf das zu erwartende Konsumentenverhalten nicht für sich gesehen werden, wenn es um die Konstruktions- und Instruktionspflichten geht. Wesentliches Kriterium ist letztlich die Kosten/Nutzen-Gegenüberstellung der gesamten Produktion. Nicht darauf kann es ankommen, ob *ein* bestimmter Schaden durch ein bestimmtes Verhalten hätte vermieden werden können, sondern ob und welche Anstrengungen hätten unternommen werden können bzw. müssen, um welche Gefährdung zu verringern. Der einfache Zugewinn an Sicherheit durch verbesserte Gebrauchsanweisungen kann, muß aber nicht ausreichen, wenn leichtfertiger Gebrauch des Produkts üblich ist und die mit der nur hinweisenden Maßnahme zu erzielende Wirksamkeit gering hält[44]. Insofern müssen

---

[39] So aber *Hasskarl*, H., Aufklärungspflichten des Warenherstellers, BB 73, 120 ff., 121; vgl. andererseits *Davie v. New Merton* Bd. Mills (1957) 2 All. E. R. 38 und 384 (splitterndes Stemmeisen) und *Farr v. Butters* Bros. (1932) 2 K. B. 606 (Kran).

[40] Vgl. *Schmidt-Salzer*, NJW 72, 2219, Anm. zum BGH-Urteil v. 11. 7. 72 (ESTIL).

[41] BGH BB 52, 588 (Rungenverschluß): „Bei der Beurteilung, ob die Bauweise eines Rungenverschlusses an einem Langholzwagen für einen bestimmten Unfall ursächlich war, ist auch darauf Rücksicht zu nehmen, daß Holzarbeiter im allgemeinen technisch nicht besonders geschult, sondern oft einfache Hilfsarbeiter sind, die eine überfeinerte Konstruktion nicht immer sachgemäß zu handhaben verstehen."

[42] Vgl. BGH VersR 68, 280, 601, 701; BGH NJW 68, 1181.

[43] So auch *Stark*, Grundfragen, 296.

[44] Vgl. z. B. *Spruill v. Boyle-Midway* Inc., 308 F. 2d79 (4th Gr. [va.] 1962), wo dem Hersteller eines Schuhputzmittels, durch das sich ein Kind vergiftete, nicht das Fehlen eines warnenden Hinweises, sondern die Tatsache der Giftigkeit des Mittels selbst vorgeworfen wurde.

Instruktions- und Produktbeobachtungs- und Fabrikationspflichten als subsidiär gegenüber der Konstruktionspflicht angesehen werden. Sie kommen erst dann zum Tragen, wenn dem Hersteller zugebilligt wird, nicht vollkommen sichere Produkte herstellen zu müssen, er aber für eine relative Sicherheit durch Produktbeobachtung und Hinweise auf erkannte Schadensmöglichkeiten sorgen kann. Gleichzeitig erweitern sie aber den Inhalt der Verkehrssicherungspflichten um einen Freiheitsgrad, der über die Austauschbarkeit von Handlungs- und Unterlassungspflichten bei der Warenherstellung hinausgeht. So ist Verschulden leicht konstruierbar. Eine verbindliche und explizite Aussage über die richtige Qualität insgesamt erübrigt sich scheinbar, obwohl nur sie die eigentliche Entscheidungsgrundlage sein dürfte. Mit einem breiten Spektrum an Möglichkeiten ist es einfach, als Anknüpfungspunkt der Haftung gerade das Quäntchen Vorsicht oder Sorgfalt da oder dort im Konditionalis der Vergangenheit zu postulieren, das den spezifischen Fehler bzw. Schaden hätte vermeiden helfen. Dem kommt wohl die allgemein menschliche Neigung entgegen, in der Ex-post-Analyse apriorisch unwahrscheinlich erschienenen Sachverhalten nunmehr, da sie eingetreten sind, den Charakter der Gewißheit beizumessen, den sie ursprünglich nicht hatten[45]. Das sozial motivierte Bedürfnis, dem materiell Schwächeren, regelmäßig also dem geschädigten Konsumenten zum Schadensausgleich gegen den materiell stärkeren Unternehmer zu verhelfen, wird sich damit sowohl in einer bewußten als auch möglicherweise mehr unwillkürlichen Anspannung des Verschuldensprinzips durch entsprechende, Pflichtkonformität bzw. Pflichtverstoß bereits implizierende Ex-post-Konkretisierung der Herstellerpflichten ausdrücken. Die Möglichkeit der subjektiven Vorwerfbarkeit einer Verhaltensweise wächst mit der Höhe der Anforderung an die Sorgfalt, die als typisch behauptet wird. Folge hiervon ist die „Denaturierung des Verschuldensprinzips“[46], die den dogmatischen Rahmen des Deliktsrechts sprengt.

Nicht nur die Objektivierung der Herstellerpflichten ist freilich problematisch. Auch der Versuch, das Herstellerverhalten in die Kategorien von Fahrlässigkeit und Vorsatz zu unterscheiden, muß im typischen Fall paradoxe Ergebnisse zeitigen. Auch wenn das Qualitätsniveau von Konsumgütern nicht den Stand des technisch Maximalen darstellt und Fehler aus ökonomischen Erwägungen heraus in größerem Umfang toleriert werden müssen, bleiben die Produktgefahren im ganzen überschaubar und kalkulierbar. Interne und externe Warentests, innerbetriebliche Qualitätssicherung, Reklamationswesen, Kundendienst und Vertrieb können dazu beitragen, die

[45] Vgl. auch *Eichler*, H., Die Rechtslehre vom Vertrauen, Tübingen 1950, 112 f.

[46] *Simitis*, Gutachten, 84.

Produktqualität in allen Phasen transparent zu machen. Je sorgfältiger der Hersteller seinen Qualitätssicherungspflichten und Produktbeobachtungspflichten nachkommt, um so zutreffender und genauer wird das Bild sein, daß er sich von der mit der Anwendung seines Produktes verbundenen Gefährdung verschaffen kann. Tut er das nicht, wird ihm die Vernachlässigung elementarer Organisations- und Produktbeobachtungspflichten vorzuwerfen sein. Verfügt er aber über ein vorzügliches Qualitätsinformationswesen, findet man sich in dem offensichtlichen Widerspruch, dem Produzenten mit wachsendem Sorgfaltsgrad in der Produktbeobachtung und mit besserer Kenntnis um die Produktgefahr nicht Fahrlässigkeit, dafür aber Eventualvorsatz[47] vorwerfen zu müssen[48].

In der Tat sind sich Unternehmungen mit fortschrittlicher Qualitätssicherung über das quantitative und qualitative Ausmaß von Produktfehlern und über die möglichen Fehlerfolgen im klaren. Automobilhersteller stellen Wahrscheinlichkeitsüberlegungen im Zusammenhang mit Unfallsituationen und den daraus resultierenden Belastungen der Fahrzeugteile an, um entsprechende konstruktive Vorkehrungen zu treffen. Pharmahersteller „wissen" um die Häufigkeit und Schwere von Nebenwirkungen ihrer Medikamente. Auch der „Ausreißer" ist mehr ein Schreckgespenst der juristischen Diskussion als der Qualitätssicherung beim Hersteller. Abgesehen davon, daß die Terminologie unglücklich ist[49], geht das Verständnis der Ausreißer als „Versager ..., die sich auch durch sorgfältigste Organisation nicht verhindern lassen"[50],

---

[47] Um bedingten Vorsatz handelt es sich dann, wenn „sich der Verletzer den Erfolg als möglich vorgestellt und seinen Eintritt zustimmend in Kauf nimmt. Er billigt den Erfolg *für den Fall*, daß er eintritt." (*Fikentscher*, § 53 III 3, 283).

[48] Zumindest nach der von *Nipperdey* befürworteten „Schuldtheorie". Siehe hierzu *Enneccerus / Nipperdey*, Allgemeiner Teil des Bürgerlichen Rechts, Tübingen 1960, § 210 I 2, 1302 f. Demgegenüber geht die „Vorsatz"theorie davon aus, daß „das Wissen des Handelnden ... die Unrechtmäßigkeit seines Handelns umfassen muß" (*Larenz*, I, § 20 II, 207).

[49] Zum einen suggeriert der Begriff des „Ausreißers" die Vorstellung eines unabwendbaren Unglücks, das sich durch das Zusammentreffen unglücklicher Zufälle realisiert; zum anderen ist der Begriff des Ausreißers in der Statistik, speziell in der Stichprobentechnik und damit im betrieblichen Qualitätssicherungswesen mit einer inhaltlich anderen Bedeutung belegt: als Ausreißer werden hier extreme Meßwerte bei einer Stichprobennahme bezeichnet, die „unnatürlich" weit von den übrigen gemessenen Merkmalswerten entfernt liegen und daher nicht mehr als zur Grundgesamtheit, aus der die anderen Merkmale stammen, gehörig betrachtet werden können. Ein Ausreißer ist also ein einzelner Wert einer Beobachtungsreihe, der sich so stark von den übrigen Werten der Reihe unterscheidet, daß die Abweichung nicht mehr als zufällig erachtet werden kann. Vgl. auch ASQ, Begriffserläuterungen, 11. *Smirnow*, N. W., *Dunin-Barkowski*, I. W., Mathematische Statistik in der Technik, Berlin 1969, 280 ff.

[50] *Fikentscher*, § 103 IV 3, 639; vgl. auch *Dunz / Kraus*, 16; BGH DB 56, 592 (Fahrradgabel), siehe auch oben, 72, Fußnote 24.

an der Realität des Fertigungsfehlers bei Massenproduktion vorbei. Was sich als einmaliger oder serieller Fertigungsfehler erweist und in der juristischen Diktion als Ausreißer angesprochen wird, ist in Wahrheit der „Durchschlupf"[51] des Herstellungs- und Kontrollprozesses, der in der Qualitätssicherung als abschätzbarer und eben auch beeinflußbarer Fehleranteil des Outputs verstanden wird. Senkschrauben, Fernsehgeräte und Fahrradgabeln lassen sich von der technischen Seite her mit nahezu hundertprozentiger Perfektion herstellen. Wenn die tatsächliche Qualität des Outputs diese Perfektion nicht erreicht, dann deshalb, weil die Qualitätsanstrengungen ökonomisch relativiert sind. Der Durchschlupf einer Produktion ist keine absolute Größe, sondern eine Funktion des Prozesses. Er ist auch nicht unbedingt das Ergebnis eines verstärkten Einsatzes von Maschinen im Produktionsprozeß[52]. Im Gegenteil scheint der Faktor Mensch viel störanfälliger bei sich wiederholenden, monotonen Arbeits- und Prüfvorgängen[53]. Bei geeigneter Planung und Überwachung dürften mechanisierte und automatisierte Prozesse regelmäßig eine überlegene Konstanz der Leistung aufweisen. In jedem Fall erweist sich der Durchschlupf eines nach Stichprobenmethoden überwachten Prozesses oder der selbst bei Vollprüfung unentdeckbare Fehleranteil[54] als beherrschbar[55], der daraus resultierende Schaden mit gewisser Genauigkeit vorhersehbar[56]. Ein Hersteller von Automobilreifen z. B. kann den mittleren Anteil ausge-

---

51 Im Zusammenhang mit Stichprobenprüfungen wird der Durchschlupf definiert als „durchschnittlicher Anteil von Fehlern oder fehlerhaften Einheiten, der sich bei ständiger Anwendung einer bestimmten Stichprobenvorschrift auf Lose gleichen Fehleranteils und gleicher Größe einstellt; üblicherweise errechnet unter der Annahme, daß die zurückgewiesenen Lose sortiert, überprüft und die dabei gefundenen Einheiten durch fehlerfreie ersetzt werden". (ASQ, Begriffserläuterungen, 20)

52 Anders *Dunz / Kraus*, 16.

53 Siehe hierzu z. B. *Schmidtke*, H., Überwachungs-, Kontroll- und Steuerungstätigkeiten, Berlin/Köln/Frankfurt 1966. Vgl. aber auch den Sachverhalt im Mineralwasserflaschenfall, VersR 56, 785.

54 Erfahrungsgemäß liegt dieser Restfehleranteil im Promillebereich. Daß vollkommene Perfektion hier i. d. R. nicht erreichbar ist, ist u. a. auf den mit abnehmendem Fehleranteil abnehmenden Prüfwirkungsgrad zurückzuführen. Vgl. hierzu z. B. *Masing*, 47 f.; *Müller-Rossow*, K., Vollkontrolle oder Stichprobenkontrolle?, Pharm. Ind. 33 (1971), 601 ff.; derselbe, Die Wirksamkeit von Qualitätskontrollen und ihre Verbesserung, Verpackungs-Rundschau 11/1971, 1545 ff.; *Schindowski*, E., *Schürz*, O., Statistische Qualitätslehre, Berlin 1966.

55 So auch *Steindorff*, 110.

56 Die Auskunftsbereitschaft der Produzenten ist hierzu freilich nicht groß. Immerhin kann als Ergebnis eigener empirischer Untersuchungen festgestellt werden, daß mit der Qualität der Organisation einer Unternehmung die Transparenz der eigenen Produktqualität korreliert ist und gut organisierte Unternehmungen ein hohes Maß an innerbetrieblicher Qualitätstransparenz aufweisen und gleichzeitig auch ihre Qualitätslage gegenüber ihren Mitbewerbern einzuschätzen vermögen.

lieferter fehlerhafter Stücke promillegenau angeben[57], er kennt unter Umständen sogar die vergleichbaren Werte seiner Mitanbieter und weiß auch i. d. R. die Ursachen, auf die sein Restfehleranteil zurückzuführen ist und die keineswegs nur in der Kontrolle oder Fertigung, sondern auch in der Konstruktion zu finden sein können. Die Meldung eines beim Verbraucher auf Grund eines Fehlers eingetretenen Schadens kann ihn dann aber keineswegs wie ein Blitz aus heiterem Himmel treffen. Schon im Zeitpunkt der Auslieferung war er sich darüber im klaren, daß x Prozent der Produkte fehlerhaft sind und sich mit y Prozent Wahrscheinlichkeit bei der Benutzung schädlich auswirken können.

Die Rationalität industrieller Fertigung und die bestehenden Möglichkeiten, über die im Anwendungsbereich der Produkte auftretenden Schäden Information zu gewinnen und zu verarbeiten, führen damit zu einem Paradoxon bei der Beantwortung der Schuldfrage. Je besser der Produzent seine Fertigungsqualität im Griff hat und je sorgfältiger er seine Produkte beobachtet, um so eher verdient er den Vorwurf, vorsätzlich die Schädigung, wenn auch nicht eines bestimmten Verbrauchers, so doch von Teilen der Verbraucherschaft in Kauf genommen zu haben. Läßt er sich andererseits die Qualitätsbeobachtung in allen Phasen des Produktlebens nicht angelegen sein, ist ihm zumindest fahrlässiges Verhalten zur Last zu legen. Der Widerspruch resultiert zum einen aus der Objektivierung des Fahrlässigkeitsbegriffs im Deliktsrecht[58], zum anderen aus der komplementären Struktur der Verkehrssicherungspflichten des Herstellers, die die fortwährende Kontrolle und Beobachtung des Produktionsergebnisses und damit die Rückkoppelung des betrieblichen Qualitätskreises umfassen. Indem der Hersteller die objektive Pflicht hat, die Qualität seiner Produkte ständig zu überprüfen, erfüllt er quasi automatisch den subjektiven Tatbestand des Vorsatzes, wenn er Produkte in den Verkehr bringt oder im Verkehr läßt, deren schadensstiftenden Eigenschaften ihm bekannt sind. Ähnliches trifft für die unzureichende Aufklärung der Verbraucher über die Gefahren der Produktanwendung zu. Hier stehen zwar der Zumutbarkeit aufklärerischer Maßnahmen keine beachtlichen Kostenargumente, dafür aber das Absatzinteresse des Herstellers entgegen. Wenn ein Produzent also auf drastische Gefahrenhinweise bewußt verzichtet, dann wohl regelmäßig nicht deshalb, weil er nicht um die Gefährlichkeit wüßte, sondern weil er mit Abatzeinbußen rechnet, die unangemessen ausfallen können, wenn die Warnung beim Benutzer übertriebene Befürchtungen auslöst. Ob das Verhalten des Herstellers

[57] Für PKW-Reifen wurden z. B. Durchschlupfwerte zwischen 0,3 und 2 % genannt. Bei der Herstellung von Elektro-Haushaltsgeräten wurden angesichts des inhomogeneren Spektrums breiter gestreute Werte aufgeführt.

[58] Vgl. *Larenz,* I, § 20 III, 208 ff.

allerdings tatsächlich den Unrechtsvorwurf verdient, kann daher letztlich doch nur daran gemessen werden, ob die von ihm hergestellte Qualität im ganzen objektiv richtig war, was auf die Beantwortung der Frage der Verhältnismäßigkeit vom gesamten Produktschaden zum gesamten Aufwand der Schadensvermeidung hinausläuft. Herstellerverschulden kann im Grunde nur Abweichen von der paretooptimalen Qualität sein, einer freilich sowohl der Rechtsprechung wie auch dem Hersteller zunächst unbekannten Größe.

413 Die Objektivierung des qualitätsrichtigen Herstellerverhaltens

Gleichgültig, auf welche Verhaltenspflicht des Herstellers während des Produktionsprozesses im einzelnen abgezielt wird, ist es im Grunde die Qualität des Produktes, die es zu beurteilen gilt. Wer dem Hersteller den Vorwurf macht, seine Qualität sei unzureichend und er müsse entsprechend für die Folgen einstehen, muß für diese Wertung einen Maßstab besitzen. Damit ist die Rechtsordnung unversehens vor das Problem gestellt, richtige Qualität zu definieren. Die Folgen einer unzutreffenden Bestimmung sind gravierend. Die Vorgabe eines niedrigeren Qualitätsniveaus bedeutete eine Aufforderung zur Herstellung minderer Qualität an den Hersteller, zu hohe Qualitätsanforderungen können Einstellung der Produktion und/oder insgesamt schlechtere Güterversorgung bedeuten. Der Rechtsordnung stehen freilich in dieser Hinsicht keine idealen Bezugsgrößen zur Verfügung.

Gesetzliche Qualitätsstandards, wie sie in dem Arzneimittelgesetz, dem Lebensmittelgesetz, dem Maschinenschutzgesetz u. a. m. und den entsprechenden Durchführungsverordnungen formuliert sind, oder auch DIN-Normen, VDE-Richtlinien und ähnliche Qualitätsrichtlinien stellen, soweit sie überhaupt spezifischen Bezug auf die Produktsicherheit nehmen, kaum mehr als Minimalforderungen dar[59]. Infolge der Trägheit ihrer Institutionalisierung und Reformierung wirken sie eher konservativ als progressiv dynamisch in Richtung einer Qualitätsbesserung. Beispiele ihres hemmenden Einflusses auf verschiedenen Gebieten sind bekannt[60]. Die in einer sich entwickelnden Umwelt veraltete Norm bleibt Grundlage der Leistungsanforderungen, weil sie eben Norm ist. Da sie regelmäßig der Ausfluß einzelner, homogener Interessenvertretungen und nicht des Wettbewerbs ist, besteht die Gefahr, daß sie oft nur im Zeitpunkt ihrer Erschaffung, wenn überhaupt, einen Mittelwert des bekannten Wissens darstellt. Die retrospektive Orientierung an

---

59 Vgl. auch Graf *v. Westphalen*, F., Grundsätze deliktischer Haftung im Bereich der Unternehmensorganisation (Produzentenhaftung), WiR 72, 67 ff., hier 74 f.

60 Siehe oben, 55 f.

derartigen bestehenden, aber veralteten Standards bedeutet im Grunde eine negative Qualitätsprävention.

Der aktuelle Stand technisch-wissenschaftlicher Entwicklung[61] als Bezugsgröße stellt andererseits nicht mehr als eine Leerformel dar[62]. Selbst wenn die inhaltliche Ausfüllung des Begriffs in Einzelfällen gelingen sollte[63], muß die generell zutreffende Beurteilung dessen, was Stand der Technik ist, angesichts der Komplexität in- und ausländischer Herstellungswirklichkeit ein fragwürdiges Unterfangen[64] bleiben. Waren Grundlagen und Technologieforschung noch vor fünfzig Jahren eine Domäne der Universitäten und Hochschulen und damit öffentlich, hat sich der Schwerpunkt heute nahezu vollkommen auf die Industrieforschung verlagert[65]. Bedingt durch die hohen Aufwendungen im Forschungs- und Entwicklungsbereich bedeutet das gleichzeitig die Monopolisierung des technischen Fortschritts durch einige wenige kapitalstarke Unternehmungen[66]. Das Eigeninteresse dieser Unternehmungen, technisches und organisatorisches „know-how" zu publizieren, ist naturgemäß gering, garantiert doch der Wissensvorsprung entscheidende Vorteile im Qualitätswettbewerb. Auch die Zwangslizenz[67] als Mittel zur Nivellierung des technischen Wissensstands verspricht keine Abhilfe des Zustandes, daß einige wenige Unternehmungen Qualitätsmaßstäbe setzen werden, an denen andere Firmen nicht gemessen werden können, zumal dann, wenn es ein ausländischer Anbieter ist, der über das überlegene technische Wissen verfügt. Jedenfalls ist als Reaktion der Unternehmungen auf die Androhung einer zwangsweisen Vergabe von Lizenzen eine verstärkte Geheimhaltung des Wissens zu erwarten, das nicht in die Hände der Mitbewerber gelangen soll[68]. Damit rückte aber auch das, was machbar ist und was von der Technik geleistet werden kann, für die Öffentlichkeit, d. h. für Rechtsprechung, Verbraucher und konkurrierende Hersteller vollständig in den Bereich diffuser Ahnungen. Aber auch unter dem Gesichtspunkt der zeitlichen Veränderlichkeit erscheint der Stand der Technik als Maßstab wenig operabel, weil sich die Inhalte der Verhaltenspflichten des Herstellers im Zeitablauf ändern werden. Wann eine *„nach dem*

---

61 Vgl. *Simitis*, Grundfragen, 54 ff.

62 Ähnlich Graf *von Westphalen*, WiR 72, 76.

63 Vgl. BGH BB 52, 587 (Rungenverschluß); BGH VersR 59, 732 (Skilift).

64 Vgl. auch *Klingmüller*, E., Technischer Fortschritt in rechtlicher Wertung, in Festgabe für Oftinger, Zürich 1969, 130.

65 Vgl. z. B. FAZ vom 18. 9. 1974 „Universität und Industrie — Technische Erneuerung fast nur durch Industrieforschung", m. w. Nachw.

66 So auch *Simitis*, Grundfragen, 57.

67 Siehe hierzu § 15 PatG, § 26 Abs. 2 GWB.

68 Vgl. auch *Simitis*, Grundfragen, 59 ff.; skeptisch auch Graf *von Westphalen*, WiR 72, 77.

Stand der Technik gegebene bloße Möglichkeit einer sichereren Konstruktion in eine deliktsrechtliche Pflicht umschlägt“[69], ist dabei ebenso schlecht zu bestimmen, wie der Zeitpunkt, von dem ab auf Grund von Schadensvorkommnissen ein Produkt aus dem Markt zu ziehen ist oder die warnenden Hinweise auf gefährliche Nebenwirkungen drastische Ausmaße annehmen müssen[70]. Gleichzeitig mag es ökonomisch sinnvoll sein, daß auch Produkte, die nicht den neuesten Stand der Technik verkörpern, auf dem Markt angeboten werden, nämlich dann, wenn der dem Produkt inhärente Schaden durch eine ökonomische Bedürfnisbefriedigung kompensiert wird. Würde man nur nach dem Stand der Technik urteilen, müßte heute der Großteil der Folgeschäden aus Verkehrsunfällen den Automobilherstellern angelastet werden, soweit sie nicht *alle bekannten* konstruktiven Maßnahmen zur Erhöhung der aktiven und passiven Sicherheit verwirklicht haben — ein zweifelhaftes Ergebnis.

Der Versuch einer objektiven Konkretisierung der Pflichteninhalte bzw. einer gültigen Grenzziehung erscheint zum Scheitern verurteilt[71], muß er doch im Rechtsstreit kasuistisch erfolgen, mit der Gefahr, daß er in divergierende Expertenmeinungen zerfließt oder die Hürde des Betriebsgeheimnisses nicht zu überwinden vermag[72]. Prinzipiell muß aber der Unrechtsvorwurf dort ins Leere gehen, wo dem Hersteller die Nichtbeachtung technischer Neuentwicklungen nicht als Versäumnis angelastet werden kann, weil ihm der Stand der Technik zur Anwendung in der eigenen Produktion nicht zugänglich war. Für eine derartige Subjektivierung des Herstellerverhaltens kann bei der Produzentenhaftung kein Platz sein[73], will man nicht einen Haftungsfreiraum des Herstellers zu Lasten des geschädigten Verbrauchers und des Wettbewerbs schaffen. Eine Relativierung der Pflichten nach Herstellervermögen und Verbraucherkreis ist nur insoweit notwendig und zulässig, als der Nutzen einer Produktion den Schaden kompensieren muß.

Die Bezugsgröße, auf die bei der Entscheidung über Wert oder Unwert einer Produktion abgestellt werden muß, kann nur aus einer permanenten Kosten/Nutzen-Analyse gewonnen werden. Mit dieser Aufgabe ist aber der Rechtsanwender überfordert. So kann der im Deliktsrecht gesetzlich determinierte Sanktionskreis nicht nur prinzipiell nicht den Zielkonflikt zwischen Geschädigteminteresse und Ver-

---

69 *Schmidt-Salzer*, BB 72, 1433.

70 Vgl. zu dieser Problematik nur die CONTERGAN-Affäre und den ESTIL-Fall, BGH NJW 72, 2217.

71 Ähnlich *Rehbinder*, E., Fortschritte in der Produktenhaftung, ZHR 129 (1967), 179; vgl. auch *Schmidt-Salzer*, Produkthaftung, 47 ff.

72 Vgl. *Stark*, Gedanken, 295.

73 So auch im Ergebnis *Simitis*, Grundfragen, 82 f.

braucherinteresse überwinden, er erweist sich auch auf Grund von inneren, d. h. strukturellen Inkonsistenzen bzw. in Ermangelung der zutreffenden Führungsgrößen der „richtigen Qualität" als entweder nicht operabel oder mit der zivilrechtlichen Dogmatik unvereinbar. Darüber hinaus besteht die Gefahr, daß der Rechtsanwender zum schlechten Sachwalter des Verbraucherinteresses wird, wenn er in der einen oder anderen Qualitätsrichtung selektiv über die Beeinflussung der Haftungserwartungen der Hersteller auf das zukünftige Produktangebot einwirkt. Das Deliktsrecht hält also nicht die befriedigende Lösung des Produzentenhaftungsproblems parat.

42 Die Haftung aus tatsächlicher oder angenommener rechtlicher Sonderbeziehung zwischen Hersteller und Produktgeschädigtem

In der Literatur[74] wurden verschiedentlich Vorschläge vorgetragen, die Stellung des geschädigten Konsumenten dadurch zu verbessern, daß an die Beziehung Hersteller-Verbraucher, die zweifelsohne durch die Warenberührung vor anderen sozialen Kontakten ausgezeichnet ist, vertragsrechtliche Maßstäbe angelegt werden. Die scheinbaren Vorteile einer vertragsrechtlichen Lösung liegen auf der Hand: die strengere Gehilfenhaftung des § 278, die Beweislastumkehr und die Möglichkeit, reine Vermögensschäden einklagen zu können — ein Vorteil, der im typischen Produktschadensfall durch ein Konsumgut allerdings nicht sonderlich schwer wiegen dürfte, zumal der Schmerzensgeldanspruch verloren ist. Wenn diese Ansätze im folgenden nicht eingehender diskutiert werden sollen, dann aus drei Gründen: zum einen erheben sich gegen die Ausweitung des Vertragsrechts auf der schwachen Basis der Fiktion schon beachtliche dogmatische Bedenken[75], zum zweiten sind die Haftungsbarrieren des § 831 und das Problem der Beweislast des Geschädigten von der Rechtsprechung bereits überwunden[76], womit das wesentliche Motiv für die Betonung des Vertragsrechts entfallen ist, und drittens müssen die Vertragslösungen genau dort scheitern, wo sich die Schwierigkeiten für eine befriedigende Lösung im Deliktsrecht auftun: am Verschuldensgrundsatz und der Konkretisierung der Verhaltenspflichten des Herstellers.

---

[74] Vgl. z. B. *Such*, H., Wirtschaftsplanung und Sachmängelhaftung (Leipziger Schriften zur Geisteswissenschaft, Heft 2), Leipzig 1949; *Adolff*, Rechtsschutz, passim; *Latté*, B., Schuldvertragliche Beziehungen zwischen Verbraucher und Hersteller, Diss. Berlin 1961; *Gernhuber*, J., Haftung des Warenherstellers nach deutschem Recht, in: Karlsruher Forum 1963, Beiheft zum Versicherungsrecht, Karlsruhe 1963, 1 ff.

[75] Vgl. *Simitis*, Grundfragen, 27 ff.; derselbe, Gutachten, 28.

[76] Vgl. BGH VersR 59, 104 (Seilschloß); BGH NJW 68, 241 (Schubstrebe); BGH NJW 69, 269 (Hühnerpest); BGH VersR 71, 80 (Bremse); BGH NJW 73, 1602 (Sprengkörper).

Wer wie *Such*, dessen Ausführungen nicht frei von unsachlicher Glorifizierung der Planwirtschaft sind[77], vor allem unter dem Eindruck der Entlastungsmöglichkeit des Unternehmers für das Gehilfenversagen nach § 831 das Bestehen eines faktischen Vertragsverhältnisses zwischen Hersteller und Konsument behauptet[78], oder wie *Adolff*, dem sich die Haftungsproblematik im Wegfall der vertraglichen Beziehungen zwischen Konsument und Hersteller als Folge der arbeitsteiligen Wirtschaft darstellt, die Abschaffung des § 831, die Schaffung eines § 278 a bzw. die Einführung einer vertrauensbegründeten Haftung „kraft zweckgerichteter Produktion" de lege lata und damit den Durchgriff postuliert[79], geht am eigentlichen Problem der Produzentenhaftung vorbei. Das gleiche gilt für die in diesem Zusammenhang bemühten Rechtsfiguren des Vertrags mit Schutzwirkung für Dritte[80] und die Drittschadensliquidation[81]. Die Unbilligkeiten, die sich ergeben, wenn die

---

[77] Vgl. *Such*, 13 ff., passim.

[78] *Such*, 113 ff.; vgl. aber auch *Weimar*, R., Untersuchungen zum Problem der Produktenhaftung, Basel und Stuttgart 1967, der sich sowohl gegen die Annahme einer Vertragshaftung als auch die weitergehende Vertrauenshaftung gemäß § 122 ausspricht, aber mit der Begründung eines sozialen Kontakts zwischen Hersteller und Verbraucher in dem Prinzip von Treu und Glauben gemäß § 242 eine Lösung des Produzentenhaftungsproblems sieht. Weder *Suchs* Auffassung noch *Weimars* im übrigen sehr rechtspositivistischer Denkansatz haben in Literatur und Rechtsprechung Anklang gefunden.

[79] Vgl. *Adolff*, 218 ff., insbes. 223 ff.

[80] Vgl. hierzu z. B. *Gernhuber*, J., Drittwirkung im Schuldverhältnis kraft Leistungsnähe, in: Festschrift für Nikisch, Tübingen 1958, 249 ff. Kritisch zur Anwendbarkeit auf den Produktschadensfall *Weimar*, Untersuchungen, Basel/Stuttgart 1967, 47 ff.; *Adolff*, 51 ff., insbes. 54 ff.; *Simitis*, Grundfragen, 32; *Diederichsen*, Haftung, 93 ff., 100 ff. Die Kritik richtet sich zu Recht gegen die Fiktion eines haftungsbegründenden Parteiwillens bei Hersteller und Zwischenhändler. Man wird ohne Überspielung des Parteiwillens typisch nicht davon ausgehen können, daß eine Schutzwirkung wie sie z. B. bei Miet- und Beförderungsverträgen oder durch besondere Fürsorgepflichten z. B. gegenüber Familienangehörigen anzunehmen ist (vgl. *Larenz*, I § 17 II, 166 ff., 168 f.) für den Konsumenten gemeint oder nach Treu und Glauben geboten war. So auch *Markert*, K., Die Schadenshaftung des Warenherstellers gegenüber dem Verbraucher, BB 64, 231 ff., insbes. 234; *Palandt / Heinrichs*, Anm. 2 b zu § 328; vgl. zur restriktiven Rechtsprechung auch BGH NJW 56, 1193 (Antriebsscheibe); weitergehend allerdings BGH NJW 59, 1676 (Rostschutzmittel); BGH VersR 62, 88 (Gasleitung).

[81] Vgl. hierzu insbesondere die Monographien von *Reinhardt*, R., Der Ersatz des Drittschadens, Mannheim/Berlin/Leipzig 1933 und *Tägert*, H., Die Geltendmachung des Drittschadens, Heide in Holstein 1938; *v. Caemmerer*, E., Das Problem des Drittschadensersatzes, ZHR 127, 241 ff. m. w. Nachw. Ablehnend zur Drittschadensliquidation (DSL) u. a. *Simitis*, Grundfragen, 35; *Markert*, BB 64, 235; *Diederichsen*, 135; *Canaris*, C. W., Die Produzentenhaftpflicht in dogmatischer und rechtspolitischer Sicht, JZ 68, 499; aber auch BGH NJW 63, 2071 (Gürtelfall). Lediglich im Schmiermittelfall, BGH DB 59, 1083 ist die DSL zum Zuge gekommen. Das Hauptargument gegen die Zulässigkeit der DSL im Produktschadensfall liegt darin, daß in Wahrheit keine Schadensverlagerung stattfindet, was Voraussetzung der DSL ist: beim

vertragliche Veräußerungskette durch Freizeichnung oder Insolvenz eines Mittelmannes beim Aufrollen durchbrochen ist (womit der Durchgriff stecken bleibt), und die nur durch eine dem französischen Recht entlehnte „action directe“[82] de lege ferenda zu umgehen wären[83], die Angewiesenheit des Geschädigten auf einen Vertragspartner der Absatzkette sowie der prozessuale Aufwand eines schrittweisen Regresses entlang der Absatzkette sind freilich nur die nebensächlichen negativen Aspekte. Schwerer wiegt schon, daß eine vertragsbegründete Haftung, aus einer Fiktion des Herstellerwillens abgeleitet, abdingbar ist[84], indem der Hersteller der Unterstellung eines Haftungswillens ausdrücklich entgegentreten kann. Eine dauerhafte Lösung der Produzentenhaftung ist so im Vertragsbereich nicht zu erreichen. Wer die Möglichkeit der Freizeichnung mit dem Einwand, daß „Ware, die vor sich selbst warnt, sich schlecht verkauft“[85], abtut, übersieht, daß auch dann, wenn die Freizeichnung nicht nur intern, sondern auch am Ende der Absatzkette vorgenommen wird, durch koalitives Vorgehen der Herstellerseite die Wirkung von Haftungsausschlüssen neutralisiert wird. Wenn alle Hersteller eines Produktprogramms gemeinsam zur Freizeichnung übergehen, ist der Effekt auf die Nachfrage gering[86]. „Haftungserfolge“ ließen sich von der Rechtsprechung nur bis zum Erreichen des stationären Zustandes, wenn alle Hersteller perfekt und unangreifbar ihren Haftungsausschluß formuliert haben, erzielen[87]. Von da an ist nurmehr

Händler kann der Schaden eben typisch nicht eintreten. So auch *Teichmann*, A., Schadensersatz bei fehlerhafter Ware, JuS 68, 315 ff., 316; BGH NJW 69, 272 (Hühnerpest); *Erman / Sirp*, § 249, Rdnr. 94; *Palandt / Heinrichs*, Vorbem. 6 b dd zu § 249.

82 Vgl. statt aller *Wolany*, Karlsruher Forum 1963, 17 ff.

83 So *Adolff*, 223 ff.

84 Vgl. *Larenz*, I, § 17 II, 169 m. w. Nachw.

85 *Gernhuber*, Haftung, 5.

86 Ansonsten wäre es unverständlich, daß Kleiderreinigungsfirmen, die ihre Haftung in den Allgemeinen Geschäftsbedingungen neben anderen Ausschlüssen auf das zehnfache des Reinigungspreises beschränken, oder der Automobilreifenhandel noch nennenswerte Umsätze erzielen. Vgl. z. B. § 13 der Geschäftsbedingungen des Reifenhandels: *„Für Mängel von uns gelieferter Waren oder Leistungen haften* (sic!) *wir nach Maßgabe folgender Bestimmungen:*

a. Ausgeschlossen sind, einer langjährigen Übung des Reifenfachs entsprechend, Schadensersatzansprüche jeder Art, insbesondere jede Haftung für Personenunfälle, Sachschäden oder Betriebsstörungen gegen den Lieferanten, alle Vorlieferanten und uns als Hersteller oder Bearbeiter.“

Der Nachfrageeffekt von Haftungsausschlüssen und Gefahrhinweisen fällt dabei um so geringer aus, je unelastischer die Nachfrage nach dem Produkt ist. So hat z. B. auch die Verpflichtung des Herstellers in den USA, auf Zigarettenpackungen Warnungen vor der gesundheitsschädlichen Wirkung des Rauchens aufzudrucken, den Konsum erfahrungsgemäß nicht beeinflussen können.

87 Vgl. zum „Wettlauf“ zwischen Hersteller und Rechtsprechung um die Formulierung bzw. Durchsetzung der Haftung bzw. des Haftungsausschlusses

mit dem Verstoß gegen Treu und Glauben wider die Zulässigkeit der Freizeichnung überhaupt zu argumentieren. Eine Verabsolutierung bzw. Unabdingbarkeit der Einstandspflichten des Herstellers, wie sie *Gernhuber*[88] angesichts der Gefahr von Haftungsausschlüssen innerhalb oder am Ende der Absatzkette postuliert, bricht freilich mit allen herkömmlichen Vorstellungen über die Drittwirkung von Schuldverhältnissen[89].

Die Relativität der Vertragspflichten birgt noch ein weiteres Problem, wenn der Geschädigte nicht letztes Glied der Veräußerungskette, sondern Passant ist. Läßt man die Fälle widerrechtlicher Produktnutzung wie z. B. durch den Dieb außer acht[90], stellt sich stets die Frage, ob der Geschädigte in den Kreis der schutzberechtigten Personen einzubeziehen ist[91]. Daß damit aber im Grunde kein haftungsrelevantes Tatbestandsmerkmal angezogen wird, ist leicht einzusehen. Schließlich zeichnet sich der mehrstufige Warenabsatz industrieller Erzeugnisse dadurch aus, daß er gerade nicht auf bestimmte Personenkreise abgestimmt ist. Der Hersteller kann nicht damit rechnen, daß nur gewisse Personen in entsprechend definierten Umwelten seine Produkte nutzen. Normaler Gebrauch stellt einen weiten Anwendungsbereich für ein Produkt dar. Innerhalb dieses normalen Wirkungsbereiches eines Produktes geht der Sinn einer personenbezogenen Differenzierung verloren. Ob sich ein Passant befugt oder unbefugt in Räumen aufhält, in denen beim Auslegen von Fußbodenbelag ein Klebemittel explodiert, kann an der Verantwortlichkeit des Herstellers nichts ändern. Der Hersteller des Klebers muß mit der Anwesenheit von Personen in den Räumen während der Arbeiten rechnen, es sei denn, er gibt Hinweise auf die extreme Gefährlichkeit bei der Anwendung. Unterläßt er dies, warum sollte er dann das „Glück" haben, nicht zu haften, wenn „nur" der Passant, nicht aber der Handwerker verletzt wird? Eine derartige Differenzierung

---

in den USA *Brake*, 108 ff., insbes. 118 f. Auf die Gefahren der Freizeichnung hat auch *Lorenz*, Karlsruher Forum 1963, 13 hingewiesen.

[88] *Gernhuber*, Karlsruher Forum 1963, 4 f.

[89] So auch *Rehbinder*, ZHR 129, 175; *Canaris*, JZ 68, 499.

[90] Die Diskussion dieser Fallgruppe verdient angesichts ihrer mehr akademischen Bedeutung keinen breiten Raum. Während *Diederichsen*, Haftung, 391 den widerrechtlichen Benutzer aus dem Kreis der geschützten Personen ausnimmt, nehmen unter einem produktbezogenem Blickwinkel ganz konsequent *Simitis*, Grundfragen, 71 und *Hirsch-Ballin*, E. D., in: Karlsruher Forum 1963, 28 f., abwägender den Standpunkt ein, daß jeder Geschädigte Schutz verdient. Vgl. *Hirsch-Ballin*, ebenda, 29: „... Wenn mein Dienstmädchen unbefugterweise von irgendwie vergiftetem Obst ißt, kann ich mich auch nicht auf den Standpunkt stellen, es geschieht ihm recht, daß es nunmehr mit Vergiftungserscheinungen darniederliegt, es hätte eben ehrlich bleiben müssen."

[91] Vgl. BGH NJW 56, 1193 (Antriebsscheibe).

trüge nicht dem Gleichbehandlungsgrundsatz Rechnung und widerspräche dem Bemühen um die Objektivierung der Herstellerpflichten[92]. Mit „dem kleinlichen Anknüpfen von Rechtsfolgen an Verträge, auch (oder vor allem! Anm. d. Verf.) wenn diese, von den Willenserklärungen her gesehen, einen ganz anderen Sinn haben“[93], wird in Wahrheit nicht einer Ausuferung der Haftung des Herstellers vorgebeugt, sondern sein Verantwortungsbereich willkürlich um den Teil der Schadensfolgen entlastet, der zufällig Personen trifft, die sich nicht in genügender „Leistungsnähe“ befinden. Solange die Vertragsinhalte in der Absatzkette „sinnentleert“ sind[94], d. h. weder den Haftungswillen der einzelnen Mittelsmänner umfassen, noch auf den Schutz bestimmter Personen von vornherein abzielen, was beim typischen Absatzvorgang von Konsumgütern regelmäßig der Fall ist, ist die Einschränkung des geschützten Personenkreises von der Sache her nicht zu rechtfertigen[95].

Mit der fiktiven, aber notwendigen Ausfüllung des Parteiwillens zur Haftungsfrage ist die Rechtsprechung in gleicher Weise wie bei deliktischen Ansprüchen mit dem Problem konfrontiert, qualitätsrichtiges Verhalten bzw. Verschulden abzugrenzen. Der posteriorische Kurzschluß der durch das Dazwischentreten des Händlers unterbrochenen Vertragsbeziehungen zwischen Hersteller und Konsumenten, durch welche Rechtsfigur auch immer erreicht, liefert nur eine Teillösung, liegt doch das Problem der Produzentenhaftung darin, daß entweder keine oder nur eine vom Unternehmerinteresse dominierte[96], rechtlich relevante Kommunikation zwischen Hersteller und Konsument besteht[97] und gleichzeitig die industrielle Produktion nicht am Verschuldensmaßstab gemessen werden kann. Solange der reale Kaufvorgang dem Käufer keine echte Artikulation seiner Qualitätsvorstellungen und Haftungserwartungen gestattet, fällt wiederum der Rechtsprechung die nicht lösbare Aufgabe der Objektivierung der Herstellerpflichten zu. Mit den Vertragslösungen ist also nichts gewonnen, weder hinsichtlich der Operabilität der an den Hersteller anzulegenden Maßstäbe noch hinsichtlich des Schadensausgleichs bei vom Hersteller nicht verschul-

---

[92] Vgl. auch zur Entwicklung in der amerikanischen Rechtsprechung, die „privity of contract“, die Haftungsbeschränkung auf den unmittelbaren Vertragspartner, zu überwinden: *Brake*, 68 ff.

[93] *Diederichsen*, Haftung, 390.

[94] Vgl. *Steffen*, E., Die Produktenhaftung am Vorabend des 47. Deutschen Juristentags, JR 68, 287 ff., hier 292.

[95] Vgl. *Simitis*, Grundfragen, 70.

[96] Vgl. auch *Ramm*, Th., Vertragsfreiheit — Instrument der Ausbeutung, in: Gerechtigkeit in der Industriegesellschaft, hrsg. von K. Duden, H. R. Külz, Th. Ramm, R. Scharnberg, W. Zeidler, Karlsruhe 1973, 35 ff., hier 40 f.

[97] *Steffen*, JR 68, 291 spricht hier von der „fehlenden Vertragschance“.

deten Produktfehlern. Auch eine fingierte Vertragshaftung bleibt Verschuldenshaftung[98].

---

[98] Lediglich *Müller*, K., Zur Haftung des Warenherstellers gegenüber dem Endverbraucher, AcP 165, 285 ff., insbes. 304 ff., will bei Markenartikeln durch die Bezeichnung der Ware bzw. ihres Herstellers eine garantievertragliche und damit verschuldensunabhängige Einstandspflicht des Herstellers begründet sehen. Gegen die Annahme einer solchen Fiktion haben sich *Rehbinder*, ZHR 129, 173 f., *Canaris*, JZ 68, 498 f. und *Diederichsen*, Haftung, 41 f. ausgesprochen. Richtig bemerkt *Canaris*, ebenda, in diesem Zusammenhang: „Methodisch gesehen stellt die Ansicht *Müllers* somit einen Rückfall in den Versuch dar, mit Hilfe der Fiktion einer Willenserklärung eine Problematik zu bewältigen, deren Lösung in Wahrheit nicht Sache der Parteien, sondern Aufgabe des objektiven Rechts ist.“

Fünfter Abschnitt

Vorschläge zur verschuldensunabhängigen Produzentenhaftung

Die gesetzlichen Vorschriften des Deliktsrechts sowie die Rechtsfiguren des Vertragsbereichs stellen sich als wenig geeignete Normen dar, das Problem der Produzentenhaftung in den Griff zu bekommen. Herstellerverschulden ist in Anbetracht der zeitlichen und kausalen Mittelbarkeit der schadensbereitenden Handlung, der Atypik der „Produktionshandlung" als geplanter, kontinuierlicher, komplexer und von einer Vielzahl von Menschen und/oder Maschinen ausgeführter, daher „entpersonalisierter" und gleichzeitig technologisch und ökonomisch zu relativierender Vorgang unter stochastischen Einflüssen kein hinreichend bestimmbarer Tatbestand[1]. Wo im Produktschadensfall das Unrecht aufhört und das Unglück anfängt, ist kasuistisch schlechthin nicht auszumachen. Mit dem Verschuldensprinzip, das nur auf den Ausgleich des Unrechtsschadens abzielt, gerät eine Haftungsregelung gleich in doppelte Bedrängnis. Entweder kapituliert sie vor der Aufgabe, auch den Schaden mit Unglückscharakter zu verteilen, oder sie setzt sich dem Vorwurf aus, die Anforderungen an die Hersteller zu überspannen, mit allen negativen präventiven bzw. prohibitiven Effekten.

Daß sich nicht nur auf dem Sektor der Warenproduktion in den westlichen Industrienationen seit der Jahrhundertwende verstärkt Aktivitäten entwickelt haben, deren Folgen sich nicht mehr ohne weiteres mit dem klassischen Maßstab der Schuld zurechnen lassen, ist seit langem bekannt. So wurde als erstes in Deutschland bereits 1871 die verschuldensunabhängige Haftung des Eisenbahnunternehmers als Sondertatbestand im Reichshaftpflichtgesetz geregelt. *Ehrenzweigs* Zitat Richter *Frankfurters* charakterisiert treffend die Problematik dieser Fallgruppen: "... the difficulties in these cases derive ... 'largely from the outmoded concept of 'negligence' as a working principle for the adjustments of injuries ...'[2]." Mit der Einschränkung, daß die Unvermeidbarkeit der Schäden weithin relativ ist, trifft diese Feststellung

---

[1] Vgl. auch *Such,* 105 ff.; *Diederichsen,* Haftung, 49 ff., 305 f., 328; *Simitis,* Gutachten, 63, 66 ff.

[2] *Ehrenzweig,* A., Negligence without fault, Berkeley and Los Angeles 1951, 20.

auch auf den Produktschaden zu. Das Versagen der „negligence liability“ für den Bereich der Warenhaftung und den Eingang dieser Erkenntnis in die amerikanische Rechtsprechung hat dann *Prosser* in seinen plastisch betitelten Ausführungen zur Produzentenhaftung dargestellt[3].

51 Vertrauenshaftung aus Werbezusagen analog § 122 BGB

Lorenz, der sich rechtsvergleichend mit der Produzentenhaftung auseinandergesetzt hat[4], war wohl der erste in Deutschland, der zu der Feststellung kam, daß die „Verschuldenshaftung ... im Lichte moderner Technik des Warenabsatzes problematisch geworden“[5] sei, bzw. daß es überhaupt fraglich ist, ob und inwieweit man „den Problemen um die Produktenhaftpflicht mit dem herkömmlichen juristischen Werkzeug gerecht ... werden“[6] könne. Er schlug daher vor, die Warenhaftung an den Rechtsgedanken des § 122 zu knüpfen, wobei der Werbung des Herstellers ein ernstgemeinter Erklärungswert zukommen soll[7]. Die Vorteile des *Lorenz*schen Konzepts liegen auf der Hand: auch beim mehrstufigen Warenabsatz wäre der Hersteller von Markenartikeln ohne Verschulden und unabdingbar direkt einem Geschädigten haftbar. Dieser Lösungsgedanke wurde von *Markert*[8] und *Rehbinder*[9] aufgegriffen und weiter verfolgt, stieß aber auch vielfach auf Ablehnung.

Gegen die analoge Anwendbarkeit des § 122 können eine Reihe von Bedenken geltend gemacht werden, die zum einen rechtsmethodologischer Natur sind[10], zum anderen auf den typischen Inhalt der Werbeaussagen Bezug nehmen. Der wesentliche methodologische Einwand läßt sich auf den einfachen Nenner bringen, daß die Vorschriften des § 122 sich auf die Gültigkeit rechtsgeschäftlicher Erklärungen und nicht auf Tatsachenbehauptungen bzw. deklaratorische Aussagen beziehen. In der Werbung liegt regelmäßig kein rechtsgeschäftlicher Verpflichtungswille des Herstellers. Darüber hinaus wird man Werbeaussagen vielfach sogar einen „ernstlich gemeinten“ Erklärungswert absprechen

[3] Vgl. *Prosser*, W. L., The Assault upon the Citadel (Strict liability to the consumer) 69, Yale L. J. (1960), 1099 ff.; derselbe, The Fall of the Citadel, Minn. L. R. Vol. 50, 1966, 791 ff.

[4] Vgl. *Lorenz*, Festschrift Nottarp, 59 ff.

[5] *Lorenz*, Karlsruher Forum 1963, 8 ff., hier 14.

[6] Derselbe, ebenda.

[7] Derselbe, ebenda, 15 ff.

[8] Vgl. *Markert*, BB 64, 321 f.

[9] Vgl. *Rehbinder*, E., Zur Haftung des Warenherstellers gegenüber dem Verbraucher ohne Verschulden, BB 65, 439 ff., insbes. 440 ff.

[10] Vgl. hierzu *Stötter*, V., Die Haftung des Warenherstellers für Mangelfolgeschäden, DB 65, 1621, sowie die kritische Auseinandersetzung *Diederichsens*, Haftung, 173 ff.; und auch *Canaris*, JZ 68, 500, dessen Kritik sich allerdings vorwiegend gegen das Ergebnis einer verschuldensunabhängigen Herstellerhaftung richtet.

müssen. Wer glaubt schon an „weiße Riesen" oder andere Kreaturen der Werbebranche? Hinsichtlich der Sicherheitsqualität eines Produktes gibt die Werbung erst recht nichts her. Aus der Reklame für Autoreifen mit dem Slogan „die Beine Ihres Autos ..." oder für Waschmittel ...„weißer gehts nicht" ist, um nur zwei Beispiele zu nennen, keine Aussage über die Produktsicherheit und schon gar nicht der ernstgemeinte Verpflichtungswille des Herstellers abzulesen, für die Folgeschäden eines platzenden Reifens bzw. für die Heilkosten von Hautausschlägen[11] oder den Ersatz verdorbener Wäsche einstehen zu wollen[12]. Anders als im Investitionsgütervertrieb hat die im Bereich des Konsumgütermarketings anzutreffende Absatzwerbung mehr emotionalen[13] und weniger informativen oder sicherheitstechnischen Inhalt[14]. Daß der Verbraucher hier nicht ernsthaft Vertrauen in die Sicherheit der Produkte schöpft oder schöpfen dürfte, bedarf angesichts dieser Tatsache keiner weiteren Erörterung.

Der einzige Anspruch des Konsumenten, der aus der Werbung abgeleitet werden könnte, wenn entgegen der Suggestion einer werbenden Aussage Zahnpasta oder Körperpflegemittel nicht den gewünschten Erfolg beim anderen Geschlecht bewirken, eine Kaffeesorte nicht die Beliebtheit der Gastgeberin erhöht und das Wäschemittel kein reines Gewissen beschert, wäre der auf Ersatz des entgangenen Lustgewinns — nur daß Lustgewinn kein geschütztes Rechtsgut ist. Entsprechend hat *Lorenz* selbst die Tragfähigkeit des Rechtsgedankens späterhin in Frage gestellt[15] und auch *Rehbinder* scheint von dieser Linie abgerückt zu sein[16].

11 Zur Bildung von Ekzemen bzw. dem Auftreten von Asthma oder Allergien durch den Gebrauch von Waschmitteln vgl. z. B. FAZ vom 10. 3. 1971 „Bronchialasthma durch bioaktive Waschmittel"; desgleichen *Reinheimer*, W., *Utz*, G. in DMW 96, 246 ff.; zur Giftigkeit von Haushaltsdetergentien, vgl. auch *Menge*, 248.

12 *Diederichsen*, Haftung, 291, spricht in diesem Zusammenhang von der „haftungsmäßigen Neutralität" der Werbung.

13 Vgl. hierzu *Packard*, a.a.O.; *Dichter*, a.a.O.; *Jacobi*, H., Werbepsychologie, Wiesbaden 1963, 69 ff.; aber auch *Behrens*, K. Chr., Absatzwerbung, Wiesbaden 1963, 28 ff., insbes. 29: „... die Werbung soll ... (den Produkten) ... psychische Werte verleihen, die bei den Umworbenen das Bedürfnis nach den betreffenden Sachgütern steigern ... Wenn Werbemaßnahmen die Abnehmer erfolgreich seelisch beeinflussen sollen, muß der Werbetreibende von einer Grundkonzeption über die Beeinflußbarkeit der menschlichen Psyche ausgehen." Vgl. u. a. zur Farbpsychologie in der Absatzwerbung *Frieling*, H., Farbe hilft Verkaufen, Göttingen/Berlin/Frankfurt 1957.

14 Wo doch der Zuverlässigkeits- oder Sicherheitsaspekt in die Werbung eingeht, bleibt er unverbindlich. Wenn ein Automobilhersteller mit Shakespeare-Zitat und Totenkopf für die Sicherheit seiner Produkte wirbt, kann man höchstens über den guten Geschmack, nicht aber darüber streiten, ob er für mängelverursachte Unfallfolgen einstehen will. Wenn er das wollte, böten sich hierfür deutlichere Möglichkeiten der Artikulation an.

15 Vgl. *Lorenz*, Länderbericht, 51 f.; derselbe, RabelsZ 34, 1970, 28 f.

16 Vgl. *Rehbinder*, ZHR 129, 180 ff., insbes. 184.

52 Die Verallgemeinerung des Vertrauenshaftungsgedankens

Neben der Tatsache, daß der Inhalt der Werbeaussagen regelmäßig nicht für die Anknüpfung einer Vertrauenshaftung analog § 122 ausreicht, erweist sich freilich auch die personale Relativität der werbenden Kommunikation zwischen Hersteller und Verbraucher als unbefriedigend im Sinne einer ganzheitlichen Lösung der Produzentenhaftpflicht. Eine aus der Werbung abgeleitete Vertrauenshaftung muß dann versagen, wenn der Geschädigte zum ersten Mal das Produkt eines bestimmten Herstellers erwirbt, dessen Werbung und dessen Markenname ihm unbekannt sind, oder der Geschädigte nicht Käufer, sondern Passant ist[17]. Entsprechend kommt *Diederichsen* unter faktisch-soziologischen Überlegungen[18] zu dem Ergebnis, daß sich im Warenkauf ein besonderer Rechtstypus manifestiert[19], der die Annahme eines allgemeinen Vertrauensschutzes bei Produktschäden rechtfertigen soll. Zwar muß auch *Diederichsen* zugeben, daß Produktfehler zum Konsumalltag gehören und der Konsument zumindest um die Produktgefahren ahnt, meint aber, daß „auch das Wissen davon, daß es immer wieder einzelne Stücke gibt, deren Fehlerhaftigkeit auch der genauesten Kontrolle entgeht, den Glauben (sic!) des Kunden nicht aufhebt, persönlich von solchen Irrläufern verschont zu bleiben“[20]. Der Beweis für die Richtigkeit eines derartigen Konsumoptimismus soll darin zu sehen sein, daß bei der umgekehrten Annahme eines allgemeinen Warenmißtrauens ein totaler Absatzrückgang festgestellt werden müßte[21].

Das vermag freilich nicht zu überzeugen. Konsumverzicht ist keine echte Alternative, und der Wettbewerb sorgt für eine im ganzen brauchbare Qualität, auf die der Kunde vor allem bei Markenartikeln auch im allgemeinen vertrauen wird[22]. Allerdings erscheint gleichzeitig ein gesundes Maß an Warenmißtrauen berechtigt, wie ein Blick in die Tageszeitungen beweist. Originalverpackte Nahrungsmittel enthalten bisweilen ungenießbare bzw. ekelerregende oder giftige Stoffe[23], elek-

---

17 Vgl. auch *Diederichsen*, Haftung, 178.

18 Derselbe, 273 ff., passim.

19 Derselbe, 330 ff.

20 Derselbe, 300.

21 Derselbe, 307.

22 Vgl. hierzu auch *Weinhold-Stünzi*, H., Sind Markenartikel Vertrauensartikel?, MA 5/71, 165 ff.

23 Von lediglich ekelerregenden Verunreinigungen wie Mäusehaaren, Mäusekot oder Insektenfragmenten abgesehen, die noch in beträchtlichen Mengen von der amerikanischen Nahrungs- und Arzneimittelbehörde (FDA) als zulässig angesehen werden, weil bei „strengeren Maßstäben ... es in den USA gar keine den gesetzlichen Vorschriften entsprechenden Lebensmittel gäbe“ (FAZ v. 19. 7. 1972 „Verunreinigte Lebensmittel“), sind Giftstoffe in der Nahrung wohl nicht so selten. Von phenolhaltigen Erdbeeren berichtet die FAZ v. 24. 6. 1972 „Die Erdbeeraffäre und die Lebensmittel-Experten“.

trische Geräte verursachen Kurzschlüsse bzw. Brände oder teilen auch Stromschläge aus[24], Pharmazeutika haben schädliche Nebenwirkungen unterschiedlichen Ausmaßes[25], Kosmetika schaden manchmal mehr als sie nützen[26] — die Reihe ließe sich beliebig fortsetzen.

Wegen des Gesundheitsrisikos wurde das Abfüllen von Alkohol in Plastikflaschen in den USA untersagt, vgl. FAZ v. 12. 5. 1973 „Alkohol in Amerika nicht mehr in Plastikflaschen". Vgl. aber auch die zahlreichen Fälle von verunreinigten Erfrischungsgetränken und Lebensmitteln in den USA bei *Brake*, passim. Ebenso alarmierend die jüngsten Berichte über giftiges Viehfutter bzw. die möglichen schädlichen Folgen chemischer Schädlingsbekämpfung und medikamentöser Tierhaltung durch Giftrückstände in menschlicher Nahrung — vgl. DIE ZEIT v. 28. 7. 1972 „Liebesgrüße aus Holland — Gift im Viehfutter"; FAZ v. 25. 8. 1971 „Gesundheitsschäden durch Biostatica? — Schädlingsresistente Weinstöcke bilden toxische Substanzen durch Phosphor-Insekticide"; FAZ v. 11. 8. 1971 „Psychopharmaka für Schlachtschweine — Ärztliche Bedenken"; FAZ v. 11. 8. 1971 „Tierzüchtung mit krebserregendem Hormon"; FAZ v. 9. 9. 1972 „Alle Hühner bekommen Medikamente, wenn nur einige erkranken".

[24] Von der Implosion eines Fernsehgerätes berichtet z. B. FAZ v. 18. 2. 1974 „Brand selbst gelöscht"; FAZ v. 20. 1. 1971 „Brandgefahr durch Farbfernsehgeräte". Vermutlich ein defektes Heizgerät verursachte einen Zimmerbrand (FAZ v. 21. 8. 1972 „Schlafzimmer in Flammen"). Über die mangelnde elektrische Sicherheit bei Tauchsiedern berichtet die Stiftung Warentest in TEST, Heft 8, 1972, 345. Vgl. auch *Egeln*, O., Das Fernsehgerät als Brandursache, VersWirtsch 11/1974, 591 ff.

[25] FAZ v. 14. 4. 1971 „Neue Untersuchungen über Menocil — Tod durch Schlankheitsmittel? Gutachten angefordert"; FAZ v. 2. 2. 1972 „Schlaganfälle durch Weckamin-Mißbrauch"; FAZ v. 2. 2. 1974 „Krebs durch Saccharin"; FAZ v. 12. 4. 1972 „Menocil verursacht Lungenhochdruck — schlüssiger statistischer Nachweis/Unzulängliche Prüfung vor Einführung ..."; FAZ v. 23. 8. 1972 „Krebsheilmittel unzulänglich geprüft — Erprobung meist ohne Gegenkontrolle — Erhöhtes Risiko für den Patienten statt optimaler Therapie"; FAZ v. 25. 10. 1972 „Kindervergiftungen durch Heilmittel"; FAZ v. 16. 5. 1973 „Unterschätztes Hexachlorophen — Gehirnschäden auch bei bestimmungsgemäßem Gebrauch"; FAZ v. 25. 5. 1973 „Warnung vor Schlafmitteln mit Metaqualon"; FAZ v. 23. 1. 1974 „Wieder Lungenhochdruck durch Appetitzügler". Vgl. auch *Günter*, H. H., Sorgfaltspflichten bei Neuentwicklung und Vertrieb pharmazeutischer Präparate, NJW 72, 309.

[26] Vgl. z. B. FAZ v. 18. 1. 1972 „Kritik an Verjüngungshautcremes"; FAZ v. 21. 11. 1972 „Ärzte fordern: Kosmetika sollten unschädlich sein". Vgl. aber auch rechtshängig gewordene Schadensfälle durch Kosmetika in den USA: *Bel v. Adler*, 11 SE 2d 495 (1940) (Hautcreme); *Bechett v. F. W. Woolworth*, 34 ME 2d 247 (1941) (Wimperntusche) und die überall anzutreffenden Haarpflegemittelfälle, alle zitiert nach *Diederichsen*, Haftung, 207 ff., m. w. Nachw.: *Russo v. Hochschild, Kohn & Co.*, 41 A 2d 600 (1945); *Graham v. Bottenfields Inc.*, 296 P 2d 413 (1954); *Rogers v. Toni Home Permanent Co.*, 147 NE 2d 612 (1958) in den USA; *George v. Skirington*, L. R. 5 Ex. 1 (1869) im englischen Rechtskreis und der CADORICIN-Fall in Frankreich (Cour d'appell, Paris v. 18. 2. 1957, S. 1957, 105; J.C.P. 1957 II, Nr. 9944). Vgl. des weiteren FAZ v. 13. 10. 1972 „Warnung vor zwei Zahnpasten"; FAZ v. 26. 1. 1972 „Gehirnschäden durch Desodorantien — Gesundheitsministerium und -amt vernachlässigen Hexachlorophengefahr". Ein Kinderpuder führte zu 26 Todesfällen in Frankreich — vgl. FAZ v. 31. 8. 1972 „Weitere Erkrankungen und Todesfälle — Fabrikationsfehler führte zur Mischung des tödlichen Kinderpuders"; FAZ v. 29. 8. 1972 „Rätselhaftes Babysterben in Frankreich"; FAZ v. 30. 8. 1972 „Gesundheitsgefährdende Kosmetika". Zum gleichen Vorfall DIE ZEIT v. 8. 9. 1972 „Warnungen blieben unbeachtet".

Im Grunde bleibt dem Verbraucher nur die Hoffnung, daß die speziell von ihm gekaufte Konserve kein Quecksilber[27] oder der Sekt keine Säure[28] enthalten wird, die Lötstellen in seinem Staubsauger nicht kalt sind und so freistehende Kabelenden das Gehäuse unter Strom setzen, daß sein Fernsehapparat nicht Feuer fangen wird, oder daß er kein „Montagsauto" fährt oder keines, bei dem sich der Gaszug aushängen kann[29]. Sicher sein kann er jedenfalls nicht, und es bleibt ihm nur, auf

---

[27] Vgl. z. B. VDI-Nachrichten Nr. 22 v. 30. 5. 1973 „Massenvergiftungen in Japan durch quecksilbervergiftete Abwässer". Von kadmiumvergiftetem Reis berichtet die FAZ v. 28. 7. 1971 „Japan: Schadensersatz für Kadmium-Umweltvergiftung". Vgl. aber auch FAZ v. 30. 5. 1972 „Warnung vor zinnhaltigen Konservendosen".

[28] Vgl. DER SPIEGEL 5/74 „Haare ausgefallen". Ähnlich FAZ v. 21. 8. 1972 „Drei Millionen Flaschen", wo von der Rückrufaktion eines Erfrischungsgetränkeherstellers berichtet wird.

[29] Vgl. z. B. DER SPIEGEL Nr. 47/1971 „Verrückte Motoren — Rätselhafte Schäden, die an acht Millionen Chevrolet-Personenwagen auftreten können, gefährden Amerikas Autofahrer", wo von einem konstruktiven Mangel der Motorenaufhängung berichtet wird, der bei Kurvenfahrt zum selbständigen Beschleunigen des PKW's durch Verklemmen des Gasgestänges bei gleichzeitiger Beschädigung der Bremsanlage führen kann. Vgl. hierzu auch FAZ v. 6. 12. 1971 „Chevrolets zur Inspektion gerufen"; FAZ v. 15. 12. 1971 „Der Rückruf der 6,7 Millionen Chevrolets". Fehler an Fahrzeugen haben schon früh die Rechtsprechung zum Thema Produzentenhaftung beschäftigt. Vgl. den „klassischen" Postkutschenunfall *Winterbottom v. Wright* (1842) 155 Engl. Rep. 104 sowie die ersten Automobilschadensfälle in den USA: *Mac Pherson v. Buick Motor Co.* (1916) 111 NE 1050 und *Johnson v. Cadillac Motor Co.* (1918) 261 F 878, denen eine Vielzahl folgten. Siehe hierzu *Brake*, passim. In Deutschland vgl. RG DR 1940, 1293 (Kraftdroschke), BGH NJW 68, 241 (Schubstrebe) und BGH VersR 71, 80 (Bremse). Berichte über erfolgreiche Schadensersatzklagen gegen Automobilhersteller oder Rückrufaktionen ganzer Fahrzeugserien, sicheres Indiz für schwerwiegende Mängel, sind heute in der Tagespresse nicht selten. Vgl. FAZ v. 21. 10. 1970 „Schadensersatz"; FAZ v. 27. 1. 1971 „Ford ruft 35 000 Wagen zurück"; FAZ v. 13. 9. 1972 „37 000 Cadillacs mit Fehlern". Auch ‚sicherheitsbewußte' Hersteller sind nicht gefeit — vgl. FAZ v. 22. 9. 1972 „Fehler in der Lenkung (180 000 Wagen)". Erschreckend ist auch die Mängelstatistik der in Amerika zwischen Dezember 1971 bis Juli 1972 ausgelieferten PKW's: wegen zum Teil schwerwiegender Sicherheitsmängel (Hinterachse, Lenkung, Bremse, Befestigung der Sicherheitsgurte u. a. m.) mußten 12 Millionen PKW's in die Werkstatt — vgl. DER SPIEGEL 38/1972. Das Automobil ist zum bevorzugt vom Journalismus angegriffenen Konsumgut geworden: FAZ v. 17. 5. 1972 „Das Auto auf der Anklagebank — Harte Plädoyers auf einem Symposium von ACS und Duttweiler-Stiftung". Vor allem *Ralph Nader*, selbsternannter Verbraucher-Anwalt in den USA, sorgt für negative Publizität der Automobilhersteller — vgl. z. B. *Nader*, R., Unsafe at Any Speed. The Designed-in Dangers of the American Automobile, New York 1965 und auch FAZ v. 21. 10. 1970 „Nader wieder aktiv"; FAZ v. 36. 6. 1971 „Nachhilfeunterricht für Mister Nader — Englische Reaktionen auf neue Provokationen"; FAZ v. 31. 7. 1971 „Nader attackiert VW-Käfer"; DER SPIEGEL Nr. 41/1971 „Der Volkswagen tanzt Bossa Nova"; FAZ v. 6. 10. 1971 „Nader zankt sich mit dem A.A.A. (American Automobil Association)"; DER SPIEGEL Nr. 48/1970 „Falsche Felgen". Selbst wenn man von den oft spektakulär vorgetragenen Äußerungen sachliche Abstriche vornehmen muß, scheinen die Angriffe nicht ganz ungerechtfertigt. Immerhin weisen die nicht unbedingt repräsentativen, weil

die Fehlerfreiheit zu hoffen[30]. Die Hoffnung genießt aber nicht den Vertrauensschutz unserer Rechtsordnung.

Noch fragwürdiger wird die Unterstellung eines tatsächlich unbegrenzten Warenvertrauens dann, wenn sich dem Verbraucher auf Grund eigener oder ihm mitgeteilter Erfahrungen Dritter bzw. aus Veröffentlichungen der Verdacht über die Gefährlichkeit eines von ihm genutzten Produkts erhärtet. Kann ein Autofahrer, dessen Fahrzeug auf Grund von schlechter Verarbeitung schon nach kurzem Gebrauch so schwerwiegende Mängel wie Blockieren des Motors oder des Getriebes zeigt, daß mit Folgeschäden durchaus zu rechnen ist, seinen Schaden mit dem Hinweis auf sein Vertrauen geltend machen, wenn ein solches gar nicht mehr bestand oder bestehen durfte? Andererseits hat auch ein über die Qualität seines Fahrzeugs beträchtlich verunsicherter Kunde entsprechend den AGB des Kraftfahrzeughandels praktisch weder die Möglichkeit, den Vertrag zu wandeln, obwohl er in diesen Fällen verständlich der Wandlung den Vorzug vor der Nachbesserung geben würde, noch oftmals das finanzielle Vermögen, das Produkt zu wechseln. Fälle, in denen sich liederliche Montage oder andere, das Schadenspotential verdeutlichende Anzeichen frühzeitig beim Gebrauch herausstellen, dürften dabei gar nicht so selten sein. Welcher Autofahrer kennt nicht bald die „Tücken“, d. h. die konstruktiv bedingten Eigenheiten oder Schwächen im Fahrverhalten seines Fahrzeugs, welche Hausfrau weiß nicht um die ihren Haushaltsgeräten anhaftende Gefährlichkeit, ohne die Geräte, einmal gekauft, sofort ersetzen zu können[31]?

Weder die Bemerkung, daß der Verbraucher im Grunde doch davon ausgehe, „ihn werde der Unfall schon nicht treffen — ein Gefühl (sic!), das durch die große Anzahl der Mitkonsumenten nur allzuleicht gefördert wird“[32], noch die Annahme, daß der Hersteller sich (in den Augen des Kunden) selbst zur bloßen Sachgarantie nur deshalb bereit findet,

---

jungen Statistiken der Versicherer einen 3 %igen Anteil von technischen Mängeln plus „Dunkelziffer“ als Unfallursache aus — vgl. nur FAZ vom 19. 7. 1972 „Zeitbomben“.

[30] Vgl. auch *Steffen*, JR 68, 294.

[31] Daß die minderwertige oder gefährliche Qualität schon beim Kaufabschluß erkenntlich ist, muß als atypisch angesehen werden. Vgl. auch *Diederichsen*, Haftung, 301: „Wo auf den ersten Blick erkennbar ist, daß ein Fahrrad liederlich zusammengesetzt ist, weil z. B. schon bei der Vorführung ein Pedal abfällt und ein Rad starke Seitenfreiheit aufweist, dort bedarf es keines Vertrauensschutzes: Die Ware erweckt hier kein Vertrauen, sondern warnt vor sich selbst. Natürlich sind dies aber ausgesprochene Ausnahmefälle.“ Dem wird man beipflichten müssen. Wie soll aber der Vertrauensschutz begründet sein, wenn der Käufer ein anderes Rad des gleichen, offensichtlich liederlich arbeitenden Herstellers wählt und einen Unfall erleidet? Welche Bedeutung ist schließlich der fachlichen Qualifikation des Käufers beizumessen?

[32] Vgl. *Diederichsen*, Haftung, 312.

weil er seinerseits von der ‚Unfehlbarkeit' des von ihm erzeugten Produkts ausgeht"[33], vermögen von der Existenz eines allgemeinen Warenvertrauens zu überzeugen.

So sehr ihr vom Ergebnis her auch zuzustimmen ist, bleibt die modifizierte Vertrauenshaftungslösung *Diederichsens* in ihrer Begründung de lege lata doch fragwürdig[34]. Entweder muß die „Fiktionslatte"[35] um die Unterstellung einer „heilen Konsumgüterwelt" erweitert werden, in der die Verbraucher von der Unschädlichkeit aller Waren fälschlich überzeugt sein dürfen, oder aber die Argumentation degeneriert zur Tautologie, wenn die Haftungsbegründung lautet, daß der Geschädigte nicht deshalb Ersatz bekommen soll, weil er auf die Unschädlichkeit der Ware vertraut oder vertrauen durfte, sondern weil er darauf vertraut, daß er seinen Schaden ersetzt bekommen wird[36]. Daß ein vorhandenes Warenmißtrauen haftungszerstörend wirken müßte, begegnet *Diederichsen* unter Bezugnahme auf *Riesmans*[37] außengeleiteten, in der Wohlstandsgesellschaft quasi unter Konsumzwang stehenden Menschen mit dem Einwand, daß in der dennoch vorgenommenen Konsumwahl keine im eigentlichen Sinne „verantwortliche" Handlung zu sehen sei[38]. Ein derartiger Defaitismus muß freilich zur Feststellung eines „äußeren Vertrauenstatbestands"[39] in der Warenherstellung führen, der zum einen im Grunde nur die Unmündigkeit des Verbrauchers fortschreiben kann, zum anderen sich bei der Frage der Freizeichnung des Herstellers durch entsprechende Gefahrenhinweise unweigerlich in Widersprüche verwickeln muß. Ein Vertrauen, das „auch durch ausdrückliche Garantieeinschränkungen letztlich nicht beseitigt wird"[40], kann kein vorhandenes, sondern nur ein fiktives bzw. postuliertes Vertrauen sein[41]. Wenn aber die Zerstörung des Vertrauenstatbestands nur „durch konkrete Warnungen vor dem Auftreten bestimmter Mangelfolgeschäden"[42]

---

33 Derselbe, 304.

34 Vgl. auch *Dunz*, W., Freirecht mit Skrupeln, JZ 68, 5 ff.; *Canaris*, JZ 68; 501; *Giesen*, D., Warenherstellerhaftung ohne Verschulden?, NJW 68, 1402.

35 Vgl. *Simitis*, Gutachten, 34: „Der Vertrauensgedanke hilft deshalb bei der Produzentenhaftung ebenso wenig weiter wie die Flucht in das Vertragsrecht. Eine Fiktionslatte ohne Ende ..."

36 Nicht anders wird man freilich *Diederichsens* Ausführungen in diesem Zusammenhang beurteilen können: „Die Warenhaftung wird zwar im Grundsatz aus dem Warenvertrauen des Verbrauchers gerechtfertigt. Dennoch ist es nicht Voraussetzung im Einzelfall, daß der Verbraucher ein bestimmtes Maß an Vertrauen aufgebracht hat, geschweige denn, daß er dies nachweisen müßte, bevor er zu seinem Schadensersatz kommt." (375)

37 *Riesman*, D., Die einsame Masse, Hamburg 1958.

38 *Diederichsen*, Haftung, 312.

39 Derselbe, ebenda.

40 Derselbe, ebenda, 304.

41 So auch *Giesen*, NJW 68, 1402.

42 *Diederichsen*, Haftung, 313.

geschehen können soll, bedeutet das die Unmöglichkeit der Freizeichnung gerade dort, wo sie notwendig und sinnvoll ist: bei der Produktion neuartiger Produkte, deren Fehlerhaftigkeit und Gefahrenpotential auch vom Hersteller nur vage und in geringem Maße voraussehbar ist[43].

So bietet auch ein entpersonalisiertes und bis zur Unkenntlichkeit verstümmeltes Vertrauensprinzip nur eine Notlösung an, und es fragt sich, ob nicht überhaupt der Preis einer großzügig interpretierten Zivilrechtsdogmatik[44] für eine Regelung zu hoch ist, die anders überzeugender und operabler ausgestaltet werden kann. Die Vertrauenslösung mag zwar den taktischen Vorteil haben, daß sich mit der Annahme des Vertrauensprinzips im Warenkauf die Möglichkeit eröffnet, eine objektivierte Herstellerhaftung in richterlicher Rechtsfortbildung ohne eine schwerfälligere legislative Initiative quasi auf kaltem Weg durchzusetzen. Die Rechtsprechung scheint aber nicht bereit, diesem Vorschlag bei der Lösung der Produzentenhaftung zu folgen und weist darauf hin, daß dem Hersteller eine Gefährdungshaftung nur vom Gesetzgeber auferlegt werden könnte[45].

53 Gefährdungshaftung

Überzeugender als der Ansatz einer Vertrauenshaftung, der auf einer fiktionsbefrachteten Vorstellung individualrechtlicher Hersteller-Konsumenten-Beziehung basiert, erscheint der Gedanke, in der Warenherstellung eine Tätigkeit zu sehen, die zwar gesellschaftlich zu akzeptieren ist, aber auf Grund ihrer Gefährlichkeit unter dem Gesichtspunkt der Risikozurechnung zum Hersteller der Gefährdungshaftung zu unterwerfen ist. Allerdings blieb jedenfalls in Deutschland zunächst *Simitis* der einzige, der für diese Lösung plädierte[46], was mit darin begründet sein mag, daß mit der Warenherstellung offensichtlich keine „*generelle* Gefährdung“ der Konsumenten verbunden wird[47], was aber als Voraussetzung[48] einer Gefährdungshaftung anzusehen ist.

531 Warenherstellung und Gefährdung

Es erscheint nicht zuletzt als Folge eines bei der Warenproduktion weniger drastischen Schadensbildes, daß der Gesetzgeber, der die Ge-

---

43 Vgl. auch *Steffen*, JR 68, 293 f.

44 Vgl. *Dunz*, JZ 68, 55.

45 Vgl. BGH NJW 69, 272 f. (Hühnerpest).

46 Vgl. *Simitis*, Gutachten, 63 ff.; späterhin auch *Lorenz*, RabelsZ 34, 1970, 51 ff.

47 Vgl. *Larenz*, K., Die Schadenshaftung nach dem Wasserhaushaltsgesetz im System der zivilrechtlichen Haftungsgründe, VersR 63, 593 ff., hier 598; derselbe, Schuldrecht II, § 71, 483 ff.

48 So auch *Diederichsen*, Haftung, 198, 361.

fährlichkeit des Bahn- bzw. Flugbetriebs offensichtlich unter dem Eindruck funkensprühender Stahlrösser und dröhnender Flugungetüme unmittelbar erkannte und dort die sozialpolitische Notwendigkeit eines Ersatzes für Betriebsschäden ungeachtet des schuldhaften Verhaltens des Unternehmers im Reichshaftpflichtgesetz vom 7. 6. 1871 bzw. im Luftverkehrsgesetz vom 21. 8. 1936 recht prompt formulierte, hier bislang untätig blieb. Konsumgüterproduktion reicht freilich von der Einzelfertigung einer harmlosen Porzellanfigur im handwerklichen Betrieb bis hin zur Massenherstellung eines tödlichen Arzneimittels durch ein multinationales Unternehmen. Und auch der überwiegende Teil potentiell gefährlicher Produkte erweist sich i. d. R. als qualitativ gut und unschädlich, sorgt doch der Qualitätswettbewerb für die Einhaltung gewisser Standards. Dennoch können sich Produktschäden durchaus in der gleichen Größenordnung wie die Schadensfolgen aus den „klassischen" Gefährdungstatbeständen bewegen. So beziffert z. B. die Hauptverwaltung der Deutschen Bundesbahn in Frankfurt die Entschädigungsleistungen für Sach- und Personenschäden Dritter als Folgen des Bahnbetriebs mit ca. 21 Millionen DM jährlich[49]. Ähnliche Angaben für den Luftverkehr waren allerdings nicht zu erhalten[50]. Zum Vergleich: in die Stiftung für *Contergan*-geschädigte Kinder mußten vom Hersteller und von der Bundesregierung 200 Millionen DM eingebracht werden, um die Körperschäden lindern zu helfen[51].

Für den Personentransport mit Eisenbahnen und privaten Personenkraftwagen läßt sich immerhin eine aufschlußreiche Abschätzung des Schadensvolumens bzw. eine Gegenüberstellung des Gefährlichkeitsgrades vornehmen. Bezogen auf 1 Milliarde Personenkilometer beläuft sich die Anzahl der Unfalltoten bei Personenkraftwagen auf 22[52], bei den Fahrzeugen der Eisenbahn auf 0,5 - 0,7 Personen[53]. Ungefähr 8,5 % aller Unfälle können auf technisches Versagen des Fahrzeugs zurück-

---

[49] Vgl. auch die Geschäftsberichte der Deutschen Bundesbahn aus den Jahren 1970, 1971, 1972 und 1973, wo unter der Positionsnummer der Gewinn- und Verlustrechnung alle Entschädigungsleistungen aus Bahn-, Kraftfahrzeug- und Schiffsverkehr mit rund 40 Mio. DM angegeben werden.

[50] Die DEUTSCHE LUFTHANSA AG., Köln bzw. der DEUTSCHE LUFTPOOL in München waren nicht bereit, hierzu Auskünfte zu geben.

[51] Siehe zum Schadensvolumen von Produktschäden auch oben, 15 f.

[52] Aus *Diekmann*, A., Wirtschaftliche Aspekte der Verkehrssicherheit, Stuttgart 1972, 19.

[53] Vgl. *Zahlen von der* DEUTSCHEN BUNDESBAHN, hrsg. vom Pressedienst der Hauptverwaltung der DB, Frankfurt/M. für die Jahre 1960 - 1974. Je nachdem, wie man den extremen Wert von 2,38 Unfalltoten/Mrd. Pers. km im Jahre 1971 berücksichtigt, ergibt sich als Mittelwert über 11 Jahre einer der obengenannten Werte. Unaufrichtig in diesem Zusammenhang die Angabe *Diekmanns*, 19, der dort den extrem ungünstigen Wert des Jahres 1972 als *Durchschnitt* deklariert.

geführt werden[54], wobei selbst der Automobilindustrie nahestehende Autoren zugeben, daß die Abgrenzung insofern nicht korrekt ist, als der Einfluß der nicht perfekten Fahreigenschaften des Fahrzeugs eher zu Lasten des Fahrzeuglenkers berücksichtigt wird[55]. Demnach entfallen auf fertigungs- und konstruktionsbedingte Mängel am Fahrzeug und auch auf fehlerhafte Wartung als Unfallursache ca. 1,9 Unfalltote pro Mrd. Personenkilometer, so daß bei aller Vorsicht die gleiche Größenordnung mit der Unfalltotenzahl des Bahnverkehrs behauptet werden kann. Zwar hat der Gesetzgeber dem Phänomen der Gefährdung der Teilnehmer im Straßenverkehr in der Kraftfahrzeughalterhaftung[56] Rechnung getragen, allerdings ohne den durch Herstellungsmängel verursachten Schaden in besonderer Weise dem Automobilhersteller als Risiko zuzurechnen.

Strahlenschäden durch radioaktive Stoffe sind eine recht junge und unerforschte Gefahr, so daß hierzu keine zuverlässigen Aussagen vorliegen. Die Zahl der Todesopfer in aller Welt als Folge von Strahlenunfällen in Labors und Kraftwerken wird von 1945 bis 1967 im zivilen Bereich mit 27, die Zahl der Personenschäden — Strahlungsbelastung über 3 rem — mit 258 angegeben[57]. Ohne genaue Unfallstatistiken vorliegen zu haben, wird man doch davon ausgehen können, daß die Personen- und Sachschäden im Haushalt, die in diesem Zeitraum auf fehlerhafte elektrische Geräte, gefährliche Haushaltsmittel, verdorbene Lebensmittel oder schädliche Kosmetika zurückzuführen waren, ein Vielfaches der Strahlenschäden ausgemacht haben.

---

[54] Vgl. *Diekmann*, 45.

[55] Vgl. derselbe, ebenda: „Man kann jedoch davon ausgehen, daß ein nicht unerheblicher Teil dieser Unfälle hätte vermieden werden können, wenn es dem Fahrer gelungen wäre, sein Fahrzeug besser zu beherrschen. Gute Fahreigenschaften, gutes Bremsverhalten und leichte Bedienbarkeit stellen gerade in kritischen Situationen einen nicht zu unterschätzenden Aktivposten dar. Die Weiterentwicklung der Fahrzeuge unter dem Gesichtspunkt erhöhter aktiver Sicherheit ist daher zweifellos wichtig!" Freilich geht *Diekmann*, Geschäftsführer des Vereins Deutscher Automobilhersteller (VDA), an der gleichen Stelle sofort zum Gegenangriff über, indem er die vermeintlich Hauptschuldigen herauszustellen versucht: „Andererseits, auch narrensichere Automobile schützen nicht vor Unfällen, vor allem dann nicht, wenn sie sich auf überlasteten und schlecht trassierten Straßen bewegen. Auch darf nicht außer acht gelassen werden, daß bei rund 11 % der auf menschliches Versagen zurückführenden Unfälle Alkohol mit im Spiel ist. Statistisch nicht exakt erfaßbar, aber sicher nicht zu vernachlässigen dürfte auch die Zahl der durch Übermüdung verursachten Unfälle sein." (45.) Kritisch zu dieser „damn the driver and spare the car"-Haltung auch *Nader*, 232 ff.

[56] Vgl. § 7, Abs. I des Straßenverkehrsgesetzes (StVG) vom 19. 12. 1952.

[57] Vgl. *Schulz*, E. H., Vorkommnisse und Strahlenunfälle in kerntechnischen Anlagen, München 1966; *Mialki*, W., 25 Jahre Reaktorsicherheit, Atomwirtschaft — Atomtechnik 12/1967.

Von dem Ausmaß der Gefahr her, die von Konsumgütern ausgeht, können also keine wirksamen Bedenken gegen das Gefährdungshaftungsprinzip vorgetragen werden[58]. Auch das Argument, daß der Gefährdungsgedanke schon deshalb nicht tragendes Prinzip der Warenhaftung sein kann, weil aus der Warenproduktion i. d. R. keine Anlagen- oder Betriebsgefahr resultiert bzw. „weil die Warenherstellung und der Warenvertrieb als solche genommen (etwa im Vergleich zum Betrieb eines Atommeilers oder eines Kraftwagens!) noch keine gefährliche Tätigkeit darstellen"[59], vermag nicht zu überzeugen. Die Mittelbarkeit der Schädigung bzw. Gefährdung, die typisch für mehrstufigen Warenabsatz und Produktschaden ist, und die bereits die Anwendung der Deliktsvorschriften und des Vertrauensprinzips in Frage stellte, ist letztlich nur dann ein Grund zur Ablehnung des Gefährdungsprinzips, wenn von dem zu engen Gefährdungsbegriff einer spezifischen Sach- und Betriebsgefahr[60] oder einem unrealistischen Regel-Ausnahme-Verhältnis des Gefahreintritts bei der Warenproduktion ausgegangen wird[61].

Sobald man sich allerdings die Finalität wirtschaftlichen Handelns vergegenwärtigt und auf den Nutzen einer Leistung abstellt, wird die Analogie zwischen den klassischen Gefährdungstatbeständen und der Warenproduktion freilich deutlich. Die Gefährdung der Teilnehmer im Straßenverkehr durch mangelhafte Fahrzeuge hat ihr Pendant in den Risiken des Bahnbetriebs, der Nutzen Personentransport muß in beiden Fällen mit entsprechenden Risiken, der Produktgefahr bzw. der Betriebsgefahr, erkauft werden. Heizenergie aus Atomstrom verursacht zentralisiert ebenso Risiken, wie sie anders dezentral in den einzelnen Haushalten durch explodierende Gasbadeöfen entstehen mögen. Das unterschiedliche Schadenspotential eines Kernkraftwerks und eines Gasbadeofens darf nicht zur Annahme verleiten, daß die Gefährdungen sich prinzipiell unterscheiden. Immer handelt es sich um typische Gefahren der Güterversorgung in einer technisierten Gesellschaft. Dabei kann nicht das absolute Schadenspotential, sondern nur die Schadenserwartung bzw. das Risiko, d. h. das mit der beeinflußbaren und z. B.

---

58 Anders, allerdings ohne überzeugende Begründung, *Stark*, Gedanken, 294.

59 *Diederichsen*, Haftung, 361.

60 Derselbe, ebenda, 361: „Wenn auch der Warenschaden Risikoschaden ist, so fehlt es beim Warenkauf doch an der für die Gefährdungshaftung charakteristischen Übernahme eines ‚Betriebswagnisses', wobei die Betonung auf dem Wort ‚Betrieb' liegt." Daß Gefährdungshaftung auch Handlungshaftung sein kann, hat freilich schon *Larenz*, VersR 63, 602 bei der Diskussion der Reform des Wasserhaushaltsgesetzes gezeigt.

61 *Diederichsen*, Haftung, 361: „Die Herstellung von Atomenergie ist schlechthin und immer gefährlich; werden dagegen bewährte Waren nach einem erprobten Rezept immer in der gleichen Weise weiterproduziert, so setzt der Hersteller damit keine Gefährdung."

bei Kernkraftwerken besonders niedrig gehaltenen Schadenseintrittswahrscheinlichkeit gewichtete Schadenspotential sinnvoller Anhaltspunkt bei der Beurteilung einer Gefahr sein. Die Erfahrungen in den letzten Jahren zeigen, daß in diesem Sinne das Produktrisiko dabei ist, die klassischen Risiken der Höhe nach zu übertreffen.

Allerdings gilt das nur für eine globale Betrachtung. Während bei einigen Konsumgüterbereichen unter dem Gesichtspunkt der Gefahrsetzung keine echten Bedenken bestehen, die Warenproduktion mit ihren Auswirkungen zu den gefährlichen Aktivitäten zu rechnen, fällt es freilich schwer, z. B. einen Hersteller von Briefpapier in eine derartig begründete Haftung einzubeziehen. Der Widerspruch löst sich in praxi zwar von selbst: wer nichts Schädliches herstellt, braucht auch materiell nicht zu haften. Nur verliert eine Haftungsbegründung aus Gefährdung bei an sich harmlosen Produkten ihre Glaubwürdigkeit. „Eine einheitliche Gestaltung“[62], die die Warenhaftung an sich erfordert, ist so jedenfalls nicht zu erreichen. Andererseits hat sich die apriorische Unterscheidung in gefährliche und ungefährliche Produkte bereits als wenig operabel herausgestellt[63], genauso, wie es fragwürdig scheinen muß, bei ungefährlichen Produkten in den zwar seltenen, den Geschädigten jedoch ebenso hart treffenden Schadensfällen auf den Ausgleich verzichten zu müssen. So ermangelt es der Warenproduktion generell und dem Warenabsatz insgesamt jenes Tatbestandsmerkmals der besonderen Gefährlichkeit, das allein das Postulat einer Gefährdungshaftung rechtfertigen könnte[64].

Wer im übrigen in der Gefährdungshaftung „nur ein Mittel“ sieht, „um über die Unrechtgrenzen hinaus dem Produzenten auch die Unglücksschäden aufzuerlegen“[65], verkennt, daß der typische Produktschaden ein Zwitter ist, der irgendwo zwischen vorwerfbarem Unrecht bei extrem schlechter Produktqualität und unvermeidbarem, zufälligem Unglück bei technischer Spitzenqualität angesiedelt ist. Die Dominanz der kommerziellen Zielvorstellung der Unternehmungen und der Interdependenz von Qualität und Herstelleraufwand zeichnet die Warenproduktion vor allen anderen Aktivitäten aus und sorgt für eine Konsumwelt, in die der Produktschaden keineswegs wie der Blitz aus heiterem Himmel einschlägt. Mit gewissen empirischen Wahrscheinlichkeiten voraussehbar, nicht gänzlich unvermeidbar, aber in weiten

---

[62] *Diederichsen*, Haftung, 177.

[63] Vgl. *Lorenz*, Festschrift für Nottarp, 87; *Spiro*, K., Zur Haftung für gesundheitsschädigende Produkte, in: Festschrift für Oftinger, Zürich 1969, 276, m. w. Nachw.

[64] Vgl. auch *von Caemmerer*, E., Reform der Gefährdungshaftung, Berlin/New York 1971, 12.

[65] *Simitis*, Gutachten, 64; vgl. auch *Esser*, Gefährdungshaftung, 1 ff.

Bereichen steuerbar und unter dem Gesichtspunkt optimaler Güterversorgung in Grenzen sinnvoll, entzieht sich der Produktschaden als „geplanter, ökonomisch gerechtfertigter Zufall" der Kategorie Unrecht ebenso wie der Bezeichnung Unglück, die das Anrufen einer distributiven Gerechtigkeit[66] unmittelbar einleuchtend machen würde[67]. Folgerichtig vertritt daher *Esser* die Ansicht, daß die Gefährdungshaftung für den Bereich der Warenproduktion nicht angebracht sei[68].

Zweifel an der Rechtfertigung der Produzentenhaftung als Gefährdungshaftung müssen nicht nur aus der Natur des typischen Produktschadens, sondern auch aus der Inzidenz der Schadenslast erwachsen. Die Unbrauchbarkeit des Gefährdungsgedankens als Haftungsbegründung wird vollends deutlich, wenn man das Prinzip der Risikozurechnung, daß „also der Schaden wirtschaftlich nicht demjenigen bleiben, der mehr oder minder zufällig von ihm betroffen wird, sondern von demjenigen getragen werden ... soll, der das Schadensrisiko im allgemeinen beherrscht oder den wirtschaftlichen Nutzen von dem Betrieb oder der gefahrdrohenden Sache hat"[69], vor dem Hintergrund der Realität prüft. Zum einen ist es beim Warenkauf eben kein ausgesprochener Zufall, wen der Schaden trifft: im allgemeinen wird das derjenige sein, der sich zum Kauf des Produkts entschlossen hat. Der Kreis der potentiellen Produktschadensopfer beschränkt sich damit im wesentlichen auf die Konsumenten, die sich möglicherweise unbewußt, aber doch freiwillig dem Konsumrisiko aussetzen. Zum anderen ist zu erwarten, daß nicht der Unternehmer, sondern gerade der Kreis der Verbraucher wirtschaftlich die Schadenslast zu tragen hat, indem die Versicherungsprämien für den Produktschaden über den Produktpreis dem Konsumenten aufgebürdet werden[70]. Wem der Schaden wirtschaft-

---

[66] Vgl. zum Begriff der distributiven bzw. austeilenden Gerechtigkeit und zur Abgrenzung von der ausgleichenden, der kommutativen Gerechtigkeit *Henkel*, H., Einführung in die Rechtsphilosophie, München/Berlin 1964, 301 ff., insbes. 310 ff.

[67] Vgl. *Esser*, Gefährdungshaftung, 70: „Bei dieser Frage ..., wie Schäden zu behandeln sind, die niemandem zur Pflichtverletzung, also zum subjektiven Unrecht zugerechnet werden können, ... handelt es sich mit anderen Worten um die Zurechnung des *Zufalls*, mit welchem unsinnigen Verlangen die Lösungsmöglichkeit vom Prinzip der wechselseitigen, der kommutativen Gerechtigkeit her offenbar wird. *Zufall* bedeutet ja für unser Denken nichts anderes als fehlende Voraussehbarkeit und damit Mangel an Schuld."

[68] Vgl. *Esser*, Gefährdungshaftung, Vorwort VII; derselbe, Schuldrecht, Band II, Besonderer Teil, Karlsruhe 1969, § 108 II b, 420.

[69] *Larenz*, VersR 63, 507.

[70] So auch *Diederichsen*, Haftung, 282: „Im Ergebnis wird der Schaden ohnehin nicht auf ihm sitzenbleiben, da er sich gegen dieses Risiko versichern muß. Die hierfür erforderliche Versicherungsprämie wird er dann wiederum auf den Warenpreis aufschlagen, so daß es letztlich doch der Verbraucher ist, der für seine eigene Sicherheit aufkommt." Vgl. auch *Fleming*, T. G., Diskussionsbeitrag, in: Sitzungsberichte, 45; *Weyers*, 500 f.

lich bleibt, ist beim Warenabsatz eben nicht eine Frage der Sanktion, sondern des Funktionierens von Marktmechanismus und Wettbewerb.

532 Versicherung als Haftungsgrund?

Der ursprüngliche „Zurechnungsgrund der Gefährdungshaftung, der ... nicht in der Vorwerfbarkeit, im Bestehen eines Willensmangels, sondern in der Grundeinsicht unseres Rechtsbewußtseins ... liegt, daß man für die Sonderrechte, die man genießt, durch Übernahme des hierbei entstehenden Unglücks aufzukommen hat"[71], wird angesichts der Überwälzungsmöglichkeit der Schadenslast beim Warenabsatz fragwürdig. Daß eine Gefährdungshaftung des Herstellers wirtschaftlich den Konsumenten trifft, wird allgemein nicht bestritten[72]. Im Gegenteil wird in der Versicherbarkeit[73] und der Überwälzungsmöglichkeit[74] der Schadensvorsorge auf die Verbraucherschaft ein haftungsbegründendes bzw. -förderndes Moment gesehen. Das Spektrum der Argumente reicht von der dem Billigkeitsgedanken entlehnten Haftungsbegründung der „assecurabilité oblige"[75] über den Hinweis auf betriebswirtschaftliche Notwendigkeiten[76] bis zur Feststellung eines Trends zur Versicherung[77]. Gegen das Argument, daß der Produzent haften müsse, weil und worauf er sich versichern kann[78], ist freilich zu

---

[71] *Esser*, Gefährdungshaftung, 97.

[72] Vgl. oben, 104, Fußnote 70.

[73] Vgl. z. B. *Ehrenzweig*, A., Loss-Shifting and Quasi-Negligence: A new Interpretation of the *Palsgraf*case, Chi. L. R., 1941, 729 ff.; derselbe, Negligence, passim; derselbe, Versicherung als Haftungsgrund, 72 Jurist. Blätter, 253 ff. (1950); derselbe, Products liability in the Conflict of Laws, 69 Yale L. J. 794 (1960); *Morris*, C. R., Enterprise Liability and the actuarial process — the insignificance of foresight, 70 Yale L. J. (1961), 554. *Simitis*, Grundfragen, 92 ff. *Simitis*, Gutachten, 63 ff., aber auch *Beathalter*, 97 ff., insbes. 99 ff.

[74] Vgl. *Morris*, 555; *Diederichsen*, Haftung, 282, *Simitis*, Gutachten, 74.

[75] *Ehrenzweig*, Negligence, passim; derselbe, Versicherung, 254 f.

[76] Vgl. *Diederichsen*, Haftung, 281: „Von der Versicherbarkeit der Warenhaftung hängt es ab, ob die Warenhaftpflicht betriebswirtschaftlich vertretbar ist."

[77] Vgl. *Simitis*, Gutachten, 71: „Es liegt daher nahe, daß es in einem Zeitalter, in dem der Drang zur Versicherung dominiert, schwerfällt, die Ersatzpflicht des Produzenten, wenn auch nur für einen Teil der Produktschäden, zu verneinen."

[78] Eine markante Formulierung dieser Überlegung stellt die Meinung von Justice *Traynor* in *Escola v. Coca Cola Bottling Co.*, 24 Cal. 2d 453, 462; 150 P. 2d 436, 441 (1944) dar: "Those who suffer injury from defective products are unprepared to meet its consequences. The cost of an injury and the loss of time or health may be an overwhelming misfortune to the person injured, and a needless one, for the risk of injury can be insured by the manufacturer and distributed among the public as a cost of doing business. It is to the public interest to discourage the marketing of products having defects that are a menace to the public. If such products never-

Recht eingewendet worden, daß es ein tautologisches sei, indem sich der Produzent eben nur gegen jenes Risiko versichern wird, für das er, von der Rechtsordnung gezwungen, haften müsse[79]. In einer ihrer akzessorischen Funktion entkleideten Versicherung kann also kein befriedigender Rechtsgrund für eine Gefährdungshaftung des Warenherstellers gesehen werden[80]. Andererseits könnte mit der gleichen Berechtigung, mit der aus der Versicherbarkeit des Produktschadens eine notwendige Produzentenhaftung abgeleitet wird, ein System der Konsumentenversicherung als Unfallversicherung postuliert werden[81]. Beide Lösungen erscheinen wirtschaftlich gleichwertig, weil der Hersteller die Versicherungskosten auf den Verbraucher zu überwälzen suchen und so in beiden Systemen letztlich der Schaden aus der Tasche aller finanziert wird[82].

Gegen die Selbstversicherung des Konsumenten kann nicht eingewendet werden, daß „der Verbraucher sich ... gegen Warenschäden nicht versichern kann, (weil) es sich in Anbetracht der vielfältigen Schadensmöglichkeiten in seinem Bereich nicht um ein versicherungsfähiges Risiko ... handelt“[83]. Im Gegenteil könnten bei Inanspruchnahme eines weitaus weniger aufwendigen Versicherungsapparates mit einer einfachen personenbezogenen Umlage des erwarteten globalen Produktschadens die Kalkulationsprobleme vermieden werden, die bei produktspezifischen Risikoschätzungen zu erwarten sind. Das Produktschadensvolumen in einer Volkswirtschaft während mehrerer Perioden dürfte

---

theless find their way into the market it is to the public interest to place the responsibility for whatever injury they may cause upon manufacturer, who, even if he is not negligent in the manufacture of the product, is responsible for its reaching the market. However intermittently such injuries may occur and however haphazardly they may strike, the risk of their occurence is a constant risk and a general one. Against such a risk there should be general and constant protection and the manufacturer is best situated to afford such protection.“

[79] Vgl. *Morris*, 581; ähnlich *Diederichsen*, Haftung, 42: „... die Unternehmer ... übernehmen von sich aus nicht ... ein größeres Schadensrisiko, als sie bei den Versicherern gedeckt erhalten.“

[80] So auch *Simitis*, Gutachten, 73: „... die Schadensersatzpflicht ... bedarf ... stets einer besonderen Rechtfertigung ..., die keinesfalls in der bloßen Versicherbarkeit liegen kann.“

[81] Vgl. zum Modell einer allgemeinen Unfallversicherung anstelle eines Haftpflichtsystems *v. Hippel*, E., Schadensausgleich bei Verkehrsunfällen, NJW 67, 1729 ff., insbes. 1736; *Gilliard*, F., Vers l'unification du droit de la responsabilité, ZSR 108 (1967), II, 193 ff., insbes. 205 ff. m. w. Nachw. Vgl. auch die Monographien von *Tunc*, A., La securité routière. Esquisse d'une loi sur les accidents de circulation, Paris 1966 und *Besonnet*, G., Haftpflichtversicherung oder Unfallversicherung, Diss. Zürich 1965.

[82] *Morris*, 586 f.: “In place of the entrepreneur's deep pocket, we have substituted the pocket of every man. His pocket may not be deep in absolute terms, but it is in relation to the amount taken from it.”

[83] *Diederichsen*, Haftung, 282.

sich einschließlich der Entwicklungsschäden als Bemessungsgrundlage für eine Produktunfallprämie als relativ stabil und daher statistisch unproblematisch erweisen, weil die Zahl der Beobachtungen hinreichend groß und die erforderliche Signifikanz gegeben wäre. Freilich wäre hierbei eine verbraucherspezifische Differenzierung nach der eingegangenen Produktgefahr nicht zu realisieren. Bedenkt man aber die angesichts der breiten Nivellierung zu erwartenden absolut niedrigen Beiträge des einzelnen Verbrauchers zur Schadensvorsorge, könnte dieser Nachteil schon in Kauf genommen werden, zumal sich die meisten Verbraucher in den Industriegesellschaften auf Grund des allgemeinen Wohlstands durchaus in der Lage sähen, sich derart versicherungsmäßig zu schützen[84]. Der „schlichte Hinweis auf die Versicherung"[85] reicht also weder aus, um die Notwendigkeit einer Haftung gerade des Herstellers zu begründen, noch beantwortet er die Frage hinreichend, wer eigentlich welche tatsächlichen wirtschaftlichen Belastungen zu erwarten hat.

---

[84] So auch *Morris*, 593.

[85] *Simitis*, Gutachten, 76.

Sechster Abschnitt

Die verschuldensunabhängige Herstellerhaftung als notwendiger Bestandteil einer sozial-marktwirtschaftlichen Wirtschaftsverfassung

61 Kritische Würdigung der bisherigen Lösungsvorschläge zur Neugestaltung der Produzentenhaftung

Eine absolute bzw. objektivierte Form der Schadensersatzpflicht des Herstellers für Produktschäden durch Konsumgüter kann nicht aus dem positiven Recht durch teleologische Reduktion[1] oder ähnliche Schlußverfahren abgeleitet werden. Der unvollkommene Verbraucherschutz stellt keine „Gesetzeslücke" im eigentlichen Sinne dar, sondern ist die Folge einer von der technischen und ökonomischen Entwicklung überholten rechtspolitischen Stellungnahme des Gesetzgebers[2]. Daß andererseits im Falle der Warenhaftung, weil die analoge Applikation bestehender Rechtsnormen versagt, „die rechtliche Regelung gleichsam dem tatsächlichen Vorgang zu entnehmen"[3] sei, vermag nicht zu überzeugen. Eine Ausgleichsregelung, die darauf abzielt, das Produktrisiko unter allen Beteiligten, dem Hersteller, dem Konsumenten und dem bzw. den Geschädigten aufzuteilen, findet ihre Begründung nicht im Abstellen auf bilaterale Austauschvorgänge. Die Auflösung des „Dreiecksverhältnisses" Produzent-Verbraucher-Geschädigter kann auch nicht mit einem noch so verallgemeinerten Gedanken des Vertrauensschutzes[4] gelingen.

Vertrauenshaftung und vertragliche Hilfskonstruktionen der Haftungsbegründung entbehren in ihren Grundlagen der Affinität zur Realität des Warenabsatzes und verkennen den Produktschaden als ein im Grunde kollektives Phänomen. Auch die Ansiedlung der Produzentenhaftung im Bereich des bürgerlich-rechtlichen Aufopferungsanspruchs[5] oder der Hinweis, daß die Produktschadenslast Unternehmer-

---

[1] Vgl. hierzu statt aller *Larenz,* K., Methodenlehre der Rechtswissenschaft, Heidelberg/New York 1969, 350 f.

[2] So auch *Diederichsen,* Haftung, 356.

[3] Derselbe, Haftung, 354.

[4] Siehe auch oben zur Kritik an *Diederichsen.*

[5] Siehe hierzu *Larenz,* II, § 72, 510 ff.

risiko darstellen müsse, weil der Unternehmer schließlich auch den Gewinn aus der Produktion habe[6], vermögen nicht zu überzeugen. Weder sind die für die Aufopferung wesentlichen Momente des „Übergewichts" des Schädigers bzw. der Duldungspflicht des Geschädigten im Verhältnis Produzent-Konsument in einer Marktwirtschaft hinreichend ausgeprägt[7], noch kann der Gewinn notwendige und/oder hinreichende Bedingung einer verschuldensunabhängigen Herstellerhaftung sein. Käme es nur auf den Gewinn als positiven Betriebsüberschuß an, dürfte der defizitär arbeitende Luftverkehrs- bzw. Eisenbahnunternehmer nicht aus Gefährdung haften müssen, ebensowenig wie ein Warenhersteller, der in die Verlustzone gerät. Selbst wenn man über die offensichtlichen sachlichen und periodischen Abgrenzungs- und Zuordnungsprobleme bei der Gewinnermittlung und der Schadensursachenfestsetzung hinwegsieht, kann das Schielen auf den Gewinn als Haftungsgrund nur zu fragwürdigen Ergebnissen führen. Das Abstellen auf den Gewinn, der zudem einer Reihe gänzlich anderer Einflußgrößen als der Produktqualität ausgesetzt ist, bedeutet, daß seine Höhe die Deckungsgrenze der Verbraucherschäden darstellt. Folge dieser impliziten Haftungslimitierung wäre, daß eine Unternehmung aus Ersatzleistungen[8] — jedenfalls für „unverschuldete" Mangelfolgeschäden — keine Substanzverluste erleiden dürfte. Daß eine Unternehmung aber in dieser Hinsicht vor Verlusten gesichert sein soll und der Grenzanbieter der Sicherheitsqualität nicht gegebenenfalls gezwungen wird, aus dem Markt auszuscheiden, widerspräche den Grundlagen einer marktwirtschaftlichen Wirtschaftsordnung, auch wenn dieser Vorgang Anpassungsverluste verursacht bzw. der Unternehmung mit dem Schadensersatz gerade die Mittel für qualitätsbessernde Anstrengungen, die das Verbleiben im Markt ermöglichen könnten, entzogen werden.

Die Herstellerhaftung aus dem Gefährdungsgedanken zu begründen, scheint ebenfalls unzulässig. Die „Gefährlichkeit" von manchen Konsumgütern steht, was historische Schäden und künftige Schadenserwartungen anbelangt, den Betriebsgefahren „klassischer" Gefähr-

---

6 So etwa bei *Schlegelmilch*, G., Haftpflichtversicherung und unternehmerisches Risiko, Diss. München 1964, 93 ff. Das „Gewinnmotiv" klingt freilich auch bei *Diederichsen* und *Simitis* an. Vgl. *Diederichsen*, Haftung, 296: „Ausgangspunkt unserer Überlegung (zur Wertung des Interessengleichgewichts, Anm. d. Verf.) ist die Tatsache, daß der Produzent ... einen Gewinn macht, also nach Abzug aller Kosten einen Reinertrag übrig behält, der aus der Tasche des Verbrauchers kommt." Ähnlich *Simitis*, Gutachten, 72: „... den Vorteil aus der Produktion ziehen nur einige wenige Unternehmen ... Solange der Nutzen bei ihnen liegt, ist es auch nur konsequent ... sie mit dem Schaden zu belasten."

7 Vgl. *Diederichsen*, Haftung, 198, 362 f.; *Giesen*, NJW 68, 1407 f.

8 Hierunter wären vorsorglich erbrachte Aufwendungen, z. B. Versicherungsbeiträge, aber auch nachträgliche Schadensersatzleistungen zu verstehen.

dungstatbestände wie Bahn-, Luftverkehr oder dem Betrieb von Atomenergieanlagen durchaus nicht nach und mag diese sogar übertreffen. Das zeigt schon ein Blick auf die spektakulären Produktschadenskatastrophen. Die Masse der kleinen, unbekannt gebliebenen Produktschadensfälle ist hierbei noch gar nicht berücksichtigt. Dennoch erscheint das gesamte Produktschadensvolumen gemessen am Produktionswert der hergestellten Güter respektive am Bruttosozialprodukt vergleichsweise gering. Diese an sich günstige Relation fehlerfreier zu fehlerbehafteter Leistung findet sich freilich auch ähnlich bei dem Gefährdungstatbestand des Bahnbetriebs[9]. Bei der Warenproduktion ist aber festzustellen, daß aus ihrem Bereich in der Tat nahezu vollkommen harmlose Produkte kommen können. Die Forderung nach einer verschuldensunabhängigen Haftung eines Herstellers von Büroklammern muß unter dem Gesichtspunkt der Gefährdung absurd erscheinen. Die crux einer einheitlichen Haftungsbegründung aus Gefährdung liegt eben in dem weiten Spektrum von Produkten, das vom Briefpapier bis hin zum Jagdgewehr oder zum Barbiturat, von der Einzelfertigung bis zur Großserie reicht. Die apriorische Klassifizierung von Produkten nach Gefährlichkeitsgraden zur Differenzierung von Rechtsfolgen in England[10] und den USA[11] hat sich als nicht operabel erwiesen und ist in den USA bereits aufgegeben[12]. Zu schnell ändert sich das Produktangebot, der Begriffsinhalt der Gefährlichkeit und die Vorstellung von den Sicherheitserfordernissen. Freilich löst sich dieses Abgrenzungsproblem von selbst, wenn nur eine alle Produkte umfassende Haftung begründet ist: wer keine schadensstiftende bzw. nur harmlose Ware in den Verkehr bringt, haftet faktisch nicht. Schließlich bleibt der Einwand bestehen, daß „in den Fällen der Gefährdungshaftung der Vorgang, ... (an) ... den die Haftung anknüpft, *als solcher gefährlich,* ... die Warenherstellung selbst dagegen *an sich ungefährlich* ... (ist) ...“[13]. Wo es nicht um die Herstellung von z. B. Sprengstoffen geht, existiert in der Tat keine „Betriebsgefahr“ im eigentlichen Sinne[14]. Mit dem Herstellungsvorgang selbst wird in der Fehlerhaftigkeit des Produkts nur eine mittelbare Gefahrenquelle eröffnet. Eine den „klassischen“ Gefährdungstatbeständen analoge Rechtfertigung für eine außerdeliktische Schadenszurechnung zum Warenhersteller ist demnach nicht möglich.

[9] Daraus den Schluß zu ziehen, daß die Haftpflicht der Bahnbetriebe einzuschränken bzw. an die milderen Bestimmungen des StVG anzupassen sei, wie *Füchsel* das tut, hieße freilich in einer sozial verstandenen Gesellschaft die Probleme auf merkwürdige Weise neu zu überdenken. Vgl. *Füchsel,* K., Verkehrshaftpflichtrecht am Scheidewege, DAR 61, 293, insbes. 296; des weiteren hierzu VersR 62, 497.

[10] Vgl. *Biolek,* 65 ff.

[11] Vgl. z. B. *Brake,* 104 f.

[12] Vgl. hierzu *Prosser,* Fall, 805 ff.; *Diederichsen,* Haftung, 269.

[13] *Diederichsen,* Haftung, 361.

[14] Anders, allerdings nicht überzeugend, *Simitis,* Gutachten, 64 ff.

Begründungen einer Produzentenhaftung, die mit dem Hinweis auf die Versicherbarkeit und Überwälzungsmöglichkeit des Produktrisikos auf den Verbraucher die formale Einstandspflicht des Produzenten zu rechtfertigen suchen, erscheinen da schon überzeugender. Das Schlagwort der „assecurabilité oblige“, das das Aufrücken der Versicherung aus ihrer akzessorischen in eine haftungsbegründende Funktion verdeutlichen soll, hat aber genau besehen nur tautologischen Gehalt. Zwar scheint es für eine sinnvoll differenzierende Haftungsregelung und für die Versicherung eine identische Grenze zu geben, die durch die Vorhersehbarkeit des Eintritts des Schadensereignisses bzw. durch die vollkommene Unmöglichkeit der Prognose gezogen ist. Jenseits der Vorhersehbarkeit gibt es keine Versicherung, nur behutsame Vorsorge. Für die per definitionem nicht oder nur global abschätzbaren Entwicklungsgefahren kann die erforderliche Vorsorgeleistung, wenn überhaupt, nur mit beachtlichen Unschärfen bestimmt werden. Diesseits der Gewißheit einer bestimmten Schädlichkeit des Produkts ist Versicherung schlichte Bereitstellung von sicher benötigten Mitteln. Dazwischen wird aber versichert, wofür gehaftet wird. In diesem Rahmen der Haftungserwartung hat die Versicherung doch nur Pufferfunktion, d. h. die Aufgabe, die Schadenslasten zeitlich und personell zu verteilen bzw. sie für die betroffenen Wirtschaftssubjekte der Risikogemeinschaft in laufende Kosten umzuwandeln[15].

Die Kalkulierbarkeit des Risikos als Voraussetzung einer rationalen Schadensvorsorge bzw. der Versicherung ist allerdings wertfrei und vermag „die eigentliche Frage“ nicht zu beantworten, „*warum* Warenschäden ein Teil der Betriebskosten (des Herstellers) sein sollen und warum in der Produktenhaftpflicht die Initiative des Herstellers und nicht der Entschluß des Warenkäufers, die Sache zu erwerben und zu benutzen, entscheiden soll“[16]. Eine private Unfallversicherung der Risikogemeinschaft potentieller Produktgeschädigter, also der Haushalte, könnte die Aufgabe der Vorsorge für den Schadensfall ebensogut erfüllen wie eine Haftpflichtversicherung der Warenhersteller, bedenkt man, daß der entsprechende Versicherungsbeitrag im Promillebereich des heutigen Haushaltseinkommens liegen würde. Eine Staffelung der Beiträge nach dem individuell eingegangenen Konsumrisiko scheidet aus einleuchtenden Gründen der Praktikabilität hierbei zwar aus, ebenso wie im Rahmen eines solchen Modells die „angemessene“ Beteiligung der die Produktgefahr schaffenden Unternehmen in Ermange-

[15] So auch *Köster*, H., Unvermeidbare Eventual-Risiken in laufende Kosten umwandeln, HANDELSBLATT vom 15. 10. 1970.

[16] *Diederichsen*, Haftung, 198. Richtig führt *Diederichsen* ebenda weiter aus: „Von dem (rein formellen) Begriff des ‚Bereichs‘ aus läßt sich nämlich ebenso gut sagen, der Schaden sei auf Grund eigener Handlung im Bereich des Warenkäufers eingetreten und müsse deshalb von ihm allein getragen werden.“

lung zutreffender Kriterien nicht gelingen dürfte[17]. Die Unfallversicherung sozialisiert also den Schutz vor Gefahren, die bei den Beitragsleistenden der Risikogemeinschaft keineswegs homogen sein werden. Dem stehen aber die Vorteile eines globalen Unfallversicherungsmodells gegenüber, die aus der verwaltungstechnischen Einfachheit des Apparats und der Kalkulation und Umlage des Schadensvolumens zu erwarten sind. Die Entscheidung, ob der Schaden letztlich vom Geschädigten bzw. der Risikogemeinschaft der Geschädigten oder dem Hersteller getragen werden muß, ist freilich nur auf eine andere Ebene transponiert. Der Unfallversicherer des Geschädigten wird versuchen, Regreß am Hersteller zu nehmen[18], wobei sich das alte Dilemma auftut. In Ermangelung eines Versicherungsvertrages zwischen Unfallversicherer und Hersteller gibt es keine spezifisch festgelegten Pflichten, die Grundlage der Rechtsbeurteilung sein und die notwendige Abgrenzung haftungsbegründender Tatbestände erleichtern könnten. Auf die Regreßmöglichkeit kann naturgemäß nicht verzichtet werden, sollen nicht die privaten Haushalte selbst mit ihren Versicherungsbeiträgen unbegrenzt für Minderqualität und ihre Folgen aufkommen müssen. Inwieweit der Regreß es vermeiden kann, daß der Produktschaden nicht zu einem unkontrollierbaren Sozialkostenterm wird, ist aber fraglich. Der Widerstand, den der Hersteller der schädlichen Ware dem Versicherungsregreß entgegensetzen wird, dürfte erfahrungsgemäß heftiger sein als der, den die Verbraucher gegen eine Prämienerhöhung aufbieten können. So gibt das Unfallversicherungsmodell keine Gewähr dafür, daß das ökonomische Paradoxon des Millionenschäden anrichtenden Pfennig-Artikels nicht perpetuiert wird, weil gefährliche Produkte zu Preisen in den Markt gelangen können, die die Schadensdeckung nicht beinhalten. Die rücktreibenden, d. h. qualitätsbessernden Kräfte können sich nur in einem Schadensausgleichsmodell wirkungsvoll entfalten, das die Schadensumlage über den Hersteller vornimmt[19]. Erst dadurch ist gewährleistet, daß nicht unter dem Vorzeichen distributiver Gerechtigkeit in Wahrheit kommutative Ungerechtigkeit zwischen der Herstellerseite und der Verbraucherschaft praktiziert wird[20].

62 Die Kausalhaftung des Herstellers als Optimalitätsbedingung volkswirtschaftlicher Güterproduktion

Jede Herstellerhaftpflicht, gleich wie weit sie reicht oder worauf sie gegründet ist, bleibt insoweit nur ein formales Prinzip, wie es dem Hersteller gelingt, das Produktrisiko auf den Verbraucher abzuwälzen.

[17] Optimistischer allerdings *Hippel*, NJW 67, 1736 f. und *Gilliard*, 212.
[18] Vgl. *Simitis*, Gutachten, 72.
[19] So auch *Stark*, Gedanken, 285 f.
[20] Ähnlich *Rehbinder*, JuS 69, 213.

Der Überwälzungsversuch der Schadenslast erscheint dabei nicht nur legitim, die Überwälzungsmöglichkeit ist letztlich der Grund dafür, daß die Verantwortung für den Produktschaden dem Hersteller zugerechnet werden darf und muß. Die Feststellung, „es ginge nicht, daß die Unternehmer der Verantwortung für Gefahren, die sie durch ihre Tätigkeit heraufbeschwören, auf die Benutzer ihrer Erzeugnisse abwälzen“[21], hat nur dann Berechtigung, wenn es darum geht, ob ein Produktschaden auf dem einzelnen sitzenbleiben darf.

Generell erscheint der Überwälzungsmechanismus prädestiniert, jene Mischung aus kommutativem und distributivem Schadensausgleich zwischen Hersteller, Verbraucherschaft und Geschädigtem reibungslos herbeiführen zu können, die im Produktschadensfall erwünscht ist. Sobald dem Hersteller eine uneingeschränkte Haftung abverlangt wird, entscheidet nicht die Rechtsnorm bzw. Sanktion darüber, wer wirtschaftlich den Schaden zu tragen hat, sondern die ökonomischen Machtverhältnisse auf dem Markt.

621 Die Überwälzung der Produktschadenslast als grundlegender Mechanismus der Selbstregelung des Qualitätskreises

Eine exakte theoretische Abschätzung der Haftungswirkung bzw. der Verteilung der Schadenslasten unter Herstellern und Verbrauchern als Haftungsfolge erscheint nicht möglich, vor allem wenn in die Beurteilung die Beschäftigungswirkung, die Wettbewerbsform und die Konjunkturlage einbezogen werden sollen[22]. Zu komplex sind hier die Interdependenzen, daß wohl nicht einmal eine umfassende empirische Untersuchung Erfolg versprechen könnte. So muß man sich mit der partiellen Analyse der Produzentenhaftung im Sinne der neoklassischen Gleichgewichtsmethode zufrieden geben, deren Ergebnisse immerhin einen gewissen heuristischen Wert haben. Daher erscheint es zulässig, sich an den theoretischen Analysen der Steuerüberwälzungslehre[23] zu orientieren. Die auf die Produktion umgelegte Belastung durch die Produktschadenskosten erscheint jedenfalls formal nicht anders als eine Steuer, die auf ein Stück bzw. auf den Umsatz bezogen ist. Der inhaltliche Unterschied der zu überwälzenden Lasten, daß die Beiträge zur Produktschadensvorsorge nach dem Verursachungsprinzip quasi funktional aufgebracht und nur für die Schadensbeseitigung verwendet werden, während die Umsatzsteuer typisch nicht produktdifferenziert

---

[21] *Simitis,* Gutachten, 72.

[22] Vgl. auch *Morris,* 584 f.; *Simitis,* Gutachten, 74 ff.

[23] Vgl. hierzu statt aller, *von Mering,* O., Artikel „Steuerüberwälzung“, HdSW, Bd. 10, Stuttgart/Tübingen/Göttingen 1959, 175 ff., m. w. Nachw.; *Recktenwald,* H. C., Steuerinzidenzlehre, Berlin 1958, 98 ff.; *Musgrave,* R. A., Finanztheorie, Tübingen 1969, 247 ff., 304 ff.

bzw. zweckgebunden erhoben wird, ist für die partielle Betrachtung des Überwälzungsvorgangs unerheblich.

Das Maß, in dem den Herstellern die Fortwälzung des Produktrisikos gelingen wird, hängt zunächst von der Marktform und den Elastizitäten[24] von Angebot und Nachfrage ab. Im Falle des unbeschränkten Wettbewerbs tragen Hersteller und Verbraucher das Produktrisiko in

Bild 4: Die Überwälzung des Produktrisikos[25]

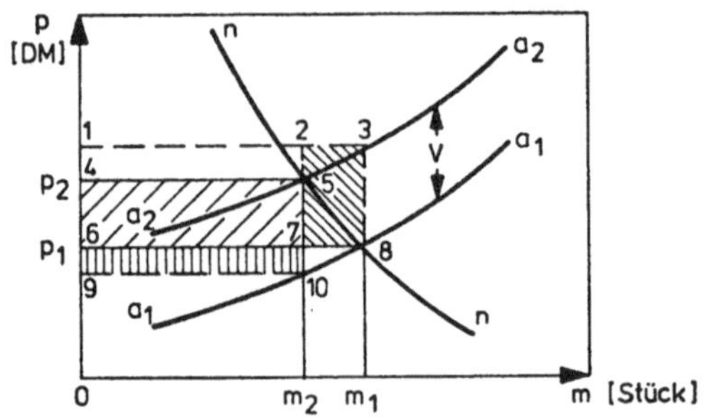

Abhängigkeit der Angebots- bzw. Nachfrageelastizitäten. Je unelastischer die Nachfrage auf Preisänderungen reagiert ($\frac{dm}{dp} \rightarrow 0$), desto mehr Produktrisiko kann dem Verbraucher aufgebürdet werden. Desgleichen wird die Risikofortwälzung bei monopolistischer oder oligopolistischer Angebotsstruktur vollständig gelingen. Für den einzelnen Mengenanpasser[26] oder den Oligopolisten können sich die unterschiedlichsten Konsequenzen aus der Risikobelastung ergeben. Das Spektrum reicht hier — abhängig von der Marktstellung, Anpassungsfähigkeit und der eigenen Qualitätslage relativ zu den Mitanbietern im Markt — von der Reduktion der Absatzmengen und Gewinneinbußen über das Gelingen

---

[24] Die Elastizität von Angebot und Nachfrage ist das Verhältnis der relativen Änderung von angebotenen bzw. nachgefragten Mengen auf Änderungen des Preises $\frac{dm}{dp}$; vgl. auch *Gablers* Wirtschaftslexikon, Bd. I, 1154 (Elastizität).

[25] Bild 4 zeigt die Überwälzung des Produktrisikos bei unbeschränktem Wettbewerb und beschränkter Elastizität von Angebot und Nachfrage. Über der Abzisse m des mengenmäßigen Absatzes sind mit der Ordinate p des Stückpreises die (normale) Nachfragefunktion nn und die Angebotsfunktionen a_1a_1 ohne bzw. vor Belastung und a_2a_2 mit bzw. nach der mengenproportionalen Belastung des Herstellers durch das Produktrisiko bzw. durch die Versicherungsprämie für den Fall atomistischer Konkurrenz aufgetragen. Die Fläche 2 3 8 7 stellt den Wert der durch Nachfragerückgang eingetretenen *Produktschadensvermeidung*, die Fläche 4 5 7 6 gibt den Wert der gelungenen Fortwälzung des Risikos auf die Konsumenten und die Fläche 6 7 10 9 bedeutet die von der Produzentenseite zu tragende Schadenslast.

[26] Mengenanpasser ist derjenige Unternehmer, der aufgrund der großen Zahl von Mitbewerbern keinen Einfluß auf den Marktpreis hat und in Abhängigkeit von seiner Kostenfunktion nur die Ausbringungsmenge autonom festlegt. Vgl. statt aller *Schneider*, Bd. II, 60 ff.

der Rückwälzung der Risikokosten auf den Zulieferer oder der Überwälzung auf die Verbraucherschaft bis hin zum zwangsweisen Ausscheiden aus dem Markt. Wenn „sich nicht immer die Prämie einfach auf den Preis abwälzen läßt“[27], ist das längst noch kein Unglück. Der beim Hersteller verbleibende Anteil an der Produktschadenslast stellt insoweit nur das Äquivalent des kommutativen Schadensausgleichs zwischen Hersteller und Verbraucherschaft dar. Ebensowenig ist im Ausscheiden des Grenzanbieters, also des Herstellers, dessen Grenzkosten einschließlich der Risikokosten über dem Marktpreis liegen, abgesehen von Friktionsverlusten ein negativer Effekt per se zu sehen. Die Befürchtung, daß durch eine verschärfte Produzentenhaftung nützliche Unternehmerinitiative paralysiert werden könnte, ist hier unbegründet. So lange die Haftung auf kalkulierbare und damit überwälzbare Risiken beschränkt ist, mag sie zwar für den Grenzanbieter unerträglich sein bzw. den Betrieb unrentabel machen[28], generell kann sich sich nicht nachteilig bzw. prohibitiv auswirken[29]. Wenn nur an alle Unternehmen ein einheitlicher Haftungsmaßstab angelegt wird, ist jede Produzentenhaftung auch wettbewerbsneutral[30]. Die Behauptung, daß eine unbeschränkte Produzentenhaftung Klein- und Mittelbetriebe unzumutbar belastet[31] und so oligopolfördernd wirke, ist lediglich dann richtig, wenn eben diese Kleinbetriebe auch unzumutbar schädliche Produkte herstellen. Ein nicht zu vertretendes Qualitätsniveau bzw. Produktschadensvolumen darf aber nicht der Preis des Wettbewerbs sein[32].

Das Einbeziehen der Folgelasten der Produktion in den Angebotspreis bewirkt, daß sich — ceteris paribus — die nachgefragte Menge schädlicher Produkte und damit das absolute Schadenspotential, das in einer Volkswirtschaft anfällt, bei nicht starrer Nachfrage verringert.

---

[27] *Simitis*, Gutachten, 74.

[28] Diese Befürchtung äußert *Prölss*, E., Karlsruher Forum 1962, 25.

[29] Vgl. auch *Marton*, 48 f. (m. Hinweis auf *Victor Mataja*, Das Recht des Schadenersatzes vom Standpunkt der Nationalökonomie, 1888): „... alle die Schäden, die ein Unternehmen seiner Umwelt schuldhaft oder schuldlos zufügt, ... sind ... nach der einzig richtigen ökonomischen Auffassung zu seinen Betriebskosten hinzuzurechnen und auf der Passivseite seiner Produktivitätsbilanz zu buchen ..., da sonst das betreffende Unternehmen eine ständige, unlautere und überaus ungerechte Subvention genösse, und zwar auf Kosten jener fremden Geschädigten, die den Ersatz ihrer Schäden infolge der Unvollkommenheit der rechtlichen Regulierung des Schadenersatzes (Unzulänglichkeit des Verschuldensprinzips) nicht durchsetzen können. Die Argumentation, daß diese Haftpflicht die Existenz mancher Unternehmungen gefährden könnte, ist unhaltbar. Ein Unternehmen, das außerstande ist, die Kosten seiner Selbsterhaltung ohne Belastung fremder Personen zu decken, ist ein Parasit und verdient es nicht, künstlich am Leben gehalten zu werden.“

[30] Vgl. auch *Morris*, 555.

[31] Vgl. *Dunz*, JZ 68, 56; aber auch *von Caemmerer*, Reform, 26.

[32] Richtig *Simon*, Sitzungsberichte, 29; *Schreiber*, ebenda, 94.

Dieser Effekt der Schadensvermeidung durch die Umlage der erwarteten Schadenslasten im Preis wird allerdings dann nicht voll durchschlagen, wenn der negative Nachfrageeffekt, der z. B. durch eine Haftungsverschärfung und die Verschiebung der Angebotskurve bewirkt ist, durch eine Verschiebung der Nachfragekurve kompensiert wird. Neben einer verstärkten Werbung der Hersteller oder einer beim Verbraucher erweckten Vorstellung, daß mit dem erhöhten Preis auch eine verbesserte Qualität verbunden ist, kann eine derartige Nachfrageverschiebung durch einen Einkommenseffekt bei den privaten Haushalten als Folge erhöhter Einstandspflichten des Herstellers wirksam werden: Mittel, die vorher z. B. im Bereich der privaten Schadensvorsorge z. B. durch Kranken-, Hausrat- oder Kfz-Haftpflichtversicherung bereitgestellt werden mußten, werden frei und können der Nachfrage nach Produkten, deren Schadensfolgen im Preis versichert sind, zufließen.

Wenn auch diese Überlegungen von der idealen Wirksamkeit des Marktes im Bereich des Konsumgüterabsatzes und der Versicherungswirtschaft ausgehen, die in der Realität erfahrungsgemäß nicht erreicht wird, ist doch zu vermuten, daß der Marktmechanismus in der Lage ist, den befriedigenden Ausgleich zwischen Hersteller- und Verbraucherinteresse herbeizuführen. Nicht der Gefährdungsgedanke oder die Versicherbarkeit, sondern das Wirken dieses Mechanismus liefert die Begründung dafür, daß dem Hersteller der Produktschaden jedenfalls formal zugerechnet werden muß. Welche Anteile an der Schadenslast letztlich materiell von Herstellern oder Verbrauchern getragen werden, darf und wird dann nur vom Gelingen der Überwälzung des Risikos abhängen. Der „verdrängende Ersatz der Haftung“[33] durch die Selbstversicherung der Verbraucherschaft findet damit automatisch statt. Eine „künstliche“ Schadensaufteilung nach dem Kriterium des Herstellerverschuldens ist insoweit unerheblich bzw. schädlich, als sie die Funktion des Marktes als Qualitätsregelkreis nachhaltig stören kann.

622 Die Kausalhaftung als Paretobedingung

Nicht nur, daß sich das Verschuldenskriterium als inkonsistent und wenig operabel herausstellt, versagt es auch als Grundlage der Produzentenhaftung sowohl, was den befriedigenden Interessenausgleich zwischen Geschädigtem und Verbraucherschaft, als auch, was die Qualitätsprävention bzw. den Interessenausgleich zwischen Hersteller und Verbraucherschaft anbelangt. Der Versuch, die Haftung des Unternehmers unter dem Kriterium technischer und organisatorischer Möglichkeiten bzw. ökonomischer Zumutbarkeit diskret, d. h. in kasuisti-

[33] Vgl. *Sieg*, K., Haftungsersetzung durch Versicherungsschutz, ZHR 113, 95 ff., insbes. 101 ff.

schen *Ja/Nein*-Entscheidungen zur Einstandspflicht zu differenzieren, vermag die ab bestimmten Qualitätslagen richtige Entlastung des Herstellers nur zu Lasten des Geschädigten zu erreichen. Die gleiche materielle Haftungsentlastung des Herstellers ist auch bei einer unbeschränkten Einstandspflicht über die Überwälzung der Risikokosten auf den Verbraucher möglich, ohne daß die Kehrseite der kasuistischen Haftungsfreistellung in Kauf genommen werden muß: der Grundsatz des „casum sentit dominus", der im Produktschadensfall typisch nichts anderes bedeutet, als daß der Geschädigte allein den Preis dafür zu zahlen hat, daß er und seine Mitkonsumenten mit einem preisgünstigen Produkt versorgt werden.

Ob die Produktion in der Tat „preisgünstig" in dem Sinne war, daß sich Grenzkosten der Produktion und des Produktschadens gesamtwirtschaftlich ausgleichen, hängt einzig daran, wo die Haftungsgrenze von der Rechtsordnung definiert bzw. vom Hersteller erwartet wird. Selbst wenn man davon ausgehen muß, daß der Ausgang von Zivilprozessen schlecht prognostizierbar[34] und damit dem Hersteller durchschnittlicher Qualität die ihm auferlegte Haftung wenig transparent sein wird, ist die qualitätspräventive Wirkung einer Haftungsregelung unverkennbar. Die Erwartung des Herstellers, ab einer bestimmten Qualitätslage von der Haftpflicht frei zu sein, bleibt nicht ohne Auswirkungen auf seine Qualitätspolitik. Damit stellt sich die Frage, ob überhaupt eine Haftungsgrenze sinnvoll vorgegeben werden kann und wo diese ggfs. zu ziehen wäre, damit das Haftungsrecht die Aufgabe der idealen Steuerung des Systems erfüllen kann. Eines leuchtet dabei unmittelbar ein: nur wenn die haftungsbestimmende Qualitätsvorgabe mit der Qualitätslage, die das Minimum aus aggregierten Schadens- und Herstellkosten darstellt, identisch ist, wird die Qualitätspolitik des Herstellers dem gesamtwirtschaftlichen Optimum entsprechen[35]. Daß es dem Gesetzgeber bzw. der Rechtsprechung gelingen kann, die pareto-optimale Qualitätslage ex-ante bzw. ex-post zu bestimmen, scheint hierbei eine wenig realistische Annahme. Zu niedrige Haftungsmaßstäbe aber führen offensichtlich zu einer mikroökonomisch optimalen Qualitätspolitik, die gesamtwirtschaftliche Verluste herbeiführt. Das gleiche gilt, wenn die Verschuldensgrenze hin zu höheren Anforderungen verschoben wird, auch wenn man annehmen darf, daß der Hersteller mit der von ihm produzierten Qualität über die von ihm

---

[34] Vgl. hierzu auch *Rottleuthner*, H., Rechtswissenschaft als Sozialwissenschaft, Frankfurt 1973, 171 f.

[35] Vgl. hierzu und zum folgenden die umseitige Darstellung der mikro- und makroökonomischen Kostenverläufe zur Veranschaulichung des Einflusses des Haftpflichtrechts auf die Qualitätspolitik des Herstellers.

In Bild 5 auf S. 118 sind die verschiedenen vom Hersteller anzusteuernden optimalen Qualitätslagen Q_i als Funktion der Haftpflicht dargestellt. Sei die

Bild 5 : Mikroökonomisch optimale Qualitätslage und makroökonomische Verluste als Funktion der Haftpflicht

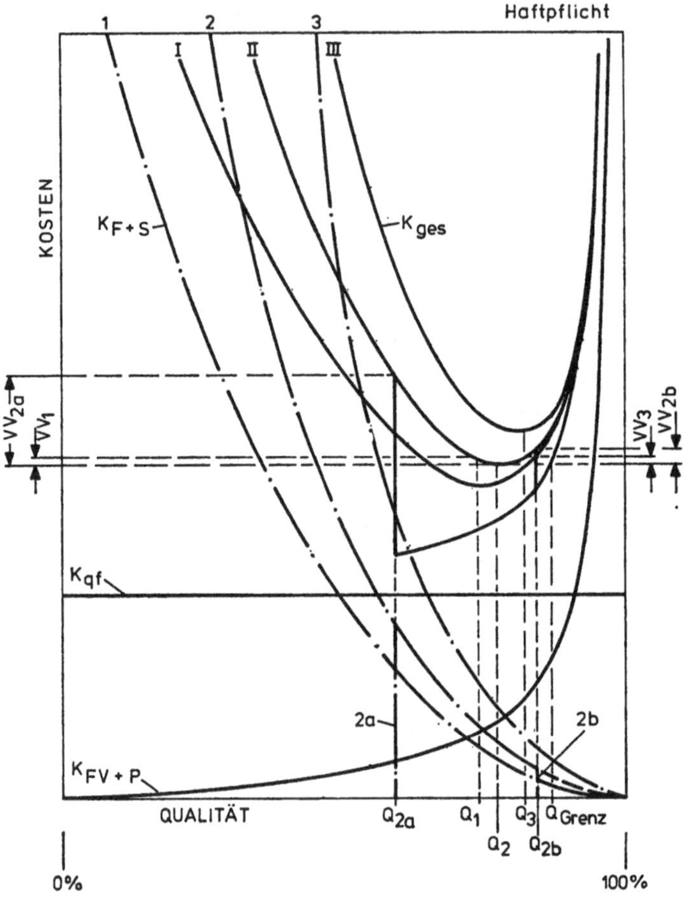

---

aggregierte mikroökonomische Gesamtkostenkurve K_{ges} (II) als Summe der Fehlerverhütungs- und Prüfkostenkurve (K_{FV+P}) und der „wahren" Fehler- und Schadenskostenkurve (K_{F+S} [2]) und gleichzeitig die gesamtwirtschaftliche Kostenfunktion, sind bei entsprechender Zurechnung des Risikos zum Hersteller mikro- und makroökonomische Optima identisch. Zu geringe Haftungsanforderungen (1, I) führen zur Qualitätspolitik Q_1, die volkswirtschaftliche Verluste (VV_1) mit sich bringt. Von Q_2 abweichende Haftungsfreistellungen des Herstellers veranlassen zur Ansteuerung der Qualitätspunkte Q_{2a}, Q_{2b} mit entsprechenden VV_{2a}, VV_{2b}.

Pönalisierende Haftung führt zu übermäßigen Qualitätsanstrengungen mit VV_3. Bemerkenswert ist, daß auch eine rechts von Q_2 liegende Haftungsgrenze (Q_{2b}), also eine Haftungsverschärfung zu volkswirtschaftlichen Verlusten führt, bis jenseits von Q_{Grenz} sich weitere Qualitätsanstrengungen für den Hersteller nicht mehr lohnen.

erwartete haftungsbegründende Qualitätsgrenze „vorhalten" wird. Erst wenn die Haftungsgrenze eine Qualitätslage erreicht, bei der die Herstellkosten das gesamtwirtschaftliche Kostenminimum übersteigen, gelangen mikro- und makroökonomisch optimale Qualitätslagen wieder zur Deckung. Gefahren bergen auch Strafzuschläge zum Schadensersatz, weil sie, wenn die Risiken sich nicht mehr überwälzen lassen, entweder vollkommen prohibitiv oder zumindest gesamtwirtschaftlich schädlich wirken können, indem die für den Hersteller ideale Qualitätslage nur mit beträchtlichem Aufwand realisiert werden kann. So ist es nicht systembedingt, sondern kann nur als glücklicher Zufall erscheinen, wenn mit einem Verfahren der partiellen Freistellung des Herstellers bzw. mit einem nicht gänzlich zur unbeschränkten Haftung entarteten Verschuldensprinzip die Qualität auf einen Gleichgewichtszustand hin gesteuert wird, der gesamtwirtschaftlich optimal ist. Sobald aber die Fehlerkostenkurve des Herstellers sämtliche Schadenskosten umfaßt, ist die Voraussetzung für eine effiziente Selbstregelung des Systems erfüllt. Nur eine verschuldens- bzw. verhaltensunabhängige Erfolgshaftung, die den Hersteller in Höhe der tatsächlichen Produktschadenskosten einstehen läßt, kann demnach den Rahmen dafür schaffen, daß die ökonomisch bedingte Qualitätspolitik des Herstellers in der Tat eine konstruktive und fertigungstechnische Qualität ansteuert, die den höchsten Nutzen für die gesamte Verbraucherschaft verspricht. Das gilt für alle Produktschäden, soweit sie auf die Eigenschaften des Produkts selbst und nicht auf ein evidentes Fehlverhalten des Produktnutzers zurückzuführen sind. Jede andere Haftungsregelung, die gleich an welches andere Kriterium das Einstehenmüssen bzw. Nichteinstehenmüssen des Herstellers für Produktschäden knüpft, vermag weder mit Sicherheit das Wirtschaftssystem präventiv auf eine optimale Qualitätslage hin zu stabilisieren, noch einen gerechten Interessenausgleich unter der Gesamtheit der Produktbenutzer herbeizuführen.

Die Begründung für die Anknüpfung der Haftung an den Herstellungsvorgang darf daher nicht in einer im Grunde bedeutungslosen Tradition gesehen werden[36], sondern ist darin zu suchen, daß nur eine, wenn auch provisorische, aber vollständige Zurechnung des Schadens zum Produzenten das Verursachungsprinzip verwirklicht[37]. Erst dann vermögen Markt und Preis ihre Ausgleichsfunktion zu erfüllen und ein Wuchern von Sozialkosten in Form von Produktschäden bzw. ihrer Versicherung zu unterbinden.

Ob die Abkehr vom liberalistischen Prinzip der Verschuldenshaftung und dem im Sinne des „caveat emptor" verstandenen Präventions-

---

[36] So etwa *Morris*, 592 f.

[37] Richtig *Ehrenzweig*, Chi. L. R., 1941, 734 ff.

gedankens hin zu einem aus dem allgemeinen Bewußtsein sozialer Planung erwachsenden Distributionssystem noch konform ist mit den Überzeugungen unserer Wirtschafts- und Rechtsordnung[38], kann daher keinen Bedenken unterliegen. Im Gegenteil ist die unbeschränkte Produzentenhaftung ein Gebot des Verbraucherschutzes und so nicht anders als das Kartell- bzw. das Wettbewerbsrecht insgesamt notwendiger Baustein einer sozial-marktwirtschaftlichen Wirtschaftsverfassung[39], muß es doch darauf ankommen, einen Normenrahmen zu schaffen, der eine flexible Schadenslastenverteilung nach Grundsätzen gewährleistet, die auf eine optimale Verwendung der Ressourcen einer Volkswirtschaft hinführen. Die Zielvorstellung des Paretooptimums ist die ökonomische Entsprechung dessen, was als der Grundwert des Rechts apostrophiert wird: das Gemeinwohl[40]. Diesen Aspekt der Produkthaftpflicht läßt die Diskussion von Normen, die die Haftung an das Verschulden oder den Aufopferungsgedanken bzw. den Vertrauensschutz als Derivate dieser Rechtsidee anknüpfen, nicht deutlich genug werden. Andererseits wird so verständlich, daß im positiven Recht, das an bilateralen Austauschbeziehungen orientiert ist, keine Regelung enthalten ist, die so wirkt, daß Individualleid gemildert und gleichzeitig jedenfalls im Bereich der Konsumgüterproduktion ein Maximum an Wohlfahrt erreicht wird.

Der Bezug auf den Kollektivwert der Warenherstellung läßt jedenfalls erkennen, daß nicht schon mit der Feststellung der Haftung selbst, sondern erst durch ihre Ausgestaltung, die auf Transparenz des Produktrisikos und Verhinderung unzulässiger materieller Haftungsabwälzung durch den Hersteller ausgerichtet sein muß, diese Zielsetzung verwirklicht werden kann. Insofern stellt auch die Kausalhaftung des Herstellers nur eine notwendige, wenn auch nicht hinreichende Paretobedingung dar. Wenn es einzelnen Herstellern oder Gruppen von Herstellern gelingt, jedes Produktrisiko auf die Verbraucher zu überwälzen, kann der Präventivzweck der Haftung nicht erreicht werden. Diese Gefahr besteht nicht nur bei monopolistischer bzw. oligopolistischer Angebotsstruktur für lebenswichtige Güter. Sie ist vielmehr stets auch dann vorhanden, wenn dem Verbraucher das Konsumrisiko verborgen bleibt. So stellt sich die Frage, ob es nicht geboten erscheint, dem Verbraucher das Produktrisiko, das er mit dem Wareneinkauf eingeht, zusätzlich transparent zu machen.

---

38 Skeptisch hierzu *Esser* in seinem Vorwort, Gefährdungshaftung, passim.

39 Vgl. hierzu allgemein *Zacher*, H. F., Aufgaben einer Theorie der Wirtschaftsverfassung, in: Festschrift für Böhm, 63 ff., insbes. 102 ff.

40 Vgl. statt aller *Henkel*, 365 ff.; *Welty*, E., Das Gemeinwohl als Rechtsgrundlage, in: Naturordnung in Gesellschaft, Staat und Wirtschaft, Innsbruck/Wien/München 1961, 398 ff., insbes. 399; *Lang*, Staatslehre, 172 ff.

623 Die Publizität des Produktrisikos als Voraussetzung eines transparenten Qualitätswettbewerbs

Daß die Belastung der Unternehmung mit den von ihren Produkten herrührenden Schäden jedenfalls zum Paretooptimum führt, ist eine recht simplistische Annahme. Sobald die Konsumenten Präferenzverhalten zeigen bzw. die Nachfragekurve invers verläuft[41], weil der Konsument mit höheren Preisen die Vorstellung besserer Qualität oder höheren Sozialprestiges verbindet, ist die präventive Effizienz der unbeschränkten Herstellerhaftung in Hinblick auf das Qualitätsoptimum nicht gegeben. Zwar ist mit der Kausalhaftung die Schadensdistribution unter den Verbrauchern zu erreichen, der angemessene kommutative Ausgleich zwischen Hersteller und Verbraucherschaft ist allerdings noch nicht gewährleistet. Die Präventivwirkung der Haftung ist null, wenn die Überwälzung jeder beliebigen Schadenslasten während einer oder mehrerer Perioden leicht und vollständig gelingt. Wenn der Hersteller eines Körperpflegemittels sich z. B. entschließt, billigere aber häufig allergiefördernde Rohstoffe zu verwenden, werden seine Herstellkosten sinken, die Versicherungskosten überproportional steigen und sich der Endpreis erhöhen. Gelingt es ihm, die Preiserhöhung z. B. durch geeignete Werbemaßnahmen als qualitätsbedingt herauszustellen und so den Nachfragerückgang zu kompensieren, wird auch eine Kausalhaftung keine Präventivwirkung auf seine Qualitätspolitik zeitigen. Von der Möglichkeit abgesehen, daß der Hersteller die Haftungswirkungen durch absatzpolitische Maßnahmen zu überspielen vermag, liegt die crux freilich darin, daß mit einer unbeschränkten Produkthaftpflicht über die Versicherungskosten ein Kostenterm in den Preis eingeht, der der Qualität umgekehrt proportional ist, daß aber der Konsument oftmals in Ermangelung anderer Kriterien die Qualität des Produkts mit der Höhe des Kaufpreises positiv korreliert. Höherer Preis suggeriert auch die Vorstellung besserer Qualität, bei allen Zweifeln an die Richtigkeit dieser Gleichsetzung, die aus kritischen Publikationen gewonnen werden müßten, die feststellen, daß billigere Produkte qualitativ nicht schlechter zu sein brauchen und im Gegenteil sogar preiswürdiger, wenn nicht gar absolut besser sein können[42].

Die Tatsache, daß ceteris paribus ein teures Produkt auch ein höheres Sicherheitsrisiko für den Konsumenten darstellen kann, dürfte aller-

---

[41] Zu atypischen Verläufen der Preis-Nachfrage-Funktion vgl. z. B. *Leibenstein*, H., Mitläufer-, Snob- und Veblen-Effekte in der Theorie der Konsumnachfrage, in: Konsum und Nachfrage, a.a.O., 231 ff., insbes. 248 ff.; *Rinsche*, G., Der aufwendige Verbrauch, Sozialökonomische Besonderheiten geltungsbedingter Nachfrage, in: H. Kreikebaum, G. Rinsche, Das Prestigemotiv in Konsum und Investition, Beiträge zur Verhaltensforschung, Heft 4, Berlin 1961, 105 ff.; *Biervert*, 183 ff.

[42] So beträgt der Korrelationskoeffizient zwischen Preis und Qualität im Mittel nur 0,35. Vgl. hierzu *Kuhlmann*, E., Das Informationsverhalten des Verbrauchers, Freiburg 1970, 180, m. w. Nachw.

dings der allgemeinen Lebenserfahrung widersprechen. Aber auch bei gleichartigen Produkten in gleicher Preislage, jedoch mit unterschiedlichem Sicherheitsrisiko ist es dem Konsumenten nicht möglich, nach dem Preisvergleich die nutzenmaximale Entscheidung zu treffen. Schließlich ist davon auszugehen, daß der Verbraucher selbst dann, wenn Produkte für ihn quasi risikoneutral sind und er sogar mit einer angemessenen Entschädigung für immaterielle Schäden rechnen dürfte, Präferenz für das Produkt mit dem absolut niedrigeren Schadenspotential zeigen würde, steht doch der echte Schadensersatz, d. h. das Gelingen einer „restitutio ad integrum" vor allem bei Körperschäden vielfach in Frage[43]. Der Verbraucher wird die Sicherheit, keinen Schaden zu erleiden, höher schätzen als die Sicherheit, im Schadensfall Ersatz erlangen zu können. Hier stellt eine Produzentenhaftung, die lediglich zum Hineinrechnen des Risikos in den Preis führt, keine Entscheidungshilfe für den Verbraucher dar[44]. Die Kausalhaftung kann zwar dafür sorgen, daß ein billiges, aber schädliches Produkt unter dem Preisgesichtspunkt nicht die nutzenmaximale Kaufentscheidung darstellt und löst so, soweit der Produktschaden prognostizierbar ist, den Widerspruch des Millionenschäden erzeugenden Pfennig-Artikels auf,

---

[43] Vgl. auch *Esser*, Gefährdungshaftung, 56, mit Hinweis auf *H. von Ferneck*.

[44] Das kann am vereinfachenden Beispiel der Konsumwahl bei zwei Kosmetikprodukten „X" und „Y", die sich hinsichtlich ihres Endpreises und/oder ihrer Schädlichkeit z. B. in Form von Allergien, für die der Hersteller einzustehen hätte, unterscheiden mögen, veranschaulicht werden. Hinsichtlich des Endpreises und des Produktrisikos sind 13 konsistente Fallunterscheidungen a1, a2, a3, a5, a7, b2, b3, b9, c2, c3, c4, c6 und c8 zu enumerieren, wenn man davon ausgeht, daß „X" billiger (a), gleich teuer (b) oder teuerer (c) als „Y" sein kann und sich der Endpreis als Summe aus Herstellkosten (HK) und Produktschadenslast (P) auf folgende Weise zusammensetzen kann:
aus vergleichsweise niedrigen HK und gleichzeitig niedriger P (1), aus niedrigeren HK und höherer P (2), aus höheren HK und niedrigerer P (3), aus höheren HK und höherer P (4), aus gleichen HK und niedrigerer P (5), aus gleichen HK und höherer P (6), aus niedrigeren HK und gleicher P (7), aus höheren HK und gleicher P (8) und aus gleichen HK und gleicher P (9).
Die Wahl des billigeren Produkts stellt nur in den Fällen a1, a3, a5, a7, c2, c4, c6 und c8 eindeutig die nutzenmaximale Entscheidung hinsichtlich Preis und Konsumrisiko dar. Geht man von einem ungleichen Wert von Schadensvermeidung und Schadensersatz für den Verbraucher aus, kann im Fall a2 bzw. c3 das teuerere Produkt vorzuziehen sein, ebenso wie in den an sich indifferenten Fällen von b2 und b3 wohl das risikolosere Produkt den Vorzug verdienen würde. Von der rein materiellen Seite des Schadensrisikos her betrachtet, erscheinen beide Produkte hier allerdings gleichwertig: während da das höhere Risiko von Allergiefällen durch entsprechende Deckungsbeiträge ausgeglichen wird, wird dort dieses Risiko beispielsweise durch die Verwendung weniger schädlicher, dafür aber kostspieligerer Ingredientien verringert sein. Die Konstellationen b2 und b3, die insofern typisch sein dürften, als in Praxi vielfach die kostengünstigere Herstellung mit Verlusten an Qualität und damit auch an Sicherheit erkauft werden muß, verdeutlichen gleichzeitig den nivellierenden Effekt einer vorsorglich zu kalkulierenden und zu überwälzenden Risikoprämie.

indem der immens schädliche Pfennig-Artikel, wenn überhaupt, eben nur noch zu Millionenpreisen auf den Markt gelangen kann. Den Verlust des Qualitätswettbewerbs als Folge unzureichender Qualitätstransparenz vermag aber auch eine unbeschränkte Herstellerhaftung nicht zu ersetzen[45]. Im Gegenteil kann der Wandel vom „caveat emptor", dessen Berechtigung schon angesichts der Ohnmächtigkeit des Verbrauchers fragwürdig geworden ist, hin zum „caveat vendor" sogar den unerwünschten Effekt haben, daß der Verbraucher im Bewußtsein, daß ohnehin alles versichert ist und aus Resignation über das eigene Urteilsunvermögen nunmehr gänzlich wahl- und kritiklos hinsichtlich des Sicherheitsaspekts konsumiert.

Hier kann die Publizität spezifischer Produktrisiken Abhilfe versprechen. Geht man von einem prognostizierbaren Produktschaden und einer sachgerechten Abschätzung des Risikos aus, verkörpert der auf die produzierte Einheit bezogene Schadensvorsorgebetrag nichts anderes als das anteilige Schadenspotential, das aus dem Ge- bzw. Verbrauch des Produkts resultiert. Die Kalkulation des Produktrisikos formuliert das Risiko wertmäßig und reduziert damit die Summe aller möglichen bzw. zu erwartenden Auftrittsmöglichkeiten und Erscheinungsformen des zu erwartenden Produktfolgeschadens auf *einen* Parameter, der als eine der Sicherheitsqualität umgekehrt proportionale Maßgröße anzusehen ist und auch die Möglichkeit eröffnet, das Sicherheitsrisiko absolut und relativ zu Konkurrenzprodukten einzustufen. So erscheint das Postulat einer an den Produzenten zu richtenden Auflage, das produktspezifische Risiko neben Herkunfts-, Mengen- oder Verfallsdatumsangaben auszeichnen zu müssen, als Voraussetzung eines effizienten Qualitätswettbewerbs genau so wie als Gebot der Redlichkeit im Warenabsatz. Eine permanente und über die fortlaufende Kalkulation objektivierte Publizität des Risikos bedeutet dabei nicht mehr, als dem Konsumenten *nicht* das Wissen des Herstellers um die Sicherheit bzw. Gefährlichkeit der angebotenen Produkte vorzuenthalten, womit auf dem Markt ein höherer Grad an Qualitätstransparenz erreicht wäre: die Ware wird, was das Konsumrisiko anbelangt, wahrheitsgemäß ausgepriesen.

Bevor auf die Gestaltungsmöglichkeiten und praktisch denkbaren Formen der Risikopublizität einzugehen ist[46], soll zunächst die Frage diskutiert werden, ob und inwieweit das Produktrisiko vom Hersteller bzw. dessen Versicherer hinreichend genau bestimmt werden kann und welche Anforderungen in dieser Hinsicht an ein Versicherungsmodell zu stellen sind. Dabei muß allerdings eingeschränkt werden, daß im Rahmen dieser Arbeit die Versicherungsproblematik angesichts ihrer

---

[45] So auch *Morris*, 594.

[46] Siehe hierzu unten, 134 f.

Komplexität und infolge der geringen Auskunftsbereitschaft der Versicherungen auch schon bezüglich der Prämienkalkulation der bestehenden Betriebshaftpflichtversicherungen nicht bis ins Detail abgehandelt werden kann.

63 Versicherungsrechtliche und versicherungstechnische Aspekte einer als Kausalhaftung ausgestalteten Produzentenhaftung

Eine als Kausalhaftung ausgestaltete Produzentenhaftung schafft neue Voraussetzungen für die Versicherung des Betriebsrisikos, sowohl was die Größenordnung des zu versichernden Risikos als auch die Gestaltung der Versicherungsbedingungen anbelangt. Schon die in der jüngeren Rechtsprechung merkliche Verschärfung[47] der Herstellerhaftung hat die Versicherer dazu veranlaßt, mit dem Hinweis auf eben diese Entwicklung zu versuchen, eine Anpassung der Beiträge, d. h. Prämienerhöhungen und eine Neugestaltung der Versicherungsverträge durchzusetzen, was zunächst freilich auf den Widerstand der Industrie stieß[48]. Dem Problem, für welche Schäden nach den verschiedenen Ausschlußtatbeständen[49] der Allgemeinen Bedingungen für Haftpflichtversicherung (AHB) der Hersteller keinen Versicherungsschutz genießt, weil Erfüllungsansprüche oder Erfüllungssurrogate von der Versicherungsdeckung ausgenommen sind, soll hier allerdings ebenso wenig nachgegangen werden[50] wie der Diskussion, ob durch das neue Modell[51] des Verbandes der Haftpflicht-, Unfall- und Krankenversicherer (HUK) das Abgrenzungsproblem von versicherungsmäßig gedeckten und ungedeckten Schadensersatzansprüchen gegen den Hersteller hinreichend eindeutig gelöst wurde[52]. Inwieweit das HUK-Modell operabel ist und den Interessen der Versicherungswirtschaft und der Industrie gleichermaßen Rechnung trägt, kann nur die praktische Bewährung erweisen.

---

47 Vgl. nur BGH NJW 69, 269 (Hühnerpest); BGH NJW 68, 1622 (Kleber).

48 Vgl. Stellungnahme des Bundesverbandes der Deutschen Industrie e.V. vom 20. 5. 1970 zur Haftung und Versicherung des Warenherstellers, o. Verf.

49 § 1 AHB, § 4 I Ziff. 1, § 416 Abs. 3 AHB, § 4 II Ziff. 1 AHB, § 4 II Ziff. 5 AHB.

50 Vgl. hierzu z. B. *Wussow*, W., Allgemeine Versicherungsbedingungen für Haftpflichtversicherung (AHB), Frankfurt/Main 1970; *Schlegelmilch*, G., Haftpflichtversicherung und unternehmerisches Risiko, Diss. München 1964, insbes. 66 ff.; *Hoenig*, H. C., Die Betriebshaftpflichtversicherung und die Deckung der Produkte-Haftpflichtschäden, VersR 70, 975 ff.; *Diederichsen*, VersR 71, 1077 ff.; *Uhlmann*, N., Versicherungsrechtliche und versicherungstechnische Probleme der Produktenhaftpflichtversicherung, Diss. Würzburg 1972, *Schmidt-Salzer*, Produkthaftung, 295 ff.

51 Veröffentlicht in VersPraxis 1973, 153 ff.; vgl. hierzu auch *Sieg*, K., Das neue Modell der Produkt-Haftpflichtversicherung, BB 74, 1176 ff.; *Goujet*, G., Die Haftung des Produzenten und ihre Versicherungsmöglichkeit, VersPraxis 1974, 164 f., 180 ff.

52 Kritisch hierzu Graf *von Westphalen*, F., Die Produkthaftpflichtversicherung des HUK-Modells, BB 74, 625 ff., insbes. 627 ff.

Die zentrale Frage, ob der Produktschaden nicht einen Teil des Unternehmerrisikos darstellt und damit überhaupt nicht versicherungsfähig wäre[53], scheint mittlerweile jedenfalls beantwortet: Produktschäden sind zwar dem Unternehmerrisiko zuzurechnen, gleichwohl aber unter bestimmten Voraussetzungen versicherbar[54]. Daran ändert sich auch nichts, wenn die Verschuldenshaftung zur Kausalhaftung ausgedehnt wird, muß doch die Versicherung des aus dem schuldhaften Verhalten des Versicherungsnehmers resultierenden subjektiven Risikos problematischer erscheinen als die jenes „objektiven" Produktrisikos[55, 56] jenseits der Verschuldensgrenze. Allerdings stellt das Produktrisiko gleich welcher gesetzlichen Provenienz neben dem Anlagenrisiko und dem Betriebsrisiko in der Betriebshaftpflichtversicherung ein Risiko sui generis dar[57], dessen Eigenarten bei der Risikokalkulation Berücksichtigung finden müssen. Die Notwendigkeit der Überwindung „risikoblinder Prämienberechnungsmethoden"[58] ist zumindest erkannt[59]. Die Versicherungswirtschaft bietet mittlerweile in der Industriehaftpflichtversicherung[60] einen Versicherungsschutz an, dessen Kalkulationsgrundlage sich von der herkömmlichen Betriebshaftpflichtversicherung durch die Orientierung am Umsatz des Versicherungsnehmers und durch ein besonderes Abstellen auf das eigentliche Produktrisiko abhebt[61]. Dieser Fortschritt in Richtung auf eine risikoadäquate Bemessungsgrundlage der Prämien darf aber nicht darüber hinwegtäuschen, daß die Kalkulation des produktspezifischen Risikos nach dem Risikoursachenprinzip noch in den Anfängen steckt[62].

---

[53] So noch *Schlegelmilch*, 57 f.

[54] Vgl. *Schmidt-Salzer*, Produkthaftung, 307: „Die Frage kann also nicht lauten, ob das Unternehmerrisiko versicherbar ist oder nicht, sondern sie ist in dem Sinn zu formulieren, welche Teile des unternehmerischen Risikos der Versicherer zu tragen bereit ist. Eine objektive Unversicherbarkeit des Unternehmerrisikos gibt es nicht, sondern es ist eine geschäftspolitische Entscheidung des einzelnen Versicherers, ob und in welchem Umfang er welche Risiken zu decken bereit ist." Auch in der Berufshaftpflicht, der Montage- und Bauwesenversicherung finden sich Beispiele dafür, daß im Grunde unternehmerisches Risiko versicherbar ist. Vgl. auch *Steiner*, SVZ 34 (1966/67), I, 370.

[55] Vgl. auch *Uhlmann*, 45.

[56] Vgl. zum Begriff des subjektiven und objektiven Risikos *Grossmann*, M., Über das subjektive Risiko, in: Festschrift für Braess, Karlsruhe 1969, 81 ff., hier 83 ff.

[57] Vgl. *Steiner*, SVZ 34 (1966/67), I, 336 f.

[58] *Odermatt* u. a., 36.

[59] Derselbe, ebenda, 37; und auch HUK-Verband, Rundschreiben H 20/69, 16.

[60] Vgl. GERLING, Informationen, November 1970, 2.

[61] Vgl. die Rundschreiben des Verbandes der Haftpflicht-, Unfall- und Kraftverkehrsversicherer e.V. (HUK-Verband) H 20/69 und H 9/72 und z. B. auch COLONIA Versicherungs AG., Arbeitsvorlage II 4/72.

[62] So teilte der HUK-Verband noch am 5. 8. 1971 mit, daß „eine spezielle Statistik für Produkthaftpflichtschäden oder gar eine Ursachenstatistik bei unserem Verband nicht geführt wird".

Der Mangel an aussagefähigem historischem Material über Produktschäden und ihre Ursachen wird zwar durch entsprechende Dokumentationsanstrengungen, statistische Auswertungen und Schadensursachenforschung künftig behoben werden können. Das versicherungstechnische Grundproblem, daß das Produktrisiko keine per se zeitlich und größenordnungsmäßig invariante, weil vom Versicherungsnehmer kontrollierbare und beeinflußbare Größe ist, bleibt indes insofern bestehen, als in der Produkthaftpflichtversicherung ein beachtlicher Anteil „moralischen Risikos“[63] enthalten ist. Der Versicherer muß mit dem Umstand rechnen, daß der versicherte Hersteller sein Qualitätsverhalten während der Versicherungsperiode ändert. Diese Änderung kann durchaus in Richtung zur Qualitätsverschlechterung oder Haftungserweiterung durch Zusagen gehen, weil einerseits die rücktreibende Kraft einer Prämienerhöhung erst in der nächsten Periode wirkt, und die Furcht vor Nachfrage- und Good-will-Verlusten als elementares qualitätsbesserndes Moment durch die Versicherungsdeckung neutralisiert wird, während andererseits Kosteneinsparungen als beachtliche Triebfeder, den Versicherungsschutz voll auszuschöpfen, angesehen werden müssen.

Wenn unter der Zielsetzung der Kosteneinsparung ein Hersteller das Absinken seiner Qualität zulassen oder ein beträchtliches Experimentierrisiko mit dem Vertrieb ungenügend erprobter Produkte eingehen kann und so dem Versicherer Qualitätskosten aufbürdet, ohne daß dieser die Beitragsleistung dem erhöhten Risiko rechtzeitig anzupassen vermag, resultiert daraus für den Versicherer die Gefahr, einen unter Umständen uferlosen Versicherungsschutz für „Pfuscharbeit“ gewähren zu müssen bzw. „eine weitgehende Garantie des professionellen Könnens und der technischen Leistungsfähigkeit des Versicherten (eben des Warenherstellers) abzugeben“[64]. Die Abgrenzung zwischen versicherungsfähigem und unversicherbarem Produktrisiko ist aber nun nicht dahingehend vorzunehmen, daß „grundsätzlich ... nur Gefahrenbereiche versicherbar sind, die der Willkür der Vertragsparteien entzogen sind“[65]. Schließlich ist jedes Produktrisiko einmal existentiell mit dem Entschluß, die Produktion aufzunehmen sowie in seiner Höhe über die Konstruktions- und Qualitätssicherungsvorkehrungen als Ergebnis eines geplanten bzw. willkürlichen Akts des Herstellers anzu-

---

[63] Vgl. hierzu *Mahr*, W., Zur Interdependenz von Prämien und Schäden, in: Praxis und Theorie der Versicherungsbetriebslehre, Festschrift für Müller-Lutz, Karlsruhe 1972, 241 ff., passim. *Mahr* zitiert neben anderen C. A. Kulp zur Definition des moralischen Risikos durch den böswilligen (moral hazard) bzw. den leichtsinnigen (morale hazard) Versicherungsnehmer: “Moral hazard (is) the propensity of the insured to help consciously or otherwise to increase the chance of loss (280).” “Morale hazard (is) the relaxation of normal precautions that result from insurance protection (282).”

[64] *Odermatt* u. a., 8.

[65] Derselbe, ebenda.

sehen. Die Trennungslinie zwischen versicherungs- und nichtversicherungsfähigem Risiko muß daher so gezogen werden, daß nur die stochastische Schadenskomponente der Produktion für einen vom Hersteller determinierten *und* konstant zu haltenden Satz risikorelevanter Parameter der Produktion und des Absatzes unter den Versicherungsschutz fällt. Versicherbar ist also das Produktrisiko, soweit es sich statistisch hinreichend fassen läßt und Sollqualität, Sollstreuung des Produktionsergebnisses und rechtswirksame Qualitätszusagen als zeitlich unveränderliche Grundlage der Risikokalkulation gelten können. Das bedeutet nicht, daß allein der „Ausreißer“ versicherungsfähig ist. Auch der konstruktiv bedingte Produktschaden ist versicherbar, wenn die Gebrauchsumwelt hinreichend invariant ist. Die Folgen des Versagens einer Skisicherheitsbindung auf Grund einer nicht im Konzept berücksichtigten Belastungsart bzw. Außentemperatur oder auf Grund des Überschreitens einer Fertigungstoleranz sind genau so versicherbar, wie das Versagen eines Sicherheitsgurtes, dessen Konstruktions- oder Ausführungsqualität mit Sicherheit den erwünschten Insassenschutz nicht gewährleisten kann, so lange die risikorelevanten Parameter vor der Prämienkalkulation bekannt sind und sich nicht verändern. Daß der Sinn einer Produktion und damit ihrer Versicherung da aufhört, wo der Schaden mit Gewißheit eintritt und die Produktion an Wert übertrifft, ist für die bloße Versicherbarkeit des Risikos insoweit unerheblich. Ändert aber der Hersteller konstruktive Details, führt er andere Produktionsverfahren ein, spricht er in seiner Werbung neue Konsumentenkreise mit anderen Gebrauchsgewohnheiten an oder erweitert er durch weitreichende Garantien seine gesetzliche Einstandspflicht, erfährt auch das Produktrisiko Veränderungen. Jedes planmäßige Absenken des Qualitätsniveaus oder zusätzliche Haftungsvereinbarungen durch den Hersteller entwerten die Kalkulation des Versicherers und lassen ihn die vielbeschworene[66] Gefahr laufen, sich in der Tat zum mißbrauchten Garanten der Unternehmung zu machen. Diese Gefahr für den Versicherer darf allerdings nicht überschätzt werden. Durch Serienschadensklauseln[67], Maximierung der Deckungssummen innerhalb bestimmter Perioden (aggregate limits) oder für die Police selbst (sogenannte Abschreibepolicen) sowie territoriale und zeitliche Begrenzung des Versicherungsschutzes mit der zusätzlichen Möglichkeit der Kündigung des Vertrages bei Eintritt eines Schadens-

---

[66] Vgl. *Odermatt* u. a., 8; *Schürpf,* W., Produktehaftpflicht in multinationalen Unternehmen, VersWirtsch. 1, 1973, 32; *Wussow,* AHB, Anm. 49 zu § 4 AHB, 365 f.

[67] § 3, II, 2 AHB: „Mehrere zeitlich zusammenhängende Schäden aus derselben Ursache oder mehrere Schäden aus Lieferungen der gleichen mangelhaften Waren gelten als *ein* Schadensereignis ...“; vgl. auch *Wussow,* AHB, Anm. 15 zu § 3 AHB, 286 f.

ereignisses[68] und die Haftungsausschlüsse des § 4 AHB kann der Versicherer sein Risiko auf der Deckungsseite begrenzen[69]. Abgesehen davon ist er ohnehin im Falle einer Obliegenheitsverletzung des Versicherungsnehmers von der Leistungspflicht befreit (§ 6 AHB).

Darüber hinaus muß es dem Versicherer bei der Versicherung des Produktrisikos darauf ankommen, die risikorelevanten Parameter möglichst genau zu erfassen und für die Vertragsdauer zu fixieren. Hierbei erscheint zunächst die Trennung der allgemeinen Betriebsgefahr, die von der Gefährlichkeit der beim Herstellungsprozeß eingesetzten Materialien und Technologien, von der Beschäftigtenzahl, dem Standort und anderen für das Produktrisiko unerheblichen Faktoren abhängen mag, von der echten Produktgefahr notwendig. Die von der Versicherungswirtschaft gegen verschiedene eigenständige Policen vorgebrachten Bedenken, die mit möglichen Abgrenzungsproblemen beider Gefahren im Schadensfall argumentieren[70], vermögen nicht zu überzeugen. Sie scheinen wesentlich von Marketing-Überlegungen der Versicherer bestimmt, die auf das Aufstocken bestehender Betriebshaftpflichtpolicen abzielen[71]. Die Produktgefahr selbst stellt wiederum auch kein einheitliches ganzes dar, sondern muß bei Mehrproduktunternehmen als Summe i. d. R. unabhängiger Einzelrisiken begriffen werden. Fehler, Fehlerhäufigkeit, Schadenshäufigkeit und Schadensumfang können sinnvoll nur produktspezifisch, d. h. produktionsspezifisch und produktverwendungsspezifisch kalkuliert bzw. prognostiziert werden[72]. Ziel muß also die Zurechnung der Ersatzanspruchserwartung zum Produkt, also eine Risikoträgerkalkulation[73] sein, in die von der Schadensseite sachliche, zeitliche und territoriale und von der Herstellerseite organisatorische und technologische Abgrenzungen bzw. Parameter möglichst vollständig eingehen. Konsequent muß die Versicherungsdeckung der Verursachungs- bzw. Verstoßtheorie[74] folgen. Nicht der Zeitpunkt des Schadensereignisses oder der Geltendmachung

---

68 Vgl. § 9, Abs. II, Satz 2 AHB. Die Versicherungsgesellschaften sehen in der Kündigungsmöglichkeit allerdings keinen wirksamen Schutz vor einer für die Versicherung ruinösen Inanspruchnahme durch die Geschädigten beim typischen Produktschadensfall. Vgl. statt aller *Odermatt* u. a., 42.

69 Vgl. *Uhlmann*, 154 ff.

70 Vgl. Rundschreiben des HUK-Verbandes H 20/69 M, 11.

71 Das klingt z. B. bei *Schürpf*, W., Probleme und Tendenzen in der Produktehaftpflicht (III), VersWirtsch. 8, 1971, 466 an: „In der Praxis wird u. E. am besten so vorgegangen, daß das Produktrisiko zunächst aus der Allgemeinen Betriebshaftpflicht ausgeschlossen und danach gegen besondere Vereinbarung wieder eingeschlossen wird."

72 So auch *Schmidt-Salzer*, BB 72, 1432; derselbe, Produkthaftung, 305 f.

73 In der amerikanischen Literatur findet sich hierfür der Terminus des „informed underwriting judgement".

74 Zur Ereignis- bzw. Verstoßtheorie vgl. *Wussow*, AHB, Anm. 27 und 28 zu § 1 AHB, 57 ff.

des Schadensersatzanspruchs kann für die Beurteilung der Deckungspflicht des Versicherers relevant sein, sondern nur der Zeitpunkt der Herstellung des schädlichen Produkts[75]. Der Einwand, der gegen die Verursachungstheorie vorgebracht wird, daß nämlich „der Versicherer auch nach Vertragsende im Risiko steht für alle Produkte, die während der Versicherungsdauer geliefert wurden und die noch potentielle Schadensstifter darstellen“[76], überzeugt nicht. Schließlich kann und muß der Versicherer nur diejenigen Umstände berücksichtigen, die das Produktrisiko im Zeitpunkt des Abschlusses des Versicherungsvertrags ausmachen. Während einer mitunter beträchtlichen „Inkubationszeit“ des Produktschadens können sich andererseits die risikobegründenden Verhältnisse so wesentlich geändert haben, daß die Bedingungen eines später abgeschlossenen Versicherungsschutzes nicht mehr mit dem Risiko früherer Produktion korreliert sind.

Bezugsgröße einer Gesamtrisikokalkulation für eine Unternehmung muß die jeweilige Anzahl der abgesetzten Produkte sein. Der erwartete bzw. erzielte Umsatz als Wertgröße ist hierfür ohne Aussagekraft[77], würden doch mit qualitätsunabhängigen Kostensteigerungen der eingesetzten Produktionsfaktoren und den damit verbundenen Änderungen des Produktendpreises für das Produktrisiko gänzlich irrelevante Parameter Eingang in die Kalkulation finden. Probleme treten freilich dadurch auf, daß der Absatz einer Periode i. d. R. apriorisch nicht genau geschätzt werden kann. Hinsichtlich der Abrechnung der Beitragsleistung wäre daher bei Vorleistungspflicht der Versicherungsbeiträge ein Ausgleich zwischen geleisteter und fälliger Prämie am Ende der Versicherungsperiode entsprechend dem erreichten Absatz vorzusehen[78]. Allerdings dürften normale Absatzschwankungen die statistische Zuverlässigkeit der Risikoschätzung bei ohnehin großen Serien nicht

---

75 Anders *Uhlmann*, 157; *Wussow*, AHB, 65; aber auch das neue HUK-Modell — vgl. *Sieg*, BB 74, 1178.

76 *Schürpf*, VersWirtsch 8, 1971, 465.

77 Anders *Uhlmann*, 160.

78 Das Verfahren einer nachträglichen Korrektur der Beitragsleistung durch Rückerstattungen ist im übrigen nicht neu. Es findet sich in der KFZ-Haftpflichtversicherung und in einer Reihe anderer Versicherungsbereiche. Vgl. auch *Steiner*, SVZ 34 (1966/67), I, 404. Einen Schritt weiter geht die Methode der retrospektiven Prämienberechnung, bei der *nach* Ablauf der Versicherungsperiode die Prämie auf Grund der tatsächlichen Schadenssumme festgelegt wird. Dieses Verfahren bietet vor allem dem Versicherer den Vorteil, daß er bei der Deckung von Großrisiken mit seiner Kalkulation nicht falsch liegen kann. Es bedeutet nichts anderes als die Reduktion der Versicherungsleistung auf eine bloße Schadensregulierungsfunktion und kann den Unternehmer nicht einer eigenen Schadenskalkulation entbinden, will er die zu erwartende Prämie im Preis überwälzen. Vgl. zur retrospektiven Prämienbemessung *Schmidlin*, O., Die Versicherung des Großrisikos in der amerikanischen Unfall- und Haftpflichtversicherung, SVZ 5 (1959), 143 ff.

wesentlich beeinträchtigen. Der Mangel an historischen Produktschadensstatistiken sowie die fehlende Signifikanz von Besonderheiten des Produkts oder des Herstellungsverfahrens für das Sicherheitsrisiko werden zunächst bei vielen Produkten nur die Einteilung in Standardproduktklassen mit entsprechend normierten Tarifen zulassen[79]. Von derartigen Risikoklassen ausgehend kann der Versicherer mit zunehmender Erfahrung aus der Produktbeobachtung den risikogerechten Beitrag des Herstellers durch die Erhebung von Zu- und Abschlägen dem tatsächlichen Produktrisiko angleichen[80]. Die produktspezifische Feinabstimmung der Prämien mit einem derartigen Bonus-Malus-System stellt erhöhte Anforderungen an die Versicherungswirtschaft in bezug auf Schadensursachenforschung, Beurteilung von Unternehmensorganisationen, Technologieverständnis, Aufbereitung des anfallenden Datenmaterials und die Zusammenarbeit mit dem Versicherungsnehmer. Neben den konstruktiven und fertigungstechnischen Gegebenheiten müssen auch Benutzerinstruktionen und Vertriebsmaßnahmen wie etwa eine Kundendokumentation unter dem Gesichtspunkt der Vermeidung der Schadensausbreitung bei einer erforderlichen Rückrufaktion als risikorelevant berücksichtigt werden.

Es wird nicht leicht sein, so komplexe Produktrisiken kalkulatorisch vollkommen in den Griff zu bekommen. Allerdings erscheint das der Versicherungswirtschaft nicht als unmögliches Unterfangen, wagen sich doch die Versicherer an die Deckung anderer Unternehmerrisiken wie z. B. des Rückrufkostenrisikos, wenn auch vorsichtig und wohl mit schlechten Erfahrungen heran[81]. Schließlich kommt auch im HUK-Modell die Bereitschaft der Versicherungswirtschaft zum Ausdruck[82], das Risiko aus der Zusicherungshaftung decken zu wollen, das trotz der Abgrenzung von der Garantiehaftung insofern beträchtlich unschärfer und damit weniger versicherbar erscheint, als hierbei nicht nur die Produktion, sondern auch das andere „offene Ende" des Versicherungskalküls, nämlich der Schaden, in seiner Bestimmung der willkürlichen Gestaltung durch den Versicherungsnehmer unterliegt.

---

[79] Ein derartig klassifiziertes Tarifwerk legt z. B. das „National Bureau of Casualty Underwriters" in den USA jährlich vor. Vgl. *Odermatt* u. a., 36 f., insbes. 39.

[80] Die Rückerstattung möglicher Überschüsse infolge zu hoch angesetzter Tarife bleibt allerdings insofern unbefriedigend, als sie zwar zu Recht dem Hersteller zugute kommt, aber letztlich nicht mit Sicherheit zu demjenigen gelangt, der die ursprünglich überhöhte Prämie gezahlt hat, nämlich zu dem Verbraucher.

[81] Vgl. hierzu z. B. *Schmalz,* R. A., The impact of the new comprehensive general liability policy on the corporate insurance buyer, International Insurance Monitor, December 1967, 336.

[82] Vgl. Ziffer 4 des Modells mit Erläuterungen, VersPraxis 1973, 153.

Jedenfalls setzt die Versicherung des Produktrisikos einen hohen Informationsfluß zwischen Hersteller und Versicherer voraus. Im Zuge einer risikogerechten Prämienbemessung bzw. einer Verminderung des Schätzrisikos muß dem Versicherer mehr als nur ein oberflächlicher Einblick in das Unternehmen gewährt werden. Der Versicherer wird sich auch dann, wenn ein Selbstbehalt des Herstellers vereinbart ist, die Meldung aller Schadensfälle, selbst wenn sie unbedeutend erscheinen oder die Ansprüche vom Hersteller geregelt wurden, ausbedingen müssen, können doch in derartigen Vorkommnissen Indikatoren für eine Gefahränderung zu sehen sein. Das Verhältnis zwischen Hersteller und Versicherer muß dabei auch vor einem neuen Verständnishintergrund gesehen werden. Der Versicherer tritt aus der herkömmlichen Rolle des Schadensregulierers hervor und wird zum Partner des Produzenten im risk management der Unternehmung[83]. Ob man allerdings so weit gehen sollte, den Versicherer als Unternehmensberater zu verstehen[84], ist mehr als zweifelhaft. Sobald der Versicherer aus der Rolle des zwar fortlaufend und vollständig informierten, aber passiven Kalkulators des Risikos schlüpft und aktiv Erfahrungen und know-how, die er bei anderen Versicherungsnehmern erlangt hat, zur technischen Schadensprävention beiträgt, kann er leicht gegen seine treuhänderischen Pflichten gegenüber dem Versicherungsnehmer verstoßen. Man muß dann mit dem Effekt rechnen, daß die Vertrauensbasis zwischen Versicherer und Versicherungsnehmer zerstört und der Hersteller die Darstellung präventiver Maßnahmen restriktiv handhaben wird.

Die risikoadäquate Versicherung des Produktrisikos wird auf Grund der spezifischen und komplexen Risikokalkulation einen Mehraufwand an Verwaltungskosten gegenüber der mit Standardtarifen zu bewältigenden allgemeinen Betriebshaftpflichtversicherung erfordern. Demgegenüber können aber auch erhebliche Einsparungen an Prozeßkosten erwartet werden, wenn einer reibungslosen Abwicklung des „Bodensatzes" stereotyper Produktschadensfälle nichts im Wege steht. Erst außergewöhnliche Schadensfälle bzw. vertragswidriges Qualitätsverhalten des Herstellers dürften zu Deckungsprozessen führen, deren prozessuale Schlichtung gegenüber dem „normalen" Produkthaftpflichtprozeß insofern weniger problematisch erscheint, als es nicht Generalklauseln sind, die die kritischen Tatbestandsmerkmale darstellen, sondern Vertragsabreden i. d. R. gleich starker und gleich erfahrener Wirtschaftspartner. Schließlich steht spezifischen Vertragsabreden, die sich bezüglich des Versicherungsschutzes nicht nur auf qualitative, sondern auch auf quantitative Kriterien der Produktion und der

---

83 Vgl. *Schmidt-Salzer,* BB 72, 1432; derselbe, Produkthaftung, 306.

84 So aber *Schmidt-Salzer,* BB 72, 1432.

Qualitätssicherung beziehen können und sollen[85], zwischen Hersteller und Versicherer nichts im Wege.

Unabhängig davon, welche Teile des Produktrisikos in welcher Höhe versicherbar sind und welche Zusatzrisiken vom Versicherer zu besonderen Bedingungen mit übernommen werden, bleibt allerdings wesentliche Voraussetzung für die Operabilität des Versicherungsmodells, daß sich Hersteller und Versicherer über die Anforderungen der gesetzlichen Produkthaftpflicht im klaren sein und von einheitlichen Maßstäben ausgehen können. Diese Normierung der Randbedingungen einer Produzentenhaftung kann allerdings nur vom Gesetzgeber vorgenommen werden[86].

---

[85] In diesem Zusammenhang wäre aber die Ausschlußklausel des § 4, II, 1 neu zu überdenken. Die statistische Kenntnis von der Mangelhaftigkeit und Schädlichkeit einer Produktion darf sicher nicht den Versicherungsschutz ausschließen. Hier erscheinen vielmehr quantitative Grenzen sinnvoll, die z. B. auf einen zulässigen Durchschlupf abzielen. Vgl. auch oben, 78 ff.

[86] So auch *Simitis*, Gutachten, 86.

Siebter Abschnitt

Ein Lösungsvorschlag zur Produzentenhaftung

7 DIE ZWANGSHAFTPFLICHTVERSICHERUNG MIT RISIKOPUBLIZITÄT ALS VORSCHLAG ZUR GESTALTUNG DER PRODUZENTENHAFTUNG DURCH DEN GESETZGEBER

Im folgenden soll das Modell einer Hersteller-Versicherer-Konsumenten-Beziehung gezeichnet werden, das den eingangs erwähnten Kriterien der Systemkonformität, der Operabilität und der Effizienz im Hinblick auf eine gesamtwirtschaftlich optimale Güterversorgung besser zu entsprechen vermag als die bisher vorgetragenen Lösungsvorschläge.

71 Die ideale Gestaltung eines Haftpflicht-Versicherungsmodells für Produktschäden

Daß die Einführung einer Kausalhaftung für die Warenherstellung noch keinen vollkommen befriedigenden Zustand herzustellen vermag, war bereits oben gezeigt worden[1]. Flankierende Maßnahmen sind zusätzlich erforderlich, um die Effizienz einer Haftungsregelung in präventiver Hinsicht zu gewährleisten.

711 Die Zwangshaftpflichtversicherung als Maßnahme zur Sicherung der Wettbewerbsneutralität

Es kann kein Zweifel darüber bestehen, daß nach Einführung der Kausalhaftung die Mehrzahl der Produzenten das nunmehr erhöhte Risiko ihrer Produktion freiwillig zu versichern suchen würde. Auch in der Vergangenheit war es im Zuge der Verschärfung der Haftungsbestimmungen so, daß die Initiative zur Erweiterung des Versicherungsschutzes durch die Betriebshaftpflichtversicherung wesentlich von den Herstellern ausging[2]. Es ist also nicht zu erwarten, daß eine größere Anzahl von Produzenten sich als Selbstversicherer betätigen und nicht den Schutz einer Versicherungsgesellschaft suchen würde. Wenn hier dennoch die Forderung nach der Zwangsversicherung erhoben wird,

---

[1] Vgl. oben, 121 ff.

[2] Vgl. z. B. die vorläufige Stellungnahme des Bundesverbandes der Pharmazeutischen Industrie e.V. vom 12. 12. 1973 zu den Haftungsvorschriften des Referentenentwurfs eines Gesetzes zur Neuordnung des Arzneimittelrechts, 5.

dann deshalb, weil nur sie die Gewähr für die Wettbewerbsneutralität der Haftungswirkung bietet. Nicht nur, daß die externe Versicherung i. d. R. zu einer objektiven Risikoeinschätzung zwingt; übte man nicht den Zwang aus, daß mit dem Inverkehrbringen der Ware gleichzeitig die entsprechende Risikoprämie bereitgestellt wird, böten sich eine Reihe von fraudulösen oder auch unbeabsichtigten Möglichkeiten für den Hersteller, sich der Haftung zu entziehen bzw. aus der nicht vorgenommenen Überwälzung und/oder infolge einer nicht oder nicht richtig kalkulierten Schadensvorsorge zumindest kurzfristig Wettbewerbsvorteile zu ziehen. Derartige Vorteile, die zu Lasten der Konkurrenz und des im Schadensfall leer ausgehenden Geschädigten gehen, können aus dem time-lag zwischen Inverkehrbringen und Schadenseintritt oder daraus resultieren, daß es infolge von Haftungsbeschränkungen durch die Gesellschaftsform oder ausländischen Gesellschaftssitz unmöglich ist, des Herstellers habhaft zu werden. Gleichgültig, ob der Produzent in betrügerischer Absicht oder versehentlich mehrere Jahre seine Produkte vertreiben kann, und dann anläßlich des ersten Schadenseintritts freiwillig oder gezwungermaßen liquidieren muß, oder ob er für den inländischen Konsumenten unerreichbar im Ausland sitzt bzw. seine Produkte über eine Kapitalgesellschaft mit geringem publikumshaftendem Kapital auf den Markt bringt, jedenfalls können Mitanbieter und Konsumenten geschädigt werden, indem Produkte entsprechend billiger, aber unversichert angeboten werden. Wenn auch daran zu denken ist, daß dann, wenn der Geschädigte anderweitig keinen Ersatz zu erlangen vermag, ein Sozialfonds stützend eingreifen sollte, könnte das die Folgen der Verzerrung des Wettbewerbs nicht beseitigen.

712 Die zweckmäßige Ausgestaltung der Risikopublizität als Instrument der Wettbewerbsförderung

Solange dem Konsumenten die Qualität der Waren nicht hinreichend transparent ist, bleibt ihm auch das Produktrisiko als Reziprok der Qualität verborgen. Die Publizitätspflicht des im Produktpreis enthaltenen Schadensvorsorgebetrags als quasi aggregiertes Maß des Konsumrisikos ergab sich so als logische Konsequenz eines wirksamen Qualitätswettbewerbs. In welcher Form das Produktrisiko zweckmäßig veröffentlicht bzw. an den Konsumenten verständlich herangetragen werden müßte, kann nur die praktische Erprobung beweisen.

Bei Markenartikeln bzw. fertig abgepackten Waren dürfte die Auszeichnung des Risikos an sich keine Schwierigkeiten bereiten. Lediglich die formale Darstellung bedarf einer Diskussion unter dem Gesichtspunkt der Praktikabilität. Den Verbraucher interessiert nur der absolute Risikobeitrag, den er im Produktpreis entrichten muß. So erscheint die uncodierte Angabe des Produktrisikos in Einheiten der Landeswährung als naheliegende und einfachste Lösung. Sie vermiede auch die Probleme, die sich aus unterschiedlichen Handelsspannen bzw. Endpreisen ergeben, wenn der Schadensdeckungsbeitrag z. B. nach Prozentklassen der Herstellkosten bzw. der Herstellerabgabepreise ausgewiesen würde. Der Verbraucher muß hier, da ihm die unterschiedlichen Endpreiskalkulationen nicht bekannt sein werden, beim Qualitätsvergleich zu falschen Ergebnissen kommen.

Allerdings hat auch das Verfahren der Veröffentlichung absoluter Risikozuschläge seine Nachteile. Es dürfte beträchtlichen Aufwand erfordern und würde eine Genauigkeit der Risikoaussage vortäuschen, die die Kalkulation oftmals nicht wird leisten können. Viele Produkte werden sich zumindest innerhalb des Konkurrenzangebotes ohnehin in ihrem Risiko nicht signifikant unterscheiden, so daß ein skalierter Ausweis nach Risikoklassen zweckmäßig erscheint, wobei man allerdings die Abgrenzungsprobleme bei Klassenübergängen in Kauf nehmen müßte. Schließlich muß das Verfahren der Risikoauszeichnung z. B. auf der Verpackung des Produkts von der Herstellerseite rationell bewältigt werden können und darf nicht derartige Kosten zusätzlich verursachen, daß die Vorteile des gebesserten Qualitätswettbewerbs kompensiert werden. Gleichzeitig sollte der Konsument sich in leicht verständlicher und einprägsamer Weise über sein Konsumrisiko informieren können, ohne mit komplizierten sicherheitstechnischen Kalkülen überfordert zu werden. Erst wenn es ihm möglich ist, eine unter dem Sicherheitsgesichtspunkt rationale Wahl zu treffen, ist die Selbstregelung des Qualitätskreises gewährleistet.

Insofern können sich auch keine verfassungsrechtlichen Bedenken gegen ein Gebot der Risikopublizität erheben. Zwar würden die Hersteller in ihrer freien wirtschaftlichen Entfaltung, d. h. in der Ausübung ihrer Tätigkeit und indirekt in ihren Eigentumsrechten tangiert und gegenüber anderen Rechtsgenossen ungleich behandelt; der unbeschränkten Geltung der verfassungsmäßigen Grundrechte der Art. 12, 14 und 3 GG stehen jedoch die Interessen der Verbraucher an der Möglichkeit, ihr Konsumrisiko zu steuern, entgegen[3]. Die Risikopublizität als Instrument zur Schaffung der Qualitätstransparenz kann deshalb auch nicht mit dem Gebot der Verhältnismäßigkeit im Widerspruch stehend angesehen werden.

713 Die genehmigungspflichtige Abdingbarkeit der Produzentenhaftung

Daß eine als Kausalhaftung des Warenherstellers instituierte Haftpflicht nicht abdingbar sein darf[4], ergibt sich aus gleichwohl dogma-

---

[3] Vgl. zur ähnlichen Problematik im Lebensmittelrecht *Schulze*, passim.

[4] Vgl. hierzu auch *Simitis*, Gutachten, 87 ff. und auch, allerdings nicht

tischen wie pragmatischen Überlegungen, indem andernfalls angesichts der anzutreffenden Marktdominanz der Anbieterseite mit der Neutralisation der Haftpflicht durch koalitive Freizeichnung gerechnet werden müßte. Allerdings sehen alle Vorschläge, die über eine Verschuldenshaftung hinausreichen, eine ex-post-Freistellung des Herstellers von der Haftpflicht dann vor, wenn es sich um Entwicklungsgefahren handelt[5], also Schäden, die sich gerade durch Unvorhersehbarkeit des Schadenseintritts auszeichnen. Der Begriff der Unvorhersehbarkeit ist zwar insofern relativ, als selbst die „unberechenbarsten" und seltensten Ereignisse prognostisch faßbar werden, wenn nur die Stichprobe in regionaler und zeitlicher Hinsicht groß genug gewählt ist. So mag eine Statistik aller bekannten Entwicklungsschäden in allen westlichen Industrienationen vergleichbarer Wirtschaftsstruktur über die letzten zwanzig Jahre gemittelt eine brauchbare Extrapolation der zu erwartenden Prokopfbelastung für eine Gefahrengemeinschaft erlauben. Für die einzelne Unternehmung ist aber die Entwicklungsgefahr per definitionem nicht kalkulierbar. Daher soll der Produzent für Entwicklungsgefahren nicht einstehen müssen. Die Entwicklungsgefahren stellen sozusagen die haftungsentbindende „höhere Gewalt" anderer Gefährdungshaftungstatbestände[6] dar. Der Geschädigte soll aber in diesen Fällen Ersatz aus einem Fonds erlangen können, der aus Beiträgen der Unternehmer der betreffenden Branche nach Umsatzanteilen finanziert ist[7]. Sinn einer solchen Regelung ist, einerseits die Paralyse unternehmerischer Initiative zur Produktinnovation zu vermeiden, andererseits den Gefahren aus der Produktentwicklung zumindest durch Schadensvorsorge rechtzeitig zu begegnen.

Ob eine derartige Regelung operabel ist, muß freilich dahingestellt bleiben, wirft doch die Subsumtion des Herstellerverhaltens unter den Tatbestand der Entwicklungsgefahr ähnliche Probleme auf wie die Anwendung des Verschuldensprinzips. Das Interesse des Herstellers und seines Versicherers wird einerseits dahingehen, den Schaden als aus einer Entwicklungsgefahr resultierend darzustellen, um so mit der Schadensdeckung durch den Fonds die eigene Freistellung zu erreichen; diese Abwälzung der Einstandspflicht auf den Fonds ist freilich dann um so weniger zu vertreten, wenn die Fondsbeiträge nicht entsprechend

---

ganz konsequent *Diederichsen*, 365 ff. insbes. 374. Zum Problem der Freizeichnung vgl. auch *Lorenz*, Warenabsatz, 13 f.

[5] So vor allem *Simitis*, Gutachten, 68 ff.; *Gilliard*, 302. Für die Entwicklungsschäden im medizinisch-pharmazeutischen Bereich vgl. *Dunz / Kraus*, 139. Vgl. auch 2. Referentenentwurf eines Gesetzes zur Neuordnung des Arzneimittelrechts vom 20. 5. 1974, § 74, Abs. 2.

[6] Vgl. z. B. § 1 HaftpflG; § 7 StVG.

[7] Vgl. *Simitis*, Gutachten, 81 ff.; Regierungsentwurf vom 17. 7. 1974 zur Reform des Arzneimittelrechts, §§ 78 ff.

den tatsächlichen Entwicklungsrisiken der Mitgliedsfirmen festgesetzt wurden[8]. Reichen andererseits die im Fonds bereitgestellten Mittel nicht aus, um die Ansprüche des bzw. der Geschädigten zu befriedigen, weil die Entschädigungen regelmäßig durch Höchstsummen im Einzelfall und durch das gesamte Fondsvolumen limitiert sind, muß der Geschädigte wiederum darum ringen, daß sein Schaden als nicht aus einer Entwicklungsgefahr herrührend anerkannt wird, um so auch auf den Hersteller zurückgreifen zu können. Essentiell wird die Tatbestandsfrage vor allem dann, wenn überhaupt kein Entschädigungsfonds für Entwicklungsschäden zur Verfügung steht[9]. Der derzeitige Konflikt um den Verschuldensnachweis im Rahmen der Ansprüche aus § 823 würde jedenfalls ersetzt durch die Auseinandersetzung, ob der Produktschaden einer Entwicklungsgefahr zuzurechnen sei, ein vor allem in prozeßökonomischer Hinsicht fragwürdiger Fortschritt.

Es stellt sich hier aber die Frage, ob das Dilemma der ex-post-Schadensanalyse nicht durch eine apriorische Kategorisierung des Produkts durch den Hersteller aufgehoben werden könnte. Zunächst muß eine Argumentation zur Regelung von Entwicklungsschäden richtig vor dem realen Hintergrund des Produktschadensphänomens gesehen werden. Nicht schon jeder schädliche Konstruktionsfehler eines ungenügend getesteten Produkts kann als Entwicklungsfehler ange-

---

[8] In diesem Zusammenhang ist das Beitragsbemessungsverfahren, das § 90 des Regierungsentwurfs vom 17. 7. 1974 zur Reform des Arzneimittelrechts vorschreibt und die Umsätze der Arzneimittelhersteller nicht global, sondern nach den Anteilen gefährlicher Produktgruppen mit entsprechenden Risikofaktoren differenziert berücksichtigt, als konsequenter Versuch anzusehen, auch bei der Schadensvorsorge für Entwicklungsrisiken den Verursachungsgrundsatz zu verwirklichen. Nur so kann einigermaßen gewährleistet werden, daß ein Entschädigungsfonds nicht überwiegend von Herstellern und letztlich Verbrauchern finanziert wird, die nur oder überwiegend „alte“, d. h. erprobte und sichere Produkte herstellen bzw. konsumieren.

[9] Schließlich ist es keineswegs gewährleistet, daß sich der Gedanke eines Entschädigungsfonds sinnvoll für alle Konsumgüter verwirklichen läßt, weil sich nicht regelmäßig eine ausreichende Anzahl den Fonds tragender Unternehmen mit hinreichender Homogenität des Produktrisikos finden wird. Nicht anders als bei der Versicherung stellt aber das gleichartige Risiko der einzelnen Mitglieder der Gefahrengemeinschaft (vgl. auch *Prölss*, E., Versicherungsvertragsgesetz, München und Berlin 1963, Vorbemerkungen II 1) die Voraussetzung einer Fondsbildung dar, die den Interessen der einzelnen Unternehmungen gleichermaßen zugute kommt. Ein aus schlicht umsatzorientierten Beiträgen bestehender gemeinsamer Fonds eines Automobilherstellers und eines Herstellers von Büroklammern könnte dem Gebot der Risikozurechnung nach Risikoverursachung nicht einmal annähernd gerecht werden. So wird sich der Appell an den Staat in einigen Fällen nicht vermeiden lassen (so auch *Simitis*, Gutachten, 81 f). Allerdings sollte dafür Sorge getragen sein, daß nicht von vornherein mit seiner Unterstützung geliebäugelt wird. Erst wenn der Zusammenschluß zu Gefahrengemeinschaften nicht realisiert werden kann, sollte die staatliche Unterstützung in Anspruch genommen werden dürfen.

sehen werden[10]. Mit sorgfältigen Langzeittests, aufmerksamer Produktbeobachtung und entsprechend unverzüglichen Rückrufaktionen kann sowohl die Häufigkeit als auch das Potential von Schäden zumindest erheblich vermindert werden. Auch ohne allzu überspannte Sorgfaltsmaßstäbe an das Herstellerverhalten anzulegen, bleibt der Entwicklungsfehler von der Häufigkeit seines Auftretens her gesehen eine Ausnahmeerscheinung der industriellen Produktion, wenn er auch wertmäßig einen wesentlichen Anteil am gesamten Produktschadensvolumen ausmachen kann. Wo es sich doch um „echte" Entwicklungsgefahren handelt, sollte man sich aber überlegen, ob in diesen Fällen der Produzent zwar nicht um konkrete gefährliche Eigenschaften seines Produkts vor oder während des Inverkehrbringens wußte oder gewußt haben müßte, aber sich doch darüber im klaren war, daß seine Erfahrung mit dem Produkt nicht ausreichte, um einzelne Schäden oder gar katastrophale Schadensausmaße mit entsprechend hoher Wahrscheinlichkeit auszuschließen. Mangelnde Vorhersehbarkeit einer bestimmten Gefahr ist nicht gleichzusetzen mit der Erkenntnis des Unvermögens, angemessen Sicherheit zu garantieren. Auch die Entwicklungsgefahr hat ihre Indikatoren[11].

Hieran ließe sich eine Lösung des Freistellungs- bzw. Freizeichnungsproblems knüpfen. Glaubt sich der Hersteller bei einem neuentwickelten Produkt auf Grund mangelnder Erfahrung, zu kurzer Testzeiten und ähnlichem nicht in der Lage, das Entwicklungsrisiko überschaubar zu halten und sieht er sich außer Stande, der Entwicklungsgefahr durch entsprechende Vertriebsmaßnahmen, die eine umgehende Warnung vor bzw. den Rückruf von den als gefährlich erkannten Produkten gestatten würden, zu begegnen, sollte es ihm freistehen, sein Produkt mit einer Kenntlichmachung als Produkt mit Entwicklungsgefahr auf den Markt zu bringen. Die Rechtsfolge einer derartigen Deklaration wäre die Freistellung des Herstellers von jeglichen Ersatzansprüchen und — sollte ein Entschädigungsfonds existieren — der Verweis des Geschädigten an diesen. Daß der Geschädigte bei Eintritt eines Entwicklungsschadens leer ausgeht bzw. Gefahr läuft, durch den Fonds nur unzureichend entschädigt zu werden, ist nur billig. Wer klar und deutlich vor die Entscheidung gestellt wird, die Folgen seiner Experimentierwilligkeit bzw. -freudigkeit selber zu tragen oder Konsumver-

---

[10] Vgl. *Simitis*, Gutachten, 69; aber auch der Bundesverband der Pharmazeutischen Industrie e.V., in: Stellungnahme, 5: „Viele Schäden, die man in der Diskussion oft *fälschlich* in die Kategorie der Schäden aus Entwicklungsrisiken einreiht, werden über diese Haftung (aus unzureichender Produktbeobachtung) bereits nach geltendem Recht einer befriedigenden Lösung zugeführt ..." (Hervorhebung vom Verf.).

[11] Vgl. hierzu auch die Bemessungsgrundlagen für Beitragsleistungen an den Entschädigungsfonds, wie sie in § 90 des Regierungsentwurfes vom 17. 7. 1974 zur Reform des Arzneimittelrechts festgelegt werden.

zicht zu üben, kann niemandem, am wenigsten dem aufrichtigen Hersteller einen Vorwurf machen, wenn ihm das Risiko des Fortschritts aufgebürdet wird[12]. Die Berufung auf einen von der Herstellerseite ausgeübten Konsumzwang ist hier unglaubwürdig[13]. Ebenso versagt die Forderung, daß der Hersteller sich nur durch eindeutige und genaue Gefahrbeschreibung der Verantwortung entziehen können dürfte[14]: gerade bei der Entwicklungsgefahr ist dies unmöglich.

Eine derartige Haftungsfreizeichnung, praktisch z. B. durch eine allgemein vereinbarte, deutliche Buchstabenkennung als Zusatz zum Produktnamen zu verwirklichen, liefe nicht dem Gedanken einer sozialen Schadenslastverteilung zuwider und ließe durch die apriorische Abdingung aller Ansprüche bzw. ihre Kanalisierung auf einen Fonds den Effekt einer beträchtlichen Entlastung des Justizapparates in Produktschadensfällen erwarten. Freilich liegt auch eine Gefahr in dem Zugeständnis einer Freizeichnungsmöglichkeit an den Hersteller: es ist zwar zu vermuten, daß die Warnung Mißtrauen beim Konsumenten erwecken wird und daß entsprechend die Kennzeichnung eines Produktes als mit Entwicklungsrisiken behaftet sich negativ auf den Absatz auswirken wird. Die Wirkung der Warnung, auch wenn sie unmißverständlich an den Konsumenten gerichtet ist und nicht auf dem Absatzweg langsam versickert, wird aber dann neutralisiert, wenn alle Hersteller in gleicher Weise auf die eventuelle Gefährlichkeit ihrer Produkte hinweisen bzw. darauf, daß sie im Schadensfall nicht einzustehen bereit sind. Dem Verbraucher bleibt dann keine Wahl, als die als riskant deklarierten Produkte zu konsumieren — Konsumverzicht ist hier eben keine echte Alternative.

Wenn auch der Marktmechanismus in vielen Fällen übertriebene Freizeichnungsbemühungen Grenzen setzen dürfte, wird man doch um eine Genehmigungspflicht solcher Haftungsfreizeichnungen für Entwicklungsprodukte nicht herumkommen. Um den Konsumenten wirkungsvoll vor den Folgen einer koalitiven Freizeichnungspolitik der Hersteller, die diese durchaus mit Pseudoinnovationen und Scheinentwicklungen formal absichern könnten, zu schützen, wäre also die Einrichtung eines Sachverständigengremiums erforderlich, das die Entscheidung, ob das Produkt als Entwicklungsprodukt zugelassen werden kann oder nicht, in Abstimmung mit dem Hersteller zu treffen hätte. Auf dem Sektor der Pharmaprodukte, in dem wohl der überwiegende Teil der Entwicklungsgefahren erwartet werden kann, könnte diese Kontrollfunktion

[12] Vgl. auch *Klingmüller*, 128.

[13] Anders *Diederichsen*, Haftung, 374: „Das bloße Konsumstreben des Verbrauchers, der bereit ist, seine Wünsche auch weiter unter Außerachtlassung seiner übrigen Lebensinteressen durchzusetzen, dürfte dazu (zur Anerkennung einer einfachen Freizeichnung) jedenfalls nicht ausreichen."

[14] So freilich *Diederichsen*, Haftung, 305 ff., insbes. 309 und auch 374.

z. B. von den im Rahmen des Zulassungsverfahrens für Arzneimittel bestehenden Institutionen bzw. Behörden übernommen werden. Unberührt von einer Genehmigungspflicht bleibt die Freizeichnung freilich dann zulässig, wenn es sich um Haftungsausschlüsse in echten vertraglichen Vereinbarungen z. B. zwischen Zulieferer und Weiterverarbeiter im Rahmen der guten Sitten handelt.

72 Der Umfang der Haftung

Die Aufgabe des Verschuldensprinzips für die Produzentenhaftung bedeutet nicht, daß dem Verbraucher jegliches Lebensrisiko aus dem Umgang mit Konsumgütern abgenommen ist. Nur ist mit der Kausalhaftung das Haftungsfilter nicht mehr in der Qualität des Produktions- und Vertriebsgeschehens angesiedelt, sondern ist ausschließlich im Kausalzusammenhang zwischen Produkteigenschaften und Schaden zu suchen. Nicht jeder Schaden, an dessen Entstehung ein Produkt mitgewirkt hat bzw. ein fehlerhaftes Produkt ursächlich beteiligt war, zieht eine Ersatzpflicht des Herstellers nach sich. Bestimmungsgemäßheit bzw. Sachgemäßheit und Rechtmäßigkeit des Ge- oder Verbrauchs sind die Unterscheidungsmerkmale für die vom Hersteller bzw. vom Konsumenten zu tragenden Schadenslasten. In der Setzung von Sicherheitsstandards einerseits und der inhaltlichen Ausfüllung des Begriffs des sachgemäßen Gebrauchs andererseits findet die rechtspolitische Wertung des Produktschadens ihren Ausdruck. Die Trennlinie zwischen Herstellerrisiko und Konsumentenrisiko ist freilich nicht leicht zu ziehen, wenn es sich um Fälle kumulativer Kausalität handelt, also erst zusätzlich durch Eigenheiten bzw. Fehlverhalten des Produktanwenders der Schaden ausgelöst wird. Sicher kann hier das Prinzip der Schadensverteilung auf Grund eines Mitverschuldens des Geschädigten gemäß § 254 zum Tragen kommen[15]. Andererseits muß die Abgrenzung des Produktrisikos für den Hersteller vor dem Inverkehrbringen seiner Produkte durchschaubar sein, soll das Versicherungsmodell funktionieren und dem in Art. 20 Abs. 3 GG niedergelegtem Grundsatz der „Meßbarkeit und Vorausberechenbarkeit ... staatlicher Machtäußerung“[16] entsprochen sein.

721 Die sachliche und persönliche Abgrenzung der Haftung

7211 Der sachgemäße Gebrauch

Welche Produkteigenschaft als Fehler und welcher Fehler als haftungsrelevant bzw. haftungsirrelevant anzusehen ist, ist keineswegs

[15] Vgl. *Diederichsen*, Haftung, 393.

[16] Vgl. *Maunz / Dürig / Herzog*, Kommentar zum Grundgesetz, 3. Aufl., München 1973, Rdnr. 86 ff. zu Art. 20 GG.

eine triviale Fragestellung. Immer dann, wenn unsachgemäßes Konsumentenverhalten und gefährliche Produkteigenschaften interaktiv einen Schaden bewirken, können beträchtliche Schwierigkeiten bei der Abgrenzung der Risikosphären entstehen. Deutlich wird das dort, wo der Hersteller mit dem Mißbrauch seines Produkts nach der Lebenserfahrung kaum rechnen durfte und so warnende Hinweise unterließ und/oder sich mit Instruktionen begnügte, wo konstruktive Maßnahmen zur Sicherung des Benutzers angebracht gewesen wären.

Wie ist z. B. unter dem Gesichtspunkt der haftungsrelevanten Gebrauchstauglichkeit eine Küchenmaschine zu beurteilen, deren Motor in Gang gesetzt werden kann, ohne daß ein Deckel die rotierenden Messer abdeckt, wie ein Fernsehapparat, der im Laufe der üblichen Nutzungsdauer innen so verstaubt, daß er Feuer fangen kann, wie ein Personenkraftwagen, der sonst einwandfrei seine Funktion erfüllt, auf regennasser Straße aber beim Bremsen besonders leicht ins Schleudern gerät und so zu gefährlichen Unfällen inkliniert? Die Beispiele für offensichtliche Interdependenzen von Produktqualität, insbesondere Konstruktionsqualität, Gebrauchshinweisen, Anwendersorgfalt und Schadensneigung lassen sich beliebig fortsetzen. Die Möglichkeiten für den Benutzer, sich durch unsachgemäßen Gebrauch zu schädigen, sind hierbei offensichtlich abhängig von der auf das Produkt verwandten Vorsorge zur Benutzersicherheit in Konstruktion und Instruktion, die sich wiederum auf das beim Benutzer unterstellte Erfahrungswissen beziehen darf. Narrensicherheit, die Eigenschaft eines Produkts also, dem Benutzer Ungeschicklichkeit bzw. sogar Bedienungsfehler „nachzusehen“ und höchste Anforderungen an Benutzervorsicht und -wissen sind die Extreme auf der Skala möglicher Benutzerfreundlichkeit von Produkten.

Von welchem Verbraucherverhalten der Hersteller ausgehen darf und welche Sicherheitsvorkehrungen er gegen ein Fehlverhalten des Verbrauchers treffen muß, ist letztlich wieder nur mit einer Kosten/Nutzen-Gegenüberstellung zu beantworten. Daß der Markt-Preis-Mechanismus das Herbeiführen des idealen Zustands leisten kann, setzt allerdings eine einheitliche normierte Bezugsgröße der Sicherheitsanforderungen an ein Produkt voraus, von der ausgehend der Hersteller das ihm verbleibende Produktrisiko abschätzen kann. Hier ist zunächst der Gesetzgeber aufgerufen, Grenzwerte zu setzen und sie dem technischen Fortschritt anzupassen[17]. Allerdings weisen gesetzliche Normierungsmaßnahmen auf Grund der ihnen immanenten Trägheit ein beachtliches Beharrungsvermögen auf den Minimalstandard auf[18],

---

[17] Vgl. *Fleming,* 41 ff.; *Steindorff,* AcP 170, 128.

[18] Siehe hierzu oben, 55 ff.

so daß die Aufgabe der Rechtsprechung darin besteht, die Qualitätsanforderungen an den Hersteller progressiv zu interpretieren, wobei fraglos die public policy die vorgenommenen Wertungen bestimmt[19].

Die Gefahr, daß eine verbraucherfreundliche Rechtsprechung sich prohibitiv und gesamtwirtschaftlich schädlich auswirkt, ist dabei im Modell einer versicherten Kausalhaftung mit Risikopublizität gering. Weder trifft den Hersteller ein seinen Ruf schädigender Unrechtsvorwurf, noch wird er versuchen, sich mit überflüssigen Dokumentationsanstrengungen der Haftung zu entziehen. Wenn man schließlich davon ausgeht, daß eine soziale Gesellschaftsordnung einem Geschädigten ohnehin den Beistand nicht versagt, ist es für die gesamtwirtschaftliche Bilanz annähernd gleichgültig, aus welchem Topf die Schadenslast zu tragen ist, wenn sie nur überhaupt übernommen wird. Die Rechtsordnung legt lediglich den durch den Hersteller zu schützenden Bereich des Konsumenteninteresses fest. Der Hersteller hat hierbei jedenfalls die Möglichkeit, sich den vorgeschriebenen Sicherheitsstandards durch konstruktive bzw. instruktive Maßnahmen oder durch entsprechende Schadensvorsorge anzupassen, während der Ausweis des Produktrisikos garantiert, daß die Entscheidung über die „richtige" Qualität der Produktion letztlich vom Konsumenten ausgeht.

Nivellierung des Sicherheitsniveaus bedeutet noch nicht Nivellierung des Qualitätsniveaus. Der Konsument kann entsprechend seiner Risikoneigung Präferenzen artikulieren und so die unterschiedliche Qualität von Produkten honorieren. Wer glaubt, das Risiko in Kauf nehmen zu können, soll durchaus die Wahlmöglichkeit haben, ein verhältnismäßig unsicheres, aber billiges Produkt zu erwerben[20]. Wem die Schadens-

---

[19] Vgl. hierzu z. B. BGH BB 59, 537 (Fensterkran). Das Urteil, in dem dem Produzenten keine weitgehende Instruktionspflicht für die Inbetriebnahme eines von ihm hergestellten Fensterkrans mit Seilhexe abverlangt wird, zeigt noch deutlich die restriktive Einstellung der Rechtsprechung in den damaligen Jahren. Erst heute geht die Tendenz dahin, dem Hersteller die Pflicht zur Beifügung einer technischen Beschreibung und warnender Hinweise aufzuerlegen, so z. B. in BGH NJW 72, 2217 (ESTIL). Dagegen hat die amerikanische Rechtsprechung schon früh eine überaus rigorose Haltung zugunsten des durch seine eigene Unvorsichtigkeit geschädigten Benutzers eingenommen. Vgl. z. B. *Murphy v. Cory Pump & Supply Co.*, CCH PRODUCTS LIABILITY CASES II 5226, 197, N. E. 2d 849 (Ill. App. Ct. 1964) (Rasenmäher) und *Weick v. Finn Equipment Co.*, 310 F. 2d 437 (CA 6 1962) (Hexelmaschine). Weitere Nachweise bei *Katz*, ILJ January 1965, 5 ff. Zum Problem der Wechselwirkung von Produktunsicherheit und Handhabungsfehlern vgl. auch BGH BB 52, 587 (Rungenverschluß) und BGH VersR 62, 825 (Karusselwippe), BGH VersR 62, 980 (Brückenwaage), BGH VersR 62, 989 und BGH VersR 62, 1088 (Flitzbogen); BGH VersR 62, 1210 (Wurfpfeil); BGH VersR 61, 1042 (Aufzug); alle ausführlich diskutiert bei *Diederichsen*, Haftung, 381 ff.

[20] Vgl. hierzu oben, 122, Fußnote 44, Fall a 2. So kann es durchaus Produkte geben, deren Endpreis, vereinfachend zusammengesetzt aus Herstellkosten und anteiliger Schadenslast, insgesamt niedriger ausfällt als der vergleich-

prävention vorrangig erscheint, der wird sich für ein sicheres Gerät entschließen müssen. Voraussetzung für eine in diesem Sinne rationale Entscheidung ist freilich, daß das vom Hersteller zu tragende Produktrisiko durch entsprechende Sicherheitsstandards einheitlich definiert ist.

7212 Der geschützte Personenkreis

Die Einstandspflicht des Herstellers ist prinzipiell gegenüber jedem Produktgeschädigten wirksam. Allerdings ist sie insofern zu relativieren, als sie sich nur auf den typischen Gefahrenkreis, d. h. auf den mit dem Produkt gesetzten Einwirkungsbereich des Produkts erstreckt, der auch vom Hersteller vorauszusehen war. Daß die erwartete Schadenslast zunächst nur auf den Käuferkreis umgelegt wird, schließt dabei nicht eine Begrenzung der Haftpflicht auf diesen Personenkreis ein. Vielmehr trifft der Käufer in der von ihm geleisteten Versicherungsprämie auch Vorsorge für die möglichen Risiken, soweit sie Dritten entstehen können — zu Recht, schafft er doch durch die Benutzung oder Weitergabe des Produkts eine Gefahrenquelle für andere.

Abgrenzungskriterien der Haftpflicht können weder die Leistungsnähe noch Drittwirkungen bzw. die Erstreckung von Schutzpflichten sein. Sinnvoll ist ausschließlich der Bezug auf den Kreis aller im Rahmen einer bestimmungsgemäßen Produktnutzung potentiell geschädigten Personen, d. h. auf das typische Personenschadenspotential des Produkts. Solange eine Dreschmaschine nicht auf einem übervölkerten Schulhof in Betrieb gesetzt wird, gehört jeder durch weggeschleuderte Maschinenteile geschädigte Bedienungsmann zum geschützten Personenkreis. Es ist nicht richtig, daß ein Landarbeiter, der befugt die Maschine bedient, die sein Dienstherr von einem anderen Bauern ausgeliehen hat, den Personenkreis möglicher Geschädigter unüberschaubar macht, das Risiko erhöhe und daher keinen Rechtsschutz genießen kann[21]. Das Risiko, durch mangelhaft befestigte oder ungenügend gesicherte Maschinenteile verletzt zu werden, trifft typisch das Bedienungspersonal, wer es auch sei. So erhöht sich für den Hersteller das Produktrisiko durch die Erstreckung des Schutzbereichs auf alle Per-

---

barer Produkte, obwohl die Risikoprämie vergleichsweise höher liegt: das wird nämlich immer dann der Fall sein, wenn die Einsparung an Herstellungskosten z. B. durch eine bestimmte Technologie den Qualitätsverlust und damit die Erhöhung des Produktrisikos überkompensiert.

[21] So allerdings BGH NJW 56, 1193, hier 1194, mit Hinweis auf *Wussow*, W., Das Unfallhaftpflichtsrecht, 5. Aufl., Berlin/Köln 1954, 239. Auch in der 11. Auflage (Köln/Berlin/Bonn/München 1973), Rdnr. 921 ff. zu § 328 BGB, 458 tritt *Wussow* gegen eine Erweiterung des begünstigten Personenkreises ein. Im Zusammenhang mit der Reichweite des Vertrags zugunsten Dritter mag diese Argumentation ihre Berechtigung haben, für die Erstreckung der Produzentenhaftung im Rahmen einer Kausalhaftung kann sie aber keine verbindliche Aussage enthalten.

sonen, die typisch mit dem Produkt in Berührung kommen, im eigentlichen Sinne nicht. Vielmehr wird durch eine Differenzierung nach vertragsähnlichen Schutzwirkungen nur eine funktional bzw. vom Schadenspotential des Produktes her gesehen ungerechtfertigte Haftungsbefreiung des Herstellers bewirkt. Eine Ausnahme vom Prinzip der generellen Haftpflicht scheint nur da angebracht, wo die Rechtmäßigkeit des Gebrauchs oder des Aufenthalts im Einflußbereich des Produktes beim Geschädigten nicht gegeben war. Allerdings kann die Freistellung des Herstellers in diesen Fällen nicht mit dem Einwand der Atypik bzw. Unvorhersehbarkeit des Schadenseintritts begründet werden[22]: der Dieb, der mit dem gestohlenen Auto infolge eines Versagens der Bremsen zu Schaden kommt, ebenso wie der Einbrecher, der in einem Maschinenraum durch explodierende Teile verletzt wird, stellen kein unvorhersehbares Risiko dar. Der Schaden hätte genausogut beim rechtmäßigen Besitzer des Fahrzeuges oder bei dem Maschinisten eintreten können. Der Unwert der Handlungsweise des Geschädigten verbietet es aber hier, sein Interesse als schutzwürdig zu erachten. Freilich wird man hier auch nach dem Unrechtsgehalt des Verhaltens des Geschädigten differenzieren müssen. So kann man sich fragen, ob das Hausmädchen, dem nach Anwendung des Färbemittels seiner Prinzipalin die Haare ausfallen, nicht insoweit den Schutz des Rechts verdient, als der Schaden nicht atypisch ist. Schließlich fällt es schwer einzusehen, warum der Hersteller das „Glück" haben sollte, daß der Schaden beim Dienstmädchen und nicht bei der Dienstherrin eingetreten ist[23] — vorausgesetzt, daß der Hersteller keinen Verträglichkeitstest vorgeschrieben hat.

722 Der ersatzfähige Schaden

Abweichend von der im deutschen Schadensersatzrecht herrschenden Doktrin vom Ersatz des gesamten Schadens[24], empfiehlt sich für die Produzentenhaftung eine differenzierte Betrachtungsweise[25]. Der Produzent hat prinzipiell für alle Personen- und Sachschäden sowie für die Vermögensfolgeschäden aus der Verletzung des Körpers, der Gesundheit oder des Lebens, also für Erwerbsausfall bzw. für die Versorgung der Hinterbliebenen einzustehen, soweit es sich um Folgeschäden durch die Mangelhaftigkeit seiner Erzeugnisse handelt[26]. Eine Ersatz-

[22] Ähnlich *Schmidt-Salzer*, Anm. zum ESTIL-Urteil, NJW 72, 2219.

[23] So auch *Simitis*, Grundfragen, 71; ebenso *Hirsch-Ballin*, E. D., Diskussionsbeitrag, Karlsruher Forum 1963, 29; anders allerdings *Diederichsen*, Haftung, 391.

[24] Vgl. *Larenz*, I, §§ 27 ff., 304 ff.

[25] Ebenso *Diederichsen*, Haftung, 386; *Simitis*, Gutachten, 85 f.

[26] Vgl. *Diederichsen*, 387 f., mit Hinweis auf die amerikanische Rechtspraxis. Als Folgeschaden muß auch der Verlust bzw. die Zerstörung des fehlerbehafteten Produkts selbst angesehen werden. Anders allerdings OLG Köln vom 2. 5. 1973 (16 U 162/72) MDR 73, 848.

pflicht für reine Vermögensschäden, die auch das Deliktrecht nur bei sittenwidriger Schädigung kennt, bzw. für entgangenen Gewinn, ist abzulehnen. Sie wird freilich auch im typischen Produktschadensfall kaum gegeben sein, beeinträchtigt doch der Folgeschaden eines Konsumgutes i. d. R. kein Geschäfts- bzw. Gewinninteresse[27]. Ebensowenig ist der Nutzungsausfall von beschädigten Sachgütern zu ersetzen, soll der Geschädigte nicht mit der „Kommerzialisierung" entgangener Nutzungsvorteile übermäßig Lebensrisiko auf den Hersteller abwälzen können, der nicht einmal unrecht gehandelt haben muß. Schließlich gewährt auch das Kaufrecht hier keinen Schutz, und es ist nicht einzusehen, warum den nicht arglistigen Hersteller härtere Haftungsanforderungen treffen sollten als den Verkäufer.

Innerhalb dieses Haftungsrahmens ist es allerdings nicht einsichtig, daß der Schadensersatz unter dem Gesichtspunkt der Angemessenheit einer Korrekturmöglichkeit[28] durch die Rechtsprechung unterliegen müßte[29]. Die Schadensersatzpflicht, als präventives Instrument zur Beeinflussung der Qualitätspolitik des Herstellers begriffen, kann ihre Aufgabe nur dann erfüllen, wenn sie den tatsächlichen Schaden möglichst vollständig abdeckt. Jede posteriorische oder apriorische Schadenskupierung widerspricht dieser Zielsetzung und wirft das Problem auf, nach welchen Kriterien eine Schadenssumme als unangemessen hoch zu begreifen wäre[30]. Entsprechend ist auch für die Begrenzung der Haftung auf Höchstsummen kein Platz[31]. Weder ist der Konnex einer verschuldensunabhängigen Haftung und einer rechnerisch limitierten Einstandspflicht zwingend[32], noch ist das Produktschadenspotential, soweit es sich nicht um Schäden aus Entwicklungsfehlern handelt, für die allerdings nur eine begrenzte Schadensvorsorge vorgenommen werden kann, nicht hinreichend überschaubar und versicherbar. Die Festsetzung von Höchstsummen mag zwar die Risikokalkulation vereinfachen, stellt

[27] Siehe oben, 2 ff.

[28] Vgl. die Änderung des § 254 bzw. die Einfügung eines § 255 a im Referentenentwurf zum Schadensersatzrecht, I, 1 f., II, 13 ff.

[29] So aber *Simitis*, Gutachten, 86.

[30] Vgl. auch *Bühnemann*, B., Gedanken zum Alles- oder Nichtsprinzip im deliktischen Haftungsrecht, in: Grundprobleme des Versicherungsrechts, Festschrift für H. Möller, Karlsruhe 1972, 135 ff., insbes. 143 ff.

[31] Ebenso, allerdings mit anderer Begründung *Diederichsen*, Haftung, 204.

[32] So *Weitnauer*, H., Grundsätze der Haftung, in: Karlsruher Forum 1962, 11 ff.; *Deutsch*, Karlsruher Forum 1967, 1 ff.; *Kötz*, H., Haftung für besondere Gefahr, AcP 170, 1 ff., hier 36 ff. Insofern irrt der Bundesverband der Pharmazeutischen Industrie e.V. in seiner vorläufigen Stellungnahme zum Referentenentwurf eines Gesetzes zur Neuordnung des Arzneimittelrechts vom 12. 12. 1973, wenn er feststellt: „Eine verschuldensunabhängige Haftung muß der Höhe nach beschränkt sein (5)." Im übrigen kennt das deutsche Schadensersatzrecht in der Tierhalterhaftung und der Haftung für Gewässerschäden Tatbestände einer gänzlich unbeschränkten Gefährdungshaftung.

aber keine Vorbedingungen für eine hinreichend genaue Abschätzung des Risikos dar. Eine vernünftig gewählte Haftungsbegrenzung dürfte ohnehin nur die äußerste Spitze des Schadensberges beschneiden. Die Schätzung der mittleren Schadenserwartung ist dann davon praktisch unabhängig. Im Rahmen der Zwangshaftpflichtversicherung zum Schutze des Verbrauchers vor unzureichender Schadensvorsorge ist zwar die gesetzliche Festlegung von Mindestdeckungssummen erforderlich. Das bedeutet aber keineswegs, daß auch die Haftung des Herstellers der Höhe nach begrenzt sein muß, ist doch die Kongruenz von Haftungssumme und Deckungslimit weder notwendig noch allgemein üblich. Eine künstliche Beschränkung der Haftung kann hier nur zu einem systematischen Fehlverhalten des Herstellers im Sinne einer gesamtwirtschaftlich optimalen Qualitätspolitik führen und perpetuiert so daß Ungleichgewicht der volkswirtschaftlichen Kosten/Nutzen-Bilanz. Daß nur eine Differenzierung der Rechtsfolgen nach Verschuldens- bzw. Gefährdungstatbeständen, d. h. die Festsetzung von Höchstsummen, Anreiz für den Hersteller zu qualitätsbewußtem Verhalten sein kann, ist kein überzeugendes Argument[33]. Schließlich muß der Hersteller in jedem Fall die Summe aus Herstellkosten und Schadensvorsorge minimieren, so daß es für ihn so lange lohnend ist, seine Qualität zu verbessern, bis die Qualitätskosten die Produkthaftpflichtversicherungsaufwendungen übersteigen[34].

Differenzierte Rechtsfolgen bedeuten andererseits keinen Rationalisierungserfolg für die Rechtsanwendung, wenn ein Geschädigter versuchen muß, weitergehende Ansprüche über die deliktische Haftung durchzusetzen. Nicht nur, daß die Problematik der Verschuldensfeststellung in aller Schärfe wieder in Erscheinung tritt, der Nutzen eines aufwendigen Versicherungsmodells muß um so fragwürdiger bleiben, je weniger Einsparungen an Prozeß- und Verwaltungskosten erreicht werden können. Wer aber unter dem Gesichtspunkt der Prozeßökonomie vorschlägt, den Geschädigten vor die unwiderrufliche Wahl zu stellen, „ob er sich mit einer betragsmäßig limitierten Erfolgshaftung begnügen oder das Risiko auf sich nehmen will, daß die herkömmliche Verschuldenshaftung nicht durchzusetzen ist“[35], beweist wenig Verständnis für den geschädigten Verbraucher. Um die im Rahmen der Produzentenhaftung und ihrem Präventivzweck sinnwidrige Alternative vom Spatzen in der Hand und der Taube auf dem Dach zu beseitigen, ist auch der

---

[33] So allerdings *Simitis*, Gutachten, 85: „... dem Produzenten muß es daran gelegen sein, die Haftungserleichterungen für sich in Anspruch zu nehmen. Das kann er aber nur erreichen, wenn kein Vorwurf gegen die Unternehmensorganisation erhoben werden kann.“

[34] Vgl. auch *Deutsch*, JZ 68, 724; derselbe, JZ 71, 248, *Rehbinder*, JuS 69, 213.

[35] *Dunz / Kraus*, 139.

Ersatz des immateriellen Schadens in die Kausalhaftung des Herstellers einzubeziehen[36]. Dem Schmerzensgeldanspruch für Gesundheitsschäden und Körperverletzungen kommt für die Produzentenhaftung nicht die Funktion der Genugtuung, sondern der Kompensation des intangiblen Individualleides zu[37]. Für eine Gesellschaft, die den Produktschaden nicht zum Objekt eines inhumanen Kalküls geraten lassen will, ist es unverzichtbar, den immateriellen Schaden in die Wirtschaftsrechnung und Qualitätspolitik des Herstellers als Schadenskostenterm eingehen zu lassen[38]. Dabei ist freilich nicht zu übersehen, daß vom Schmerzensgeld in seiner heutigen Bemessung in Deutschland keine starken korrektiven Impulse ausgehen können, weil „deutsche Gerichte materielle Entschädigungen für menschliches Leid und Elend nicht hoch, sondern vielfach beschämend niedrig bemessen“[39]. Andererseits darf das Schmerzensgeld durch exzessive Größenordnungen auch keinen Strafcharakter annehmen, dessen prohibitive Wirkung genauso unangebracht wäre. Ist zwar die Haftung des Produzenten somit unter Ausschluß der Vermögensschäden und unter Einschluß des immateriellen Schadens sinnvoll und nach oben unlimitiert zu gestalten, sollte doch aus prozeß- und verwaltungsökonomischen Gründen die Einstandspflicht des Produzenten erst ab einer bestimmten Schadenshöhe einsetzen[40]. Bei der Definition eines nicht ersatzfähigen Bagatellschadens steht man zwar vor der Schwierigkeit, die subjektiven Vermögensumstände des Geschädigten berücksichtigen zu müssen. Im Sinne einer einfachen Abgrenzung ist aber an eine Anknüpfung der Bagatellschadensgrenze an das durchschnittliche Monatseinkommen einer Haushaltung zu denken, wobei ein der Selbsttragung zumutbarer Wert bei 0,5 - 1 % liegen dürfte. Letztlich werden auch Teile der unerheblichen Schädigung durch

---

36 Anders allerdings *Diederichsen*, Haftung, 388.

37 So auch *Pfretzschner*, Gefährdungshaftung, in: Gerechtigkeit in der Industriegesellschaft, 107 ff., hier 112 f.; ebenso der Referentenentwurf zum Schadensersatzrecht, II, 157 f., 209. Vgl. allgemein zur Funktion des Schmerzengeldes auch *Larenz*, I, § 28, III, 333 ff.; *Henke*, H. E., Die Schmerzensgeldtabelle, München 1969, 3 ff.

38 So lange das Schmerzensgeld nur einen angemessenen Ausgleich des intangiblen Schadens beinhaltet, erfüllt es auch nicht jene fragwürdige Pönalisierungs- bzw. Genugtuungsfunktion, gegen die z. B. *Honsell*, H., Die Funktion des Schmerzensgeldes, VersR 74, 205 entschieden Stellung nimmt.

39 *Gelhaar*, W., Die Bemessung des Schmerzensgeldes, BB 66, 1317. Vgl. auch *Teplitzky*, O., Die unzureichende Schmerzensgeldbemessung, NJW 66, 388 ff. Anschaulich das Beispiel eines Produktschadensfalls: der bei der Reparatur einer Kühlmaschine infolge eines Konstruktionsfehlers total erblindete Monteur erhielt z. B. zehn Jahre nach dem Unfall im Jahre 1950 ein Schmerzensgeld von DM 18 000,— zugesprochen; vgl. BGH VersR 60, 1095 (Kühlmaschine).

40 So auch *Diederichsen*, Haftung, 374, 388 f.; Referentenentwurf zum ArznMG. § 74, Abs. 2, 1 = Pharm. Ind. 36, Nr. 36, Nr. 6 (1974), 422; Stellungnahme des Bundesverbands der Pharmazeutischen Industrie, 6.

private Vorsorgemaßnahmen bzw. Versicherungen zu decken sein, wobei die Nachteile der Sozialisierung bzw. einer vom Verursachungsprinzip abweichenden Zurechnung durch verwaltungstechnische Einsparungen ausgeglichen werden dürften.

73 Die Dauer der Haftung

Produkte haben eine typische Lebensdauer, während der der Konsument mit einwandfreier Funktion bzw. mit gefahrloser Nutzung rechnen darf. Entsprechend kann der Hersteller nicht zeitlich unbegrenzt für Folgeschäden einstehen. Wann das Produktrisiko vom Hersteller auf den Konsumenten übergeht, ist keineswegs problemlos festzustellen. Bei Verbrauchsgütern ist die Abgrenzung noch relativ einfach. Läßt man Schadensursachen durch Fehlverhalten Dritter wie unsachgemäße Lagerung des Produkts oder Beschädigung während des Transports außer acht, reicht die Haftung des Herstellers bis zum typischen und/oder ausgezeichneten[41] Mindesthaltbarkeitstermin. Im Falle eines Schadenseintritts lassen sich i. d. R. insofern leicht die Schadensursachen isolieren und die Haftungsdauer bestimmen, als Verbrauch im Hinblick auf die Nutzungszeit punktuellen Charakter hat[42] und der Geschädigte eine mehr passive Rolle spielt. Anders stellt sich das Problem bei Gebrauchsgütern, vor allem solchen, die während der bzw. durch die Benutzung dem Verschleiß ausgesetzt sind, dar. Ob Fehler auftreten und wie sich Fehlerfolgen auswirken, ist hier abhängig von einer Vielzahl von Einflußgrößen. Zum einen ist die Zuverlässigkeit des Produkts bzw. seiner Bauteile regelmäßig eine Funktion des Produktalters[43] sowie der Art der Bedienung, der Wartung und Instandhaltung durch den Konsumenten und/oder Dritte. Zum anderen bestimmen wiederum die konstruktiven Merkmale des Produkts die Möglichkeiten der Fehlerdiagnose und die Wartungsfreundlichkeit bzw. die Wartungserfordernisse. Entsprechend kann den Hersteller auch nicht jedes aktive Dazwischentreten Dritter wie z. B. einer Reparaturwerk-

---

41 Die Auszeichnung von Mindesthaltbarkeitsdaten ist bereits bei vielen Waren des täglichen Bedarfs vorzufinden. Für tierische Lebensmittel aller Art ist z. B. die unverschlüsselte Angabe des Herstellungs-, Abgabe- oder Abfülldatums bzw. der Mindesthaltbarkeitsdauer nach der Lebensmittel-Kennzeichnungsverordnung vom 8. 5. 1935 (RGBl. I, 590) in der Neufassung vom 25. 2. 1972 (BGBl. I, 85) vorgeschrieben.

42 Eine Ausnahme stellen hier allerdings Spätschäden dar, die erst durch einen über längere Zeit erfolgten Verbrauch kumulativ schädlich wirkender Stoffe ausgelöst werden. Die Schadenszurechnung ist aber in diesen Fällen eher ein Problem der Kausalität als eine Frage der Haftungsdauer.

43 Bei Personenkraftwagen ist z. B. folgende Zuverlässigkeitscharakteristik bekannt: nach einer Einlaufphase mit relativ hohen Ausfallraten bis ca. 10 000 km fällt die Fehler- bzw. Ausfallrate der Bauteile ab, um nach ca. 100 000 km wieder kräftig anzusteigen.

statt oder eines behandelnden Arztes, selbst wenn es sich als fehlerhaft herausstellt, entlasten[44]. Wenn Konstruktion oder Instruktion an den Produktanwender bzw. das Wartungspersonal übermäßige Anforderungen stellen, oder die zur ordnungsgemäßen Wartung erforderlichen Hilfsmittel nicht vom Hersteller zur Verfügung gestellt werden[45], muß sich der Hersteller auch nach dem Inverkehrbringen des Produkts die Folgen der schädlichen Handlungen Dritter zurechnen lassen[46]. Allerdings verwischt die Interaktion von Hersteller, Konsument und Dritten den Ursachenzusammenhang um so mehr, je länger ein Produkt in Gebrauch ist[47]. Diese Unschärfe darf prinzipiell nicht zu Lasten des Herstellers gehen, soll nicht der Hersteller sachlich ungerechtfertigten Forderungen ausgesetzt werden, was allerdings durch eine zweckmäßige Beweislastverteilung vermieden werden kann[48]. Ein grundsätzliches Problem bleibt daher in der zeitlichen Erstreckung der Haftung vom Zeitpunkt der Auslieferung der Ware an bestehen. Daß der Hersteller nicht für Schäden einzustehen hat, die aus der Überalterung des Produkts bzw. dem normalen Verschleiß resultieren, ist einsichtig, käme eine derart weitreichende Haftung doch einer unbegrenzten Garantie gleich[49]. Wann aber ist ein Produkt überaltert? Die Wunschvorstellungen des Konsumenten zur Lebensdauer bzw. zum Zeitraum gefahrloser Nutzung und die Produktpolitik des Herstellers werden zwangsläufig keineswegs kongruent sein, wenn es der Herstellerseite nicht mit den Methoden der künstlichen Obsoleszenz gelingt, die divergierenden Vorstellungen auf eine ihr genehme, kurze Periode zu synchronisieren. Indem Wiederbeschaffungsbedarf Nachfrage ist, tendiert der Hersteller zu möglichst kurzen Produktzyklen. Solange diese Zielsetzung allein mit kurzfristigen Modelländerungen, d. h. dem raschen Wechsel der modischen bzw. ästhetischen Erscheinungsformen, verfolgt wird und lediglich auf die Verminderung des Geltungsnutzens eines Produkts abzielt, ist sie, wenn auch nicht unbedingt unter dem Gesichtspunkt der optimalen Verwendung der Ressourcen, so doch im Hinblick auf die Produktsicherheit unbedenklich.

---

[44] Anders *Gilliard*, ZSR 86, II (1967), 302, der diese Problematik unzulässig simplifiziert, wenn er schreibt: „Le producteur n'est toutefois pas responsable des vices dus à une stade ulterieur de la fabrication ou de la construction.“

[45] Vgl. BGH JZ 71, 29 (Bremse).

[46] So auch BGH NJW 72, 2217 (ESTIL).

[47] Selten dürfte der Sachverhalt so eindeutig wie im Kühlmaschinenfall sein, wo 15 Jahre nach der Konstruktion und drei Jahre nach der ersten Inbetriebnahme das Zerspringen eines Schauglases dem Hersteller zweifelsfrei als Konstruktionsfehler zur Last gelegt werden konnte. Vgl. BGH VersR 60, 1095.

[48] Siehe unten, 153 ff.

[49] Vgl. *Diederichsen*, Haftung, 394 ff.

Anders nimmt sich dagegen eine Produktpolitik aus, die das Versagen primärer Funktionen des Produkts in möglichst kurzer Zeit einplant[50]. Zwar ist gegen das Prinzip, die Lebensdauer einzelner Aggregate eines komplexen Produkts aufeinander, d. h. auf die gemeinsame voraussichtliche Produktnutzungszeit abzustimmen, nichts einzuwenden, gibt es doch für die Lebensdauer und die Zuverlässigkeit eines Produkts als Qualitätsmerkmale technisch und ökonomisch sinnvolle Grenzen. Auch werden die Sicherheitsfunktionen eines Produkts nicht vorzugsweise der Ansatzpunkt einer Obsoleszenzplanung sein, die den Konsumenten zur Wiederbeschaffung anregen soll: im Schadensfall dürfte die Frustration des Verbrauchers gegenüber der betreffenden Marke zu nachhaltig sein[51].

Die Gefahr ist aber nicht zu übersehen, daß Produktschäden aus einer unterschiedlichen Einschätzung der gefahrlosen Nutzungsdauer oder auch des unschädlichen Langzeitverbrauchs von Seiten des Herstellers und des Konsumenten resultieren. Insofern muß es dem Hersteller von langlebigen Gebrauchsgütern oder Produkten, bei denen wie z. B. bei Pharmazeutika durch längerwährenden Verbrauch Gefahren entstehen können, freigestellt bleiben, die Nutzungsdauer des Produkts auszuweisen, die nach seiner Qualitätsplanung und Qualitätskenntnis ausreichend gefahrlos erscheint und während der er für Produktschäden einzutreten bereit ist. Diese Einstandspflicht kann sich natürlich nur auf den Sicherheitsstandard beziehen, der im Zeitpunkt des Inverkehrbringens des Produkts Geltung hatte. Die Zeitdauer, für die sich die Hersteller zu Garantieleistungen bereitfinden, stellt, selbst wenn die Herstellererklärung nicht den häufig anzutreffenden Haftungsausschlußcharakter aufweist, keinen Anhalt dafür dar, ab wann das Produktrisiko allein vom Konsumenten zu tragen wäre, weil er ein veraltetes Produkt in Gebrauch hat. Die heute üblicherweise eingeräumten Garantiezeiten betragen je nach Produkt zwischen 3 Monaten und 2 Jahren oder sind noch an andere abnutzungsproportionale Größen geknüpft[52]. Sie belaufen sich damit regelmäßig nur auf Bruchteile der tatsächlichen Produktnutzungszeit. Darüber hinaus ist der Erklä-

---

50 Im Gegensatz zur durch Modeänderung bewirkten psychologischen Obsoleszenz kann man hier von qualitativer Obsoleszenz sprechen. Vgl. *Packard*, V., Die große Verschwendung (The waste makers), Berlin/Darmstadt/Wien 1962, 70 ff. Die Existenz dieses Phänomens wird allerdings verschiedentlich schlichtweg bestritten. Vgl. *von Brunn*, J. H., Zur Frage der sogenannten „geplanten Obsoleszenz“, WuW 72, 615 ff.

51 So auch *Schmidt*, I., Obsoleszenz und Mißbrauch wirtschaftlicher Macht, WuW 71, 868 ff., insbes. 870.

52 z. B. werden im Kraftfahrzeughandel typisch auf ein halbes bzw. ein Jahr befristete oder auf 10 000 bzw. 20 000 km Laufleistung des Fahrzeugs begrenzte Sachgarantien gewährt.

rungsinhalt der Garantie ohnehin nicht auf die Absicherung der Konsumenten gegen die Folgen des Verschleißes gerichtet, sondern drückt im Grunde nur die Herstellerverpflichtung aus, die Qualitätsendkontrolle durch den Kunden während der Garantiezeit zu honorieren[53].

In einigen seltenen Fällen mag die Haftpflicht des Herstellers sogar über die bezeichnete oder typische Produktlebensdauer hinausreichen, nämlich dann, wenn gerade die Vernichtung bzw. Beseitigung des verschlissenen Produkts Gefahren aufwirft, die bei der Konstruktion hätten bedacht und vermieden werden müssen. Die hier an den Hersteller anzulegenden Maßstäbe dürfen allerdings nicht zu streng sein. Mag z. B. die verschiedentlich vorgebrachte Forderung, daß Haushaltskühlschränke von innen zu öffnen sein müssen, reichlich abwegig, aber noch vertretbar sein, weil immer wieder Kinder beim Versteckspiel in ausrangierten Kühlschränken ersticken, darf sinnvoll wohl nicht erwartet werden, daß Kraftfahrzeuge so konstruiert sind, daß die Autowracks keine scharfen Kanten aufweisen, an denen sich spielende Kinder verletzen können, daß Fernsehröhren nicht implodieren dürfen, wenn man sie auf der Müllhalde mit Steinen traktiert, oder daß bestimmte Werkstoffe, die nicht für den Hausbrand vorgesehen sind, beim Verbrennen keine giftigen Dämpfe entstehen lassen.

74 Verjährung

Wird die regelmäßige gesetzliche Verjährungsfrist von 30 Jahren[54] vielfach schon als zu lang empfunden, ist sie für die Produkthaftpflicht jedenfalls unangemessen[55]. Allerdings widersetzt sich der Produktschadensersatzanspruch einer einheitlichen gesetzlichen Verkürzung, wie sie bei den Gefährdungshaftungstatbeständen anzutreffen ist[56], indem die normale Produktlebensdauer als sinnvolle Haftungsterminierung für die einzelnen Produkte in der unterschiedlichsten Größenordnung von Tagen bis Jahren liegen kann. Soweit der Hersteller Angaben über den Zeitraum seiner Haftungsbereitschaft gemacht hat oder von einer typischen Lebensdauer des Produkts ausgegangen werden kann, wird man auf diese Zeitschranken abstellen können und

---

[53] Die Qualitätssicherung kennt durchaus das Instrument der bewußten oder unbewußten Produkterprobung durch den Verbraucher. Vgl. *Spur*, G., Qualitätssicherung in der Erprobungsphase, Vortrag anläßlich der ASQ-Tagung 70 in München vom 21. - 23. 10.

[54] Vgl. statt aller *Palandt / Danckelmann*, § 195; insbesondere zur Verjährung bei Deliktstatbeständen vgl. *Palandt / Thomas*, § 852.

[55] So auch *Diederichsen*, Haftung, 397.

[56] Vgl. z. B. die verkürzte zweijährige Verjährung des § 8 HaftpflG; § 14 StVG; § 32 AtomG.

müssen, bedeuten sie doch, daß der und nur der innerhalb dieser Zeit entstandene Produktschaden dem Hersteller zugerechnet werden darf. Wo andererseits eine derartige produktindividuelle Haftungsdauer nicht zu bestimmen ist, empfiehlt es sich, die Haftung auf zehn Jahre vom Zeitpunkt des Inverkehrbringens des Produkts an zu begrenzen, wie z. B. auch der Referentenentwurf zur Reform des Arzneimittelrechts[57] vorsah bzw. der Sachverständigen-Ausschuß[58] für die Produzentenhaftung im Europarat vorschlägt und wie es angesichts der üblichen Lebensdauer von Konsumgütern angemessen erscheint[59].

Unabhängig von einer absoluten 10jährigen Verjährungsfrist ist eine spezielle Frist vorzusehen, innerhalb derer der Geschädigte nach Eintritt bzw. Kenntnis des Schadens seinen Anspruch geltend machen muß. Der Regierungsentwurf zum Arzneimittelrecht und der Sachverständigenausschuß votieren hier für eine Dreijahresfrist. Ein dem Geschädigten hieraus entstandener Rechtsnachteil dürfte vermeintlich sein, muß doch der Geschädigte daran interessiert sein, nicht durch das Verstreichenlassen längerer Zeit zwischen Schadensereignis und Geltendmachen des Schadens in Beweisnot zu kommen. Andererseits stellt sich die Frage, ob der Geschädigte nicht die Pflicht haben sollte, den Schaden unverzüglich, spätestens jedoch ein halbes Jahr nach dem Eintritt des Schadens anzuzeigen, mit der Rechtsfolge, bei einem Verstoß gegen diese Pflicht des Ersatzanspruchs verlustig zu gehen. Schließlich wird dem Hersteller an der schnellen Rückmeldung von schädlichen Wirkungen seiner Produkte sehr gelegen sein, weil sie die Voraussetzung für eine intensive Schadensursachenforschung und für das rechtzeitige Ergreifen präventiver Vorkehrungen durch warnende Hinweise an die Bevölkerung, Rückrufaktionen oder entsprechende Maßnahmen in der Herstellung darstellt. Die Pflicht zur kurzfristigen Anzeige des Produktschadens durch den Geschädigten entspringt aus seiner Verantwortlichkeit gegenüber der Allgemeinheit der in gleicher Weise gefährdeten Mitkonsumenten des schädlichen Produkts. In Anlehnung an den Rechtsgedanken der Verwirkung empfiehlt es sich daher, innerhalb der produktspezifischen Haftungsdauer dem Geschädigten nur eine halbjährige Frist für eine wirksame Geltendmachung seiner Ansprüche zuzubilligen.

---

57 Vgl. Referentenentwurf vom 20. 5. 1974, § 74, II, Satz 3. Anders freilich der Regierungsentwurf zur Reform des Arzneimittelrechts, der die Verjährung analog den Deliktsvorschriften (§ 852 BGB) regeln will. Vgl. § 81 des Regierungsentwurfs vom 17. 7. 1974.

58 Vgl. Art. 6 des 2. Vorentwurfs zur europäischen Vereinheitlichung des materiellen Rechts der Produzentenhaftung vom 21. 1. 1974.

59 Vgl. aber auch die kurzen Verjährungsfristen im Schweizerischen Recht: OR 60; ZG 80, I; VG 20; SVG 83.

75 Beweislast

Die Kausalhaftung des Warenherstellers kann, anders als die „Durchgangslösung“ der Beweislastumkehr zuungunsten des Herstellers definitiv alle Beweisprobleme[60] beseitigen, die mit der Kausalität des Herstellvorgangs für den Produktfehler und mit der Vorwerfbarkeit des Herstellerverhaltens innerhalb der bestehenden Regelung zusammenhängen. Sie kann allerdings nicht die Probleme beseitigen, die in der Frage nach der Kausalität der Produkteigenschaften bzw. eines Produktfehlers für den beim Konsumenten eingetretenen Schaden liegen. Schließlich muß nach ständiger Rechtsprechung[61] der Geschädigte jedenfalls beweisen, daß das Produkt fehlerhaft war, der Produktfehler in den Verantwortungsbereich des Herstellers fällt und für den entstandenen Schaden ursächlich war, was gleichzeitig den Beweis impliziert, daß kein unsachgemäßer Gebrauch des Produkts vorlag[62]. Ob die Beweisanforderungen an den Geschädigten in dieser Form unverzichtbar sind, weil sich andernfalls „die Produzentenhaftung ... in eine allzu offenkundige Aufforderung verwandeln würde, den Versuch zu unternehmen, jedes mit dem Gebrauch der Ware verbundene Risiko auf den Hersteller abzuwälzen“[63], muß beweifelt werden. Vielmehr muß es ausreichen, wenn der Geschädigte den Nachweis erbringt, daß er anläßlich des Umgangs bzw. des Ge- oder Verbrauchs des Produkts einen Schaden erlitten hat, ohne daß ein Mißbrauch des Produkts vorlag, d. h. daß der Schaden ursächlich durch das Produkt und nicht durch ein schuldhaftes Verhalten des Geschädigten selbst oder dritter Personen, die nach dem Erwerb des Produkts mit diesem in Berührung gekommen sind, entstanden ist[64].

Selbst diese Minimalforderung der Beweispflicht wird der Geschädigte bei einem berechtigten Anspruch nicht immer erfüllen können. Zu leicht wird die schadensstiftende Ware beim Verbrauch vernichtet[65], Beweismittel kommen abhanden[66] oder das Produkt wird bei Eintritt

---

[60] Zu den Beweisanforderungen und Beweisproblemen bei der Produzentenhaftung nach geltendem Recht vgl. vor allem *Lorenz*, AcP 170, 367 ff.; *Kuchinke*, Risiken, 113 ff.; *Weitnauer*, H., Beweisfragen in der Produzentenhaftung, in: Festschrift für Larenz, München 1973, 905 ff.

[61] Vgl. z. B. nur BGHZ 51, 91 (Hühnerpest), insbes. 102: „Nicht in Frage steht, daß auch bei der Produzentenhaftung der Geschädigte nachzuweisen hat, daß der Schaden durch einen Fehler des Produkts verursacht ist“; ebenso BGH JZ 71, 29 (Bremse).

[62] Vgl. *Diederichsen*, Haftung, 398 f.; *Weitnauer*, Beweisfragen, 911 f.

[63] *Simitis*, Gutachten, 92.

[64] So auch *Loewenheim*, U., Probleme der Produktenhaftung, NJW 69, 1754 ff., insbes. 1756; kritisch hierzu *Lorenz*, AcP 170, 381 f.

[65] *Dunz* spricht richtig von einer unter Umständen „hoffnungslosen“ Beweislage bei Lebensmittelvergiftungen; vgl. *Dunz / Kraus*, 113 f.

[66] Vgl. z. B. BGH VersR 61, 153 (Flaschenbier); BGH JZ 71, 29 (Bremse).

des Schadens derart beschädigt, als daß eine zuverlässige Schadensursachenforschung immer möglich sein wird, zumal das Zusammenwirken der Faktoren Mensch, Produkt und Umwelt nicht hinreichend auseinanderdividiert werden kann[67]. Welche Beweismöglichkeit hat der Fahrer eines Kraftfahrzeugs, mit dem er auf einer nächtlich menschenleeren Straße verunglückt und das völlig zertrümmert keinerlei gesicherten Anhaltspunkt für einen Fehler am Fahrzeug mehr herzugeben vermag? Der Fahrer wird oftmals eben nur behaupten können, daß z. B. „irgendetwas mit der Lenkung schiefging"[68]. Der Anscheinsbeweis[69] mag hier die Beweisnot des Geschädigten lindern. Generell verspricht er allerdings auch keine Abhilfe, greift er doch nur bei typischen Geschehensabläufen. Nun ist aber weder der Produktschaden die typische Konsequenz einer Produktnutzung, noch ist die typische Schadens- und Unfallursache ein Produktfehler. Vielmehr wird man davon ausgehen müssen, daß in der Tat die Mehrzahl der Schadensursachen im Fehlverhalten der Geschädigten zu suchen sein wird. So wird auch der Anscheinsbeweis dem Geschädigten nicht immer zum Erfolg verhelfen können. Indem man dem Geschädigten den Kausalitätsnachweis der Produktnutzung für den Schaden nicht ersparen kann, werden nach wie vor eine Reihe von Produktschäden den Konsumenten treffen, ohne daß er dafür Ausgleich zu erlangen vermag. Das ist letztlich der Preis dafür, daß nicht eine Flut von unberechtigten Schadensersatzklagen über die Unternehmungen hereinbricht und die Folgen des Leichtsinns und der Fahrlässigkeit einiger Konsumenten auf die gesamte Verbraucherschaft überwälzt werden. Übertrieben erscheint es dagegen, dem Geschädigten die Benennung und den Nachweis des konkreten Produktfehlers abzuverlangen und ihm die Beweislast dafür aufzubürden, daß der Schaden aus dem Organisationsbereich des Herstellers herrührt. Wenn man einerseits dem Konsumenten die Unfähigkeit zugesteht, die komplexe Qualität von Produkten hinreichend abschätzen zu können, kann man ihm andererseits schlecht eine exakte Fehlerdiagnose zur Auflage machen bzw. ihm das Beweisrisiko für die Fehlerhaftigkeit des Produkts zuteilen. Wer vor Zeugen eine Flasche

---

[67] Die Übertragung ansteckender Krankheiten wirft ähnliche Beweisprobleme auf. Vgl. z. B. BGH VersR 59, 522 (infizierte Milch); OLG München, VersR 62, 1114 (Typhus).

[68] Vgl. *Lorenz,* AcP 170, 384 mit Hinweis auf *Henningsen v. Bloomfield Motors Inc.,* 32 N. J. 358, 161 A, 2d. 69 (1960); vgl. aber auch LG Limburg NJW 69, 1574 (Empfängnisverhütungsmittel) sowie den diesbezüglichen Beitrag von *Loewenheim,* NJW 69, 1754, der hier richtig auf die Beweisprobleme hinweist, wenn der Schaden im engeren Lebensbereich des Konsumenten eintritt.

[69] Zum Anscheinsbeweis vgl. statt aller *Prölss,* J., Beweiserleichterungen im Schadensersatzprozeß, Karlsruhe 1966, 5 ff.; *Baumbach / Lauterbach,* Zivilprozeßordnung, Anm. 3 im Anh. § 282.

Wein öffnet, sie austrinkt und anschließend mit Vergiftungserscheinungen ins Krankenhaus eingeliefert werden muß, verdient den vollen Schutz des Rechts, auch ohne daß ihm der Nachweis von Art und Menge eines schädlichen Wirkstoffs in dem Flascheninhalt gelingen muß.

Im Rahmen des bestimmungsgemäßen Gebrauchs indiziert der eingetretene Schaden die Fehlerhaftigkeit des Produkts. Gleichermaßen ist dem Geschädigten nicht zuzumuten, die Vertriebs- und Zulieferkette Glied für Glied aufzurollen und den Bereich zu lokalisieren, in dem die Fehlerursache zu finden ist. Bis zu dem Punkt in der Absatzkette, an dem das Produkt in die Hände des Konsumenten gelangt, trifft den Hersteller das Risiko der Eingrenzung der schadensstiftenden Aktivität. Schließlich ist er näher daran, den Absatzweg des Produkts zu verfolgen und Produktfehler durch Lagerung oder Transport außerhalb seines Organisationsbereichs zu analysieren bzw. durch Gestaltung, Verpackung und Instruktion derartigen Gefahren vorzubeugen.

76 Anspruchsadresse

Der Anspruch des Geschädigten auf Ersatz des Produktschadens richtet sich gegen den Produzenten, der das Produkt in den Verkehr gebracht hat. Dabei ist es gleichgültig, ob der Produzent das Produkt aus Grundstoffen ohne veredelnde Tätigkeit Dritter herstellt, ob er es aus Zulieferteilen und eigenerstellten Teilen erstellt, oder ob er nur die Funktion des „Assemblers" ausübt, der nur Fremdteile endmontiert. Ebenso ist das Handels- bzw. Versandhaus, das gänzlich fremderstellte Fertigprodukte unter seiner Handelsmarke vertreibt, im haftungsrechtlichen Sinn als Produzent anzusehen. Wer wie ein Hersteller auftritt, muß sich wie ein Hersteller behandeln lassen. Darüber hinaus nehmen gerade große Versandhäuser, ohne selbst Erzeuger zu sein, Einfluß auf die Qualität bzw. Qualitätspolitik ihrer Lieferanten[70] und sind so als der eigentliche Träger der Qualitätsentscheidung anzusehen. Bei dem Import ausländischer Waren ist der Importeur die Anspruchsadresse des Geschädigten. Der Importeur tritt zwar i. d. R. weder als Produzent auf, noch bestimmt er die vom Hersteller eingeschlagene Qualitätspolitik. Angesichts der Probleme unterschiedlicher Haftungsregelungen im Ausland und der Schwierigkeiten, die sich für den Geschädigten bei dem Versuch, seine Ansprüche gegen den ausländischen Hersteller geltend zu machen, ergeben können[71], erscheint es nicht zuletzt unter

---

[70] Vgl. hierzu nur die Qualitätspolitik des Großversandhauses QUELLE, Fürth: FAZ — Blick durch die Wirtschaft vom 22. 8. 1968 „Die Qualität entscheidet"; DER VOLKSWIRT 34/1968 „Produktenkontrolle beim Erzeuger"; INDUSTRIEKURIER vom 26. 7. 1968 „Keine Lücke mehr für Mängel"; VERBRAUCHER RUNDSCHAU 9/1968 „Neue Wege der Qualitätssicherung".

[71] Siehe hierzu *Schmidt-Salzer*, Produkthaftung, 269 ff.

dem Gesichtspunkt der Wettbewerbsgleichheit sinnvoll, dem Importeur die Haftpflicht aufzuerlegen[72].

Absatzweg und Absatzmethode sind für die Haftungsfrage unerheblich[73], haben sie doch mit dem Haftungsgrund der Qualitätsprävention und der Schadenslastendistribution unter die Verbraucherschaft nichts zu tun. Ihre Wahl wird ausschließlich durch betriebswirtschaftliche, d. h. absatzpolitische Erwägungen bestimmt[74]. Eine primäre Kanalisation der Ansprüche auf dasjenige Unternehmen, das das Produkt zur Marktreife gebracht hat, bzw. auf den Importeur ausländischer Waren empfiehlt sich einmal schon deshalb, um dem Geschädigten das möglicherweise schwierige bzw. erfolglose Suchen des richtigen Anspruchsgegners unter den unter Umständen zahlreichen Zulieferern zu ersparen, zum anderen um zu gewährleisten, daß das tatsächliche und umfassende Risiko des *Endprodukts* versichert und ausgewiesen wird. Eine adäquate Kalkulation des Produktrisikos kann nur von dem letzten Hersteller in der Kette arbeitsteiliger Produktion vorgenommen werden, dem auch die spezifischen Gefahren aus dem Ge- bzw. Verbrauch des Produkts bekannt sein können[75]. Schließlich ist das Produktrisiko einer konsumreifen Ware nicht die triviale Summe der Einzelrisiken der Bauteile. Dem Zulieferer von Halbfabrikaten bzw. Einzelteilen wie z. B. Schrauben ist es weder möglich noch zuzumuten, sich stets über die Verwendung seiner Produkte zu informieren, um entsprechend für die aus der unterschiedlichen Anwendung resultierenden Risiken Vorsorge zu treffen. Die Konstruktion einer gesamtschuldnerischen Haftung, die den Zulieferer unvermittelt mit unvorhersehbaren Schadensersatzansprüchen eines Geschädigten konfrontieren kann, widerspräche der Ratio eines Modells, das auf dem Gedanken adäquater Überwälzung basiert. So muß der Hersteller oder Vertreiber des Endprodukts das Produktrisiko auch in Anbetracht der möglichen Fehlleistungen seiner Zulieferer kalkulieren, wobei es ihm freisteht, seine Zulieferanten ver-

---

72 Damit können eine Reihe, wenn auch nicht sämtliche Probleme grenzüberschreitender Produktschäden gelöst werden. Endgültig kann nur eine verbindliche Festlegung des lex loci delicti bzw. eine einheitliche Regelung der Produkthaftpflicht Abhilfe schaffen. Vgl. auch *Lorenz*, W., Das Internationale Privatrecht der Produktenhaftpflicht, in: Rechtswissenschaft und Gesetzgebung, Festschrift für Wahl, Heidelberg 1973, 185 ff.

73 So auch *Simitis*, Grundfragen, 48 f.; *Diederichsen*, Haftung, 281.

74 Vgl. *Diederichsen*, Haftung, 273 ff. Vgl. aber auch die Überlegungen zur Wahl des Absatzweges in der betriebswirtschaftlichen Literatur z. B. bei *Mann*, G., Die Wahl des inländischen Absatzwegs in der Verbrauchsgüterindustrie, Diss. Mannheim 1959; *Weinhold-Stünzi*, H., Grundlagen wirtschaftlicher Absatzführung, Bern 1964, 102 ff.; *Kotler*, P., Marketing Management, Englewood Cliffs 1967, 368 ff.; *Dörink*, K., Zur Theorie der Strukturierung einer optimalen Absatzorganisation, Diss. München 1970; *Lazer*, W., Marketing Management, New York/London/Sydney/Toronto 1971, 300 ff.; *Böcker*, F., Der Distributionsweg einer Unternehmung, Berlin 1972.

75 Vgl. *Schmidt-Salzer*, Produkthaftung, 305 f.

traglich an seiner Haftung zu beteiligen, sei es durch Fortwälzung der Prämien in der Durchsetzung ermäßigter Einkaufspreise, sei es durch eine Schadensersatzregelung im Falle eines Produktschadens.

Wie hoch ein Zulieferer am Risiko des Endprodukts beteiligt wird, wird vielfach von der Gefahrenquelle abhängen, die das Zulieferteil im Rahmen seiner Funktion als Teil des ganzen Produkts schafft. Allerdings können sicher auch sachfremde Einflüsse wie die relative Marktmacht von Lieferanten und Abnehmern bei der Aufteilung der Risikolasten eine Rolle spielen. Monopolisten und Monopsisten werden erfahrungsgemäß dem jeweiligen Vertragspartner Risikolasten aufzubürden versuchen, die dem tatsächlichen Produktteilrisiko nicht angemessen sind. Derartige Folgen von Marktungleichgewichten sind aber kein spezifisches Problem der Produzentenhaftung. Es kann auch nicht erwartet werden, daß ein Haftungsmodell hier ideale Zustände zu schaffen vermag. Hier muß die Mißbrauchsaufsicht des Kartellgesetzes gegebenenfalls korrigierend eingreifen.

Die Haftung des Produzenten darf nicht schon deshalb ausgeschlossen sein, weil der Geschädigte auf Grund gesetzlicher Bestimmungen Ersatz von jemand anderem zu erlangen vermag. In der privaten Eigenvorsorge oder der gesetzlichen Zwangsvorsorge lag und liegt gerade die Gefahr, daß Produktschäden unmerklich, weil vollkommen sozialisiert werden, indem die Umlage nicht auf den Hersteller und die spezifische Verbraucherschaft beschränkt bleibt[76]. So würde der Präventivzweck einer Haftungsregelung vollkommen verfehlt, wenn z. B. im Falle eines Verkehrsunfalls der geschädigte Passant seine Ansprüche gegen den Halter des beteiligten Fahrzeugs bzw. dessen Versicherer richtet und Schadensersatz erlangt, ohne daß anschließend die Versicherung des Halters beim Hersteller des fehlerhaften Fahrzeugs Regreß nehmen kann[77]. Die vorzunehmende Entlastung der Kraftfahrzeugversicherung

[76] Vgl. statt vieler Beispiele nur den Fall eines Arbeitsunfalls durch die Gelenkwelle einer Melkmaschine, bei dem die Frage einer Herstellerhaftung überhaupt nicht angeschnitten wurde (OLG Oldenburg, VersR 67, 951), und den Förderanlagen-Fall (BGH BB 72, 13), wo der Anspruch des Unfallversicherers gegen den Hersteller nicht durchdrang.

[77] Richtig hierzu *Diederichsen,* Haftung, 392, der in diesem Zusammenhang auf einen dem Urteil des OLG Düsseldorf VersR 59, 912 zugrundeliegenden typischen Produktschadenssachverhalt hinweist: ein Motorradfahrer wurde von einer sich ablösenden LKW-Hinterachse verletzt; der Anspruch gegen den Halter des LKW's (§ 7, Abs. II StVG) bzw. dessen Versicherung muß vom Versicherer gegen den Hersteller geltend gemacht werden können, soweit es sich um einen dem Hersteller zurechenbaren Produktfehler handelt. Anders und nicht konsequent der Regierungsentwurf zum Arzneimittelgesetz, § 80, Abs. 3, der keine Leistungen aus dem Entschädigungsfonds für Entwicklungsschäden vorsehen will, wenn der Geschädigte „durch Leistungen eines Schadenversicherers oder eines Sozialversicherungsträgers oder durch Fortzahlung von Dienst- oder Amtsbezügen, Vergütung oder Lohn oder durch Gewährung von Versorgungsbezügen“ Ersatz zu erlangen vermag.

des Fahrzeughalters bedeutet entsprechende Mehrbelastung der Produkthaftpflichtversicherung des Herstellers, mit dem Effekt, daß sich die Prämiensätze zumindest in der Theorie langfristig ideal dem „wahren" Risiko nach dem Verursachungsprinzip anpassen können.

Bei Produkten, deren Herstellung an staatliche Vorschriften gebunden ist bzw. einer staatlichen Erlaubnis[78] bedarf oder deren Vertrieb ohne eine staatliche Zulassung[79] verboten ist, wie es z. B. bei Pharmazeutika, aber auch anderen Konsumgütern[80] der Fall ist, erhebt sich zwangsläufig die Frage nach der Haftung des Beamten oder des Staates[81], wenn trotz behördlicher Aufsicht ein Produktschaden eingetreten ist. Das Problem erscheint allerdings schon vordergründig von geringer praktischer Relevanz, wenn man bedenkt, daß die qualitätspräventiven Maßnahmen des Staates regelmäßig auf die Einhaltung von Mindestqualitätsstandards abzielen, deren Verletzung als Produktschadensursache insoweit atypisch ist, als schon der Markt bzw. der Wettbewerb vielfach höhere Qualität fordert. Gleich welcher Qualitätskategorie aber ein Produktschaden zuzuordnen sein mag, stellt der Staat die falsche Anspruchsadresse dar. Abgesehen davon, daß ihnen die Entscheidungsgrundlagen in Form von Herstellungs- und Risikokosten für die optimale Qualitätspolitik fehlen, haben staatliche Stellen im marktwirtschaftlichen System weder die Möglichkeit, aktiv auf das Qualitätsgeschehen in der Unternehmung einzuwirken, noch können sie mit vertretbarem Aufwand durch fortlaufende Kontrolle auf die permanente Einhaltung der Qualitätsvorgabe achten. Eine Schadensfinanzierung aus allgemeinen Haushaltsmitteln widerspräche zudem dem Postulat einer Beschränkung der Schadensverteilung auf die Risikogemeinschaft von Hersteller und Verbrauchern des entsprechenden Produkts. Der Hersteller und sein Versicherer sind jedenfalls näher am Risiko und als Umlagestelle besser geeignet als der Staat[82]. Mit der Einrichtung von Entschädigungsfonds für bestimmte Entwicklungsgefahren verliert auch das Argument an Durchschlagskraft, daß nur der Staat über ausreichende Mittel verfügt, Katastrophenschäden zu lindern. Eine Haftung des Staates oder des Beamten scheidet damit regelmäßig aus[83]. Damit sind aber auch Überlegungen zur Kompatibilität von Produzentenhaftung und Staatshaftung, die in der Forderung münden, daß eine Gefährdungshaftung des Herstellers eine Gefährdungshaftung

---

78 Vgl. z. B. Regierungsentwurf zum Arzneimittelgesetz, §§ 13 ff.

79 Ebenda, §§ 20 ff.

80 Vgl. z. B. die baupolizeilichen, feuerpolizeilichen und lebensmittelrechtlichen Vorschriften, die StVZO, das Waffengesetz u. a.

81 Gemäß § 839 Abs. 1 BGB, Art. 34 GG. Zum eingeschränkten Tatbestand der Amtspflichtverletzung vgl. statt aller *Larenz* II, § 67 VII, 448 ff.

82 So auch *Rehbinder,* NJW 69, 213.

83 Mit gleichem Ergebnis *Simitis,* Gutachten, 87 f.; *Raisch,* 105.

der behördlichen Aufsichtsstellen nach sich ziehen müßte, irrelevant[84]. Eine seltene Ausnahme könnten höchstens Fälle darstellen, in denen gerade die Durchsetzung produktfehlergenerierender Auflagen zur Produktherstellung von Seiten des Staates gegen den Herstellerwillen die Schadensursache setzt, ein im marktwirtschaftlichen System allerdings unwahrscheinlicher Tatbestand.

[84] Anders die Stellungnahme des Bundesverbands der Pharmazeutischen Industrie, 3.

Achter Abschnitt

Schlußbetrachtung

8 RESÜMEE UND AUSBLICK

Der Umbruch des Haftpflichtrechts ist heute in fast allen westlichen Industriegesellschaften zu beobachten. Ein aus dem materiellen Wohlstand neu gewonnenes Verständnis sozialer Absicherung vor individuellen Verlusten, die mit zulässigen aber gefährlichen Aktivitäten verbunden sind, läßt die traditionellen Normen neu überdenken[1]. Das Opfer akzeptiert den Schaden um so weniger als gottgewollt, je besser die Gefahr beherrschbar und die Risikovorsorge machbar erscheint.

Vom Bild der „Zweispurigkeit des Haftpflichtrechts“[2] ausgehend ist festzustellen, daß die „Überholspur“ der Gefährdungshaftung zunehmend gegenüber der alten Fahrbahn, der Verschuldenshaftung, verbreitert wird. Wer Gewässer verunreinigt, haftet heute schon ebenso wie der Eisenbahn- und der Luftverkehrsunternehmer, der Kraftfahrzeughalter und der Betreiber von Kernkraftwerken und Energieanlagen aus Gefährdung. Für andere Tatbestände wie die Herstellung explosiver Stoffe[3] oder Pharmazeutika[4] ist die Gefährdungshaftung in der Diskussion. Der Trend zur „strict liability“ für Produktschäden und die Erosion der „caveat emptor“-Doktrin zielen in die gleiche Richtung und müssen vor dem Hintergrund einer Gesellschaft gesehen werden, die zu Recht nicht mehr nur die positiven Seiten des „laissez-faire“-Prinzips[5] und eines wirtschaftlichen Wachstums[6] um jeden Preis sieht.

---

[1] Vgl. hierzu z. B. *Westen*, K., Zur Frage einer Garantie- und Risikohaftung für sogenannte „Verkehrspflichtverletzungen“, Festschrift für Fritz von Hippel, Tübingen 1967, 626 ff., passim; *Gilliard*, 197; *Kötz*, Haftung, AcP 170, 1 ff., insbes. 2; *Großfeld*, B., Haftpflichtversicherung im Wandel, VersWirtsch. 74, 693 ff.

[2] *Esser*, J., Die Zweispurigkeit unseres Haftpflichtrechts, JZ 53, 129 ff.

[3] Vgl. Referentenentwurf zum RHG vom 16. 2. 1966.

[4] Vgl. Regierungsentwurf zur Reform des Arzneimittelrechts vom 17. 7. 1974, §§ 78 ff.

[5] Vgl. auch *Ehrenzweig*, Negligence, 16: "... that limitation of liability (to reprehensible conduct, i.e. fault) was favored by the Roman Law and the economic doctrine of laissez-faire, as well as by the desire to encourage industrial enterprise." Ebenso auch *Esser*, Gefährdungshaftung, 57; *Simitis*, Gutachten, 75.

[6] Vgl. statt aller *Mishan*, Costs of Economic Growth, passim; *Meadows*, D. u. a., Die Grenzen des Wachstums, Stuttgart 1972; *Binswanger*, H.-C., Wirt-

81 Beweislastumkehr als Lösung der Produzentenhaftung?

Mit der Umkehrung der Beweislast im Schubstreben-Urteil[7] und vor allem im Hühnerpest-Urteil[8], das von *Diederichsen* mit der Bemerkung gewürdigt wurde, daß die „Warenherstellerhaftung Wirklichkeit geworden"[9] sei, sowie in den darauf folgenden Entscheidungen[10] mittels zusätzlicher Beweiserleichterungen durch die Zulässigkeit des Anscheinsbeweises für Fehler und Schadenskausalität[11] hat die Rechtsprechung einen Weg beschritten, die Haftung des Herstellers zu verschärfen, der hinsichtlich des Verbraucherschutzes zunächst zu befriedigen und die Verschuldensproblematik zu bannen scheint. Zur Zufriedenheit ist allerdings wenig Anlaß und die nach dieser Entwicklung eingekehrte Ruhe verspricht eine trügerische zu sein. Einerseits blokkiert die so erreichte Pseudoreform einen echten Fortschritt im Haftungsrecht auf Zeit[12], andererseits kann der Erfolg der „kleinen Lösung" nicht von langer Dauer sein. Trotz der Sprachbarriere, die im allgemeinen Juristen, Techniker und auch Kaufleute trennt, wird über kurz oder lang allen Unternehmungsleitungen klar werden, daß es angesichts einer drohenden Produkthaftung im Grunde nicht auf die Qualität selbst als vielmehr auf die Dokumentation der Qualität bzw. des Herstellvorgangs ankommt. Indem aber die Herstellerseite die Anstrengungen zur Dokumentation ihrer Fertigung verstärkt[13] bzw. verstärken wird, verringern sich die Möglichkeiten, den Hersteller mit den Beweisanforderungen quasi zu „überrumpeln". Dogmatisch ohnehin unbefriedigend, kann sich der Versuch, eine „Haftungsverschiebung

schaftliches Wachstum — Fortschritt oder Raubbau?, in: Sozialisierung der Verluste, hrsg. von K. W. Kapp und F. Vilmar, München 1972, 49 ff.; *Kade,* G., Kernenergie und Umweltzerstörung, ebenda, 114 ff.

7 BGH NJW 68, 241.

8 BGH NJW 69, 269.

9 *Diederichsen,* Anmerkung zu BGH NJW 69, 269.

10 Vgl. BGH VersR 71, 80 (Bremse); BGH NJW 73, 1602 (Sprengkörper).

11 In BGH VersR 71, 80 (Bremse).

12 So auch *Rehbinder,* JuS 69, 208, 213; *Lorenz,* RabelsZ 34, 1970, 33 f., 50 f.

13 So hat der Wirtschaftsverband Stahlverformung auf das Schubstreben-Urteil prompt mit einem internen Rundschreiben reagiert, dessen Inhalt im wesentlichen der Stellungnahme von *Schmidt-Cotta,* H., Die Verkehrssicherungspflicht der Zulieferer, in: INDUSTRIE-ANZEIGER 90. Jg., Nr. 46 (1968), 954 f. entsprach: „An diesen Beweis (den Entlastungsbeweis) werden jedoch strenge Anforderungen geknüpft. Er kann nicht abstrakt und summarisch bezüglich aller mit der Kontrolle beauftragten Leute geführt werden, sondern muß sich auf jeden einzelnen, namentlich zu benennenden Prüfer erstrecken, wenn, wie es üblich sein wird, nicht festgestellt werden kann, welcher Kontrolleur das schadhafte Stück geprüft hat. Zu diesem Zweck erscheint es notwendig, über die Beweggründe bei der Auswahl des Kontrolleurs, über die Art seiner Anleitung und Unterrichtung sowie der ständigen Kontrolle kurze schriftliche Vermerke anzufertigen." Entsprechend brachte der Verband Deutscher Automobilhersteller (VDA) 1973 eine Schrift heraus, die sich speziell mit den Dokumentationspflichten im Automobilbau

über die Verlagerung des Beweisrisikos"[14] zu erreichen, damit nicht dauerhaft bewähren. Es besteht weitgehend Einigkeit darüber, daß die Dokumentationserfordernisse von der Industrie zumindest künftig erfüllt werden können[15]. Wenn das der Fall ist, sind sämtliche prozessualen Trümpfe ausgereizt, so daß bei der Haftungsfrage der Wertung des perfekt dokumentierten Herstellerverhaltens als qualitätsrichtig oder falsch nicht mehr ausgewichen werden kann[16]. Auf der anderen Seite verursacht aber die Dokumentation nicht unerhebliche Kosten[17]. Damit besteht die Gefahr, daß mit einer Entwicklung zur umfassenden protokollierten Fertigung hin zum Zwecke der Haftungsabwehr ein Aufwand betrieben wird, der über das Maß hinausgeht, das für die Einhaltung der Sollqualität im Rahmen der betrieblichen Qualitätssicherung erforderlich und sinnvoll ist. Sobald diesem Aufwand kein qualitätsbessernder Effekt gegenübersteht, entstehen volkswirtschaftliche Verluste. Die Gesamtkostenkurve der Produktion wird sich um den Betrag der Dokumentationskosten, deren Fixkostencharakter man unterstellen kann, nach oben verschieben[18], ohne daß dieser Kostenzuwachs durch eine gesamtwirtschaftliche Nutzensteigerung kompensiert würde. Gelingt dann noch dazu die Haftungsabwehr nicht, haben sich auch für den Unternehmer die Dokumentationsanstrengungen nicht gelohnt.

82 Die Produkthaftpflicht — Mittel des Schadensausgleichs und der Schadensprävention

Es ist offenkundig, daß eine tragfähige Neuregelung des Haftpflichtrechts nicht allein von der Rechtsprechung geleistet werden kann[19]. Weder wäre die Einführung der Gefährdungshaftung durch die Rechtsprechung legitim[20], noch können kasuistisch entwickelte Grundsätze einen angemessenen Interessenausgleich zwischen Hersteller und Verbraucherschaft garantieren. Mit der Besinnung auf die technischen

---

im Hinblick auf die Sicherheitsgesetze in den USA und die Produzentenhaftung beschäftigt. Vgl. VDA (Hrsg.), Dokumentationspflichtige Teile bei Automobilherstellern und deren Zulieferanten, Frankfurt 1973.

[14] *Diederichsen*, U., Zur Beweislastverteilung bei Schadensersatzansprüchen aus Vertrag, Delikt und Gefährdungshaftung, in: Karlsruher Forum 1966, 27.

[15] Vgl. *Schmidt-Cotta*, 954; ebenso *Schmidt-Salzer*, BB 72, 1437.

[16] So auch *Steindorf*, AcP 170, 128.

[17] Vgl. nur *Schmidt-Cotta*, 954.

[18] Siehe hierzu oben, 64, Bild 3 und Fußnote 18.

[19] So auch *Simitis*, Gutachten, 84 f. Anders freilich *Diederichsen*, Haftung, 345 ff. passim. Die Überzeugung *Diederichsens*, daß eine befriedigende Haftungsregelung im Wege richterlicher Rechtsfortbildung erreicht werden könnte, entspringt wohl auch unter anderem der Überlegung, daß die Haftungsverschärfung so gegenüber der Industrielobby leichter durchzusetzen sei.

[20] Vgl. BGH NJW 69, 273 (Hühnerpest).

Risiken unseres Zeitalters und der schlichten Konsequenz einer Gefährdungshaftung für die Warenherstellung ist es auch nicht getan. Schließlich muß man sich fragen, ob ein reibungsloser und perfektionierter Schadensausgleich allein nicht eine „Perversion der Werte“[21] bedeutet und ob nicht „anstelle der Wiedergutmachung von Schäden wieder *vermehrt* die Schadensverhütung mittels adäquater Schutzgesetze gefördert werden ... müßte“[22].

Diese Hinwendung der Aufmerksamkeit des Gesetzgebers zur Schadensprophylaxe kann bereits im Maschinenschutzgesetz beobachtet werden und findet sich besonders akzentuiert bei der Reform des Arzneimittelrechts[23]. Selbst in diesem Bereich eingeschränkten Konsums, wo der Konsument seine Nachfrage vielfach nicht autonom bestimmen kann, ihm aber in der Person des Arztes ein sachkundiger Mittler zur Verfügung steht, ist die Notwendigkeit einer sorgfältigen Schadensvorbeugung erkannt, obwohl doch gerade hier die Schadensprävention vordergründig mit der Verschreibungspflicht durch den Fachmann gewährleistet sein müßte. Praktisch ist das nicht der Fall. Insgesamt sind in Deutschland 68 000 verschiedene pharmazeutische Artikel auf dem Markt. Diese Zahl umfaßt allerdings auch die Variationen der Medikamente hinsichtlich der Packungsgröße und der Darreichungsform. Von 24 000 beim Bundesgesundheitsamt registrierten Arzneimitteln sind immerhin noch ca. 8200 Präparate nach Angaben des Bundesverbands der Pharmazeutischen Industrie als marktgängig einzustufen[24]. Angesichts der Vielzahl von Arzneimittelspezialitäten überrascht es nicht, daß der Arzt heute nicht immer, wie selbst die Pharmazeutische Industrie zugeben muß, in der Lage ist, bei der medikamentösen Behandlung optimale Therapie zu betreiben[25]. So mag der bürokratische Weg über amtliche Produktzulassungskontrollen bzw. -beschränkungen für den Arzneimittelabsatz der einzig gangbare sein, wenn er auch beträchtliche Friktionen[26] und Aufwendungen[27] mit sich

[21] *Keller,* 114.

[22] *Schürpf,* VersWirtsch 6, 1971, 341 (Hervorhebung vom Verf.).

[23] Vgl. die strengen Zulassungs- und Genehmigungsvorschriften für die Arzneimittelherstellung im Regierungsentwurf vom 17. 7. 1974, §§ 13 ff. (Herstellung), §§ 20 ff. (Zulassung).

[24] Vgl. Pharma Daten 74, 25.

[25] Vgl. hierzu z. B. *Lappe,* R., Bericht zur Lage, in: Pharm. Ind. 36, Nr. 6 (1974), 393 ff., hier 396. Kritisch auch *Simitis,* Grundfragen, 14, insbes. Fußnote 25.

[26] Eine amerikanische Studie schätzt die Verteuerung der Pharmaprodukte in den USA nach der Verschärfung der Zulassungsbedingungen im Jahre 1963 auf 5 % bis 10 %, die volkswirtschaftlichen Verluste aus verzögerter Innovation auf 250 bis 500 Mill. Dollar jährlich. Vgl. hierzu *Lappe,* 394; *Kaufer,* Mitteilungen der LIST-Gesellschaft, 8 (1973), Nr. 3, 58 f.

[27] Inoffizielle Schätzungen sprechen von 5,5 Mill. DM pro Jahr für den gesteigerten Verwaltungsaufwand bei Bundesgesundheitsamt nach Einführung des Arzneimittelgesetzes in der von der Regierung vorgelegten Fassung.

bringen dürfte. Für den Großteil des Konsumgüterangebots dürfte sich dieses Verfahren aber als impraktikabel erweisen. Das bedeutet nicht, daß im Konsumgüterbereich die Aktivitäten von überwachenden Behörden oder vergleichbaren Institutionen wie z. B. der VDE-Prüfstelle für elektrische Geräte zur Besserung des Qualitätsstandards verzichtbar wären. Im Gegenteil werden Gesetzgeber und Rechtsprechung ihre Anstrengungen beim Setzen von Mindestanforderungen bzw. Sicherheitsstandards auch hier künftig verstärken müssen. Nur sollte nicht einem wenig aussichtsreichen Interventionismus gehuldigt werden, solange das Prinzip normativ-funktionaler Ordnung restaurabel ist. Insofern ist auch der Gedanke abzulehnen, daß der Staat versuchen sollte, durch steuerliche Erleichterungen bzw. Subventionen Einfluß auf die Qualitätspolitik der Unternehmungen zu nehmen[28].

Der wesentliche Beitrag zur sinnvollen Schadensprophylaxe unter Vermeidung einer Lähmung des Innovationswillens der Hersteller kann auch nicht vom Haftungsrecht allein, sondern muß von einem effizienten Qualitätswettbewerb geleistet werden[29]. Transparenz dieses Wettbewerbs, insbesondere hinsichtlich der Sicherheitsqualität ist dafür Voraussetzung. Solange sie nicht gegeben ist, bleiben alle Hoffnungen auf Rationalität des Verbraucherverhaltens vergeblich. Erst die zutreffende Information des Konsumenten kann schließlich einen effizienten „Konsumerismus" gewährleisten[30]. Die Publizitätspflicht für das Produktrisiko vermag hierfür als flankierende Maßnahme den Rahmen zu schaffen. Zwar kann schon eine Kausalhaftung, die streng nach Verursachung zugerechnet wird, dafür sorgen, daß der Konsument mit der Überwälzung der Schadensvorsorgelasten mehr oder weniger zum Selbstversicherer der Gefahr wird, der er sich aussetzt, und daß über den Preis-Nachfrage-Effekt der Bedarf auf harmlose Produkte bzw. Substitute gelenkt wird. Wo aber hinsichtlich des Produktrisikos einzelner Produktgruppen nicht nur interspezifische, sondern auch intraspezifische Qualitätsunterschiede vorliegen, reicht die Kausalhaftung nicht hin. Erst die Transparenz des spezifischen Produkt- bzw. Entwicklungsrisikos kann garantieren, daß der Preis der Sicherheit bzw. der Schadensvorsorge im Vergleich zu direkten Konkurrenzprodukten nicht zu hoch ist und der Produzent mit minderer Qualität über den Nachfrageausfall zunehmend mehr die Schadenslast zu tragen hat. Die Publizität des Risikos verschafft der Präventivwirkung der Haftung gleichsam einen zweiten Ansatzpunkt im Verbraucherverhalten. Die Synchronisation von Schadensvorsorge und Sicherheitsinformation im Kaufzeitpunkt schließt den Qualitätskreis zwischen Hersteller

---

28 So andeutungsweise *Raisch*, 104 f.

29 So auch *Such*, 74; *Morris*, 594.

30 Vgl. statt aller *Kuhlmann*, Informationsverhalten, passim, insbes. 179 ff.

und Verbraucher kurz und sorgt für die Selbstregelung des Systems, ohne daß permanente staatliche Eingriffe die Souveränität von Hersteller und Konsument ständig bedrohen.

Die Erweiterung einer Haftpflichtregelung um die Publizitätspflicht des Risikos ist so spezifisch, daß sie sich weder in richterlicher Rechtsfortbildung verwirklichen, noch sich im Rahmen eines einheitlichen Haftpflichtrechts[31] für die technischen Risiken dieser Zeit einfügen läßt. Man muß sich nur vergegenwärtigen, daß das Produktrisiko des Konsumgüterbereichs eine Sonderstellung unter den technischen Risiken einnimmt. Einmal ist bei der Produktion von Konsumgütern das kommerzielle Interesse des Herstellers für sein Verhalten dominant[32], so daß die erzeugte Qualität gegenüber dem technisch Maximalen als ökonomisch relativiert angesehen werden muß, zum anderen birgt der Markt die Gefahr der unauffälligen Überwälzung unnötiger Risiken. Gleichzeitig bietet sich aber auch die Möglichkeit, das Wahlverhalten des Verbrauchers als Instrument zur Objektivierung angemessener Qualitätslagen einzusetzen, eine Option, die bei anderen Gefährdungstatbeständen sinnvoll nicht ausgeübt werden kann. Zum Beispiel wird man sich beim Bau und Betrieb von Kernkraftwerken angesichts des enormen Schadenspotentials nicht von dem Prinzip leiten lassen können, im Sinne eines „trial and error"-Verfahrens unterschiedlich sichere Kraftwerke zu errichten, um dann entsprechend dem festgestellten Präferenzverhalten der Gesellschaft diejenigen wieder abzureißen, deren Sicherheitsvorkehrungen sich als unzureichend erwiesen haben. Ebenso sinnlos muß es erscheinen, würde man dem Kraftfahrzeughalter bzw. Kraftfahrzeugführer auferlegen, seinen Status selbstverschuldeter Unfälle am Fahrzeug kenntlich zu machen. Wenn auch die brandmarkende Wirkung psychologischen Anreiz für den Halter sein könnte, hätten die übrigen Verkehrsteilnehmer im typischen Verkehrsgeschehen keine nennenswerte Einwirkungs- bzw. Abwehrmöglichkeit gegenüber der durch den „Unfaller" auf sie zukommenden Bedrohung. Die Präventionswirkung der Haftung erschöpft sich hier in dem materiellen Anreiz ermäßigter Prämien und in der Furcht vor dem Entzug der Fahrerlaubnis. Das erscheint hier auch ausreichend wirksam, weil der Versicherungsbeitrag für den privaten Fahrer nicht überwälzbar und der Verlust der Fahrerlaubnis nicht ohne weiteres

[31] Vgl. z. B. für das schweizerische Recht *Stark*, E. W., Probleme der Vereinheitlichung des Haftpflichtrechts, in ZSR, Bd. 86, II (1967), 10 ff. Auch *Lühn* vertritt die Auffassung, daß sich der Produktschaden einer einheitlichen, in einer Generalklausel faßbaren Regelung als Gefährdungshaftung widersetzt. Vgl. *Lühn*, H., Empfiehlt sich die Regelung der Gefährdungshaftung in einer Generalklausel, Diss. München 1971, 82 ff.

[32] Vgl. *Gilliard*, ZSR, 86, II (1967), 300: „Dans l'espoir de devancer ses riveaux, le producteur est tenté d'omettre des contrôles indispensables et de chercher une réduction du prix de revient aux depens des dispositifs de sécurité."

ersetzbar ist. Im Bereich der Konsumgüterherstellung und des Konsumgüterabsatzes spricht jedoch vieles dafür, daß durch eine unbeschränkte Haftung des Herstellers, kombiniert mit der Risikopublizität und angemessen hohen gesetzlichen Sicherheitsstandards eine wirksame Selbstregelung des Systems hin zur optimalen Verwendung der Ressourcen erreicht werden kann[33].

83 Die Auswirkungen des vorgeschlagenen Haftpflichtmodells

Wenn im folgenden die potentiellen Auswirkungen des vorgeschlagenen Haftpflichtmodells mit Prämienpublizität untersucht werden, kann das nur unter der Einschränkung geschehen, daß die folgenden Ausführungen hypothetischen Charakter haben. Vor allem erscheint es unmöglich, hinreichend exakte quantitative Angaben darüber zu machen, welche Preis- bzw. Nachfrageeffekte beim Konsumgüterabsatz und welche Einsparungen bzw. zusätzliche Kosten im Bereich der Herstellung, der Rechtsanwendung und der Versicherungswirtschaft zu erwarten wären. So muß man sich mit vorsichtigen qualitativen Aussagen begnügen.

Zunächst ist festzustellen, daß eine Kausalhaftung des Herstellers für den Produktgeschädigten ein günstiges Anspruchsklima ergibt[34], muß er doch im Schadensfall nicht — schlimmstenfalls — Jahre[35] darum bangen, an dem Entlastungsbeweis des Herstellers zu scheitern bzw. sich mit einem unzulänglichen Vergleich zufrieden geben zu müssen, nachdem er das Prozeßrisiko eingegangen ist. Die Gefahr einer Flut von ungerechtfertigten Schadensersatzansprüchen scheint gleichwohl unbegründet, können und müssen an den Nachweis sachgemäßer Produktnutzung und den Beweis der Ursächlichkeit des Produkts für den

---

[33] Inwieweit diese Feststellung auch für die Bereiche der Dienstleistungserstellung zutrifft, soll hier nicht ausdiskutiert werden. Wenn auch bei der fehlerhaften Ausübung eines freien Berufs die Schuldfrage ebenso wenig operabel sein dürfte und so auch unter dem Präventivgesichtspunkt die Gefährdungshaftung zweckmäßig erscheinen kann, fehlt es hier doch i. d. R. an der Typik permanenter Planung und ökonomischer Abwägung der Qualitätsanstrengungen. Vgl. zum ganzen *Mertens*, H.-J., Berufshaftung, VersR 74, 509 ff., insbes. 519.

[34] So z. B. auch *Prosser*, Assault, 1116.

[35] Im Durchschnitt ist mit einem Zeitraum von 10 Jahren zwischen Schadensereignis und höchstrichterlicher Entscheidung zu rechnen. Soviele Jahre brauchte z. B. der Kläger im Kühlmaschinenfall (BGH VersR 60, 1095), um seinen Schmerzensgeldanspruch durchzusetzen. Ein Jahr mehr verstrich im ESTIL-Fall (BGH NJW 72, 2217). Die etwa gleiche Zeit wurde im CONTERGAN-Fall benötigt, um zu einer Entschädigungsregelung zu kommen. Die Opfer eines Strahlenunglücks durch ein schadhaftes Betatrongerät mußten immerhin noch zwei Jahre auf ihre Entschädigung warten. Vgl. FAZ v. 23. 4. 1973 „Nach zwei Jahren endlich Entschädigung für Opfer des Strahlenunglücks?“

Folgeschaden hohe Anforderungen gestellt werden. Schließlich soll die Produkthaftung nicht eine Versicherung des Konsumenten gegen Fahrlässigkeit oder Leichtsinn darstellen, sondern nur die unangemessenen Anspruchsbarrieren abbauen. Wenn zudem das Qualitätsbewußtsein des Konsumenten hinsichtlich der Produktsicherheit geschärft wird, indem das Konsumrisiko transparent erscheint, ist dem Verbraucher die Möglichkeit geboten, eine „rationale" Kaufwahl zu treffen. Zwar kann unterstellt werden, daß ein Großteil der angebotenen Konsumgüter bezüglich ihres Schadenspotentials recht harmlos sind und sich mit ihren Konkurrenzprodukten in der gleichen Risikoklasse befinden. Bei einer ganzen Reihe von Konsumgütern sind aber auch durchaus signifikante Unterschiede in der Anwendungssicherheit anzutreffen[36]. Hier kann die Prämienpublizität einen positiven Beitrag zum Qualitätswettbewerb liefern.

Die Herausnahme der Produktschadensdeckung aus anderen Versicherungsfonds sollte auch zu einer merklichen Entlastung der Beiträge zur privaten Unfallvorsorge führen. Denn es wird dafür Sorge getragen, daß der Konsument entsprechend seiner Experimentierfreudigkeit bzw. des im Rahmen seiner Konsumstruktur anfallenden Sicherheitsrisikos belastet wird. Wer bestrebt ist, stets neuartige Produkte zu verwenden, oder überdurchschnittlich risikoreichen Konsum betreibt, soll auch nicht erwarten dürfen, daß die Allgemeinheit für die Folgen seines Verhaltens einstehen wird. Gleichzeitig wird die Verbraucherschaft vor der Gefahr der Überzahlung ihrer Schadensvorsorge geschützt. Neben dem Wettbewerb der Versicherer untereinander kann zusätzlich das Einnahme- bzw. Gewinnmaximierungsinteresse des Versicherers über die Ankoppelung seiner Prämieneinnahmen an den Warenabsatz einer koalitiven Gewinnmaximierungspolitik von Hersteller und Versicherer zu Lasten des Verbrauchers entgegenwirken. Auch der Versicherer kann kein Interesse an einer überhöhten Prämie haben, wenn diese sich negativ auf den Produktabsatz und damit den Beitragsumsatz auswirkt.

Die konsequente Anwendung des Verursachungsprinzips erfordert eine zuverlässige Risikoträgerkalkulation. Der hier zu erwartende Aufwand kann den positiven Effekt einer Förderung des Qualitätswettbewerbs zwar schmälern, darf andererseits aber nicht überschätzt werden. Auch die Veröffentlichung des Ergebnisses der Risikokalkulation bzw. die entsprechende Auszeichnung des Produkts dürfte nur geringe zusätzliche Kosten entstehen lassen. Dennoch wird sich gerade hier der Widerstand der Industrie regen.

---

[36] Vgl. hierzu die Testberichte der Stiftung Warentest, veröffentlicht in der Zeitschrift „test". Vgl. aber auch z. B. die Sicherheitsanalyse von Personenkraftwagen, herausgegeben von der Vereinigung der Technischen Überwachungs-Vereine e.V., Essen: „TÜV — Auto Report '74", Köln 1974.

Ist schon die Abneigung gegen eine verschuldenunabhängige Haftung beträchtlich[37], wird man darüber hinaus auf seiten der Unternehmungen weder dem Versicherer gerne Einblick in Kalkulation bzw. know-how noch dem Konsumenten in das Schadensrisiko des Produkts gewähren wollen. Dabei nimmt sich das vorgeschlagene Modell für den qualitätsbewußten Hersteller gleichermaßen durchaus vorteilhaft aus. Wer sonst oftmals unsichtbare Anstrengungen unternimmt, die Sicherheit seiner Produkte zu verbessern, kann einerseits auf entsprechende Honorierung seines Verhaltens durch die Nachfrager rechnen. Im typischen Produktschadensfall wird dem Hersteller andererseits ein unsinniger Unrechtsvorwurf erspart. Gleichzeitig verhindert die Aussichtslosigkeit, sich im Streitfall durch das Vorlegen einer umfangreichen Dokumentation entlasten zu können, das unangemessene Anwachsen einer unternehmerischen Aktivität, die bei einer Verschuldenshaftung mikroökonomisch sinnvoll, makroökonomisch aber nachteilig sein kann, weil sie letztlich nur bedingt qualitätsbessernde Wirkung zeitigen dürfte.

Mit der Publizität des Risikos bzw. mit der Abdingbarkeit der Einstandspflicht für die Folgeschäden unausgereifter Produkte scheint auch das Problem der Entwicklungsgefahr aus juristischer Sicht gebannt. Indem dem Hersteller, der Produkteigenschaften und/oder Herstellprozeß nicht so im Griff zu haben glaubt, daß er dafür unlimitiert einstehen kann, die Möglichkeit gegeben wird, diesen Vorbehalt dem Verbraucher mitzuteilen, ist nicht mehr mit der Gefahr einer Paralyse sinnvollen technischen Fortschritts als Folge der Bedrohung des Herstellers durch eine verschärfte Haftung zu rechnen[38]. Allerdings muß der Hersteller in Kauf nehmen, daß je nach der Dringlichkeit des Bedarfs sich die Marktchancen des so gekennzeichneten Produkts erheblich verringern können, weil dem Konsumenten die Gefahr vor Augen geführt und ihm klar gemacht wird, daß er — wenn überhaupt — nur mit beschränktem Schadensersatz rechnen darf. Das erscheint aber nicht unbillig.

Eine andere Problematik wirft allerdings die Frage auf, inwieweit nicht einer verschärften Produzentenhaftung der Trend zur Oligopolisierung der Märkte innewohnt, was unter dem marktwirtschaftlichen Aspekt freilich als Nachteil anzusehen wäre. Dabei ist keineswegs schon das Verschwinden der Grenzanbieter, also jener Unternehmungen,

---

[37] Vgl. hierzu die Äußerungen „industrienaher" Autoren, die in einer Haftungsverschärfung eine Überbetonung des Verbraucherschutzes sehen oder ihr gar apokalyptische Auswirkungen prophezeien, wie z. B. *Schmid,* K., Überbetonte Produkthaftung, HANDELSBLATT vom 9. 5. 1973; oder *Wobst,* G., Tendenzen im Haftungsrecht bei Produkthaftpflichtschäden, VP 71, 89 ff., hier 94.

[38] Vgl. dagegen *Ballerstedt,* K., Diskussionsbeitrag, in: Sitzungsberichte, 86, der im Zusammenhang mit der damals zu beobachtenden Haftungsverschärfung von zurückgehaltenen Pharma-Neuentwicklungen berichtet.

die aus dem Markt ausscheiden müssen, weil die Sicherheitsqualität ihrer Produkte nicht ausreichend, die Versicherungsprämie entsprechend hoch und die Schadensvorsorge infolge der Prämienpublizität nicht „heimlich“ auf den Verbraucher zu überwälzen ist, negativ zu bewerten[39]. In der Regel werden aber dem Großunternehmen die Finanzierung von Vorleistungen bzw. Anstrengungen zur Verbesserung der Produktsicherheit, die oftmals beträchtliche Forschungs-, Entwicklungs- und Investitionsbudgets erfordern, eher gelingen als dem kleinen und mittelgroßen Unternehmen. Gleichzeitig werden Unternehmungen mit geringem Mengenausstoß hinsichtlich der Versicherung ihres Risikos höher belastet, muß sich doch hier der Versicherer aus Gründen, die nach den Gesetzen der Statistik in der verringerten Aussagefähigkeit bzw. der Zuverlässigkeit kleiner Stichproben liegen, grundsätzlich höhere Beitragsleistungen zur Risikoversicherung ausbedingen[40].

Den Klein- und Mittelbetrieben können dadurch Wettbewerbsnachteile entstehen, die im Grunde nicht aus der Produktqualität, sondern nur aus der Unschärfe bei der Erfassung des Risikos resultieren. Der Zug zur Oligopolisierung der Märkte wäre aber erst in zweiter Linie einem verschärften Haftpflichtrecht anzulasten. Schließlich kann von einer Reform der Produzentenhaftung nicht erwartet werden, daß sie die Gefahren beschränkter Konkurrenz en passant beseitigt. Jedenfalls würde man einem trügerischen Ideal des Wettbewerbs nachjagen, wollte man mit einer differenzierten Regelung der Produzentenhaftung ein Reservat für auf Grund ihrer Betriebsgröße nicht ausreichend leistungsfähige Unternehmungen bzw. einen Freibrief für die Herstellung minderer Produktqualität schaffen[41].

In zweierlei Hinsicht verspricht letztlich die vorgeschlagene Neuregelung des Produzentenhaftungsrechts auch für die Rechtsanwendung Gewinn. Zum einen ist mit einer fühlbaren Entlastung der Gerichte von den künftig zahlreicheren Haftungsprozessen zu rechnen, soweit es sich um den „Bodensatz“ stereotyper Produktschäden handelt. Fehlerhafte Seilschlösser, Fahrradgabeln oder Schubstreben werden nicht mehr höchstrichterlicher Beschäftigung bedürfen. Die hier zu erwartenden prozeßökonomischen Einsparungen sind zwar schwer zu quantifizieren, erscheinen aber nicht unerheblich. Wo es um Entwurfsqualität und sachgemäßen Gebrauch geht und die Frage auftaucht, welcher Grad der Benutzersorgfalt und des Benutzerwissens für eine sichere

---

[39] So auch *Schreiber*, R., Diskussionsbeitrag, in: Sitzungsberichte, 94.

[40] Auf diesen Effekt hat im Zusammenhang mit Haftungsfragen auch *Morris*, 560 ff., insbes. 569 ff. hingewiesen.

[41] So auch *Simon*, 27; anders freilich *Pinckernelle*, H., Diskussionsbeitrag, in: Sitzungsberichte, 72.

Anwendung des Produkts vom Hersteller vorausgesetzt werden darf bzw. welchen Unzulänglichkeiten des Verbraucherverhaltens konstruktiv Rechnung getragen werden muß, bleibt die Rechtsprechung aufgerufen, die notwendige Feinabstimmung zwischen Hersteller- und Verbraucherinteresse vorzunehmen. Der hier vorhandene Spielraum kann um so besser ausgeschöpft werden, als die Materie ihres dogmatischen Ballasts und eines fragwürdigen, von Kasuistik geprägten Einflusses auf die unternehmerische Qualitätspolitik weitgehend entkleidet ist.

Schließlich sind Qualitätsbestimmungen des Gesetzgebers bzw. der Rechtsprechung insoweit von ihrer sozialen bzw. prohibitiven Brisanz befreit, als der Markt letztes Korrektiv für die angebotene Qualität ist. Progressive, sogar „überzogene" Sicherheitsstandards können wenig Schaden im Sinne einer prohibitiven Wirkung anrichten, weil sie nur für die Risikoversicherung, nicht aber für die Produktion selbst verbindlichen Charakter annehmen. Das System gewinnt so einen weiteren Freiheitsgrad. Der Konsument vermag autonom seine Nutzenvorstellungen zu verwirklichen, indem auch Produkte, deren Risiko zwar absolut gesehen hoch, deren Endpreis als Summe von Herstellkosten und Risikozuschlag aber relativ niedrig ist, den Weg in den Markt finden können. Man denke hier nur an Kleinwagen, deren Konstruktion naturgemäß ihren Insassen nur bis zu geringen Aufprallgeschwindigkeiten ausreichend Schutz zu gewähren imstande ist. Wer sich für ein Fabrikat, das zwar nicht in konstruktiver Hinsicht, aber durch die Risikoversicherung die Sicherheitsnorm erfüllt, entscheidet, weil es eben bedeutend billiger ist, kann rational sein Präferenzverhalten artikulieren, was wiederum seinen Niederschlag in einer entsprechenden Herstellerpolitik finden wird. Gänzlich beseitigt ist das Beurteilungsproblem qualitätsrichtigen Verhaltens für den Rechtsanwender jedoch nicht. Es wird ihm immer noch im Deckungsprozeß zwischen Hersteller und Versicherer begegnen, wenn es um die Frage geht, ob im Schadensfall der Hersteller nicht versucht hat, vertragswidrig Qualitätskosten auf den Versicherer fortzuwälzen. Die Aufgabe der Rechtsprechung erscheint hierbei aber insofern erleichtert, als es um vertragliche Ansprüche geht und auf spezifische Abreden zwischen Hersteller und Versicherer zurückgegriffen werden kann. Die ohne die Artikulation der Parteien fragwürdige Konkretisierung von Sorgfaltsanforderungen und Verkehrssicherungspflichten ist obsolet. Nachdem das Verhältnis materieller Potenz von Kläger und Beklagten ausgewogen sein dürfte, besteht auch keine Gefahr, daß infolge der Berücksichtigung sozialer und materieller Faktoren das Verschuldensprinzip über Gebühr beansprucht werden muß, um zu einer gerechten Schadenslastverteilung zu gelangen.

Zieht man Bilanz, erscheint eine entsprechend ausgestaltete Kausalhaftung in einer sozial-marktwirtschaftlichen Industriegesellschaft nicht nur prinzipiell als notwendige, sondern auch unter dem Gesichtspunkt der Wirtschaftlichkeit und der Operabilität als vorteilhafte und zweckmäßige Lösung der Produktschadensproblematik, wie sie aus der technisierten und massenhaften Entwicklung bzw. Produktion von Konsumgütern resultiert.

Literaturverzeichnis

Die in dieser Arbeit benutzten Abkürzungen entsprechen i. d. R. den gebräuchlichen Abkürzungen in der Rechtssprache. Vgl. *Kirchner*, H., Abkürzungen der Rechtssprache, Berlin 1968.

Abbott, L.: Qualität und Wettbewerb, München und Berlin 1958.

Achilles, E.: Vorbeugender Brandschutz dringender denn je, in: Beratende Ingenieure 5/1974, 26 ff.

Adolff, R.: Der Rechtsschutz des Käufers bei Lieferung einer fehlerhaften Sache in der arbeitsteiligen Wirtschaft, Diss. Tübingen 1961.

Arndt, H.: Artikel „Unvollständiger Wettbewerb", in: HdSW 10, 588 ff.

Ballerstedt, K.: Sitzungsberichte des 47. Dt. Juristentags, Bd. II, München 1969, M 85 ff.

Baran, P. A.: Zur politischen Ökonomie der geplanten Wirtschaft, Frankfurt (Main) 1968.

Baumbach / Hefermehl: Kommentar zum Wettbewerbs- und Warenzeichenrecht, 11. Aufl. 1974.

Baumbach / Lauterbach: Kommentar zur Zivilprozeßordnung, 30. Aufl., München 1970.

Beathalter, A.: Der Schutz des Konsumenten pharmazeutischer Produkte, Diss. Köln 1967.

Behrens, K. Chr.: Absatzwerbung, Wiesbaden 1963.

Berekoven, L.: Die absatzpolitische Bedeutung vergleichender Warentests, in: Jahrbuch der Absatz- und Verbrauchsforschung, hrsg. von G. Bergler und W. Vershofen, München 1962, 110 ff.

Besonnet, G.: Haftpflichtversicherung oder Unfallversicherung, Diss. Zürich 1965.

Bidlingmayer, J.: Unternehmerziele und Unternehmerstrategien, Wiesbaden 1964.

Biervert, B.: Wirtschaftspolitische, sozialpolitische und sozialpädagogische Aspekte einer verstärkten Verbraucheraufklärung, Köln 1972.

Biolek, A.: Die Schadensersatzpflicht des Verkäufers und des Herstellers mangelhafter Ware nach englischem Recht, Diss. Freiburg 1962.

Binswanger, H.-C.: Wirtschaftliches Wachstum — Fortschritt oder Raubbau?, in: Sozialisierung der Verluste, hrsg. von K. W. Kapp und F. Vilmar, München 1972, 49 ff.

Böcker, F.: Der Distributionsweg einer Unternehmung, Berlin 1972.

Böhm, D.: Die Entschädigung der Contergan-Kinder, Siegen 1973.

Böhm, F.: Reden und Schriften, hrsg. von E. J. Mestmäcker, Karlsruhe 1960.

Boller, W.: Verantwortlichkeit und Haftung des Maschinenherstellers und -Händlers, VersR 65, 20 ff.

Bühnemann, B.: Gedanken zum Alles- oder Nichtsprinzip im deliktischen Haftungsrecht, in: Grundprobleme des Versicherungsrechts, Festschrift für H. Möller, Karlsruhe 1972, 135 ff.

Bundesverband der pharmazeutischen Industrie: Vorläufige Stellungnahme des Bundesverbands der Pharmazeutischen Industrie e.V. in Frankfurt (Main) zu den Haftungsvorschriften (Referentenentwurf eines Gesetzes zur Neuordnung des Arzneimittelrechts) vom 12. Dez. 1973.

Brake, W.: Die Schadensersatzpflicht des Verkäufers und Herstellers einer mangelhaften Sache im nordamerikanischen Recht, Diss. Freiburg 1958.

Braunschweig, C. von: Der Konsument und seine Vertretung, Wiesbaden 1964.

Brunn, J. H. von: Zur Frage der sogenannten „geplanten Obsoleszenz", WuW 72, 615 ff.

Bruns, H. J.: Ungeklärte materiell-rechtliche Fragen des Contergan-Prozesses, in: Festschrift für Heinitz, Berlin 1972, 317 ff.

Burns, A. F.: Prosperity without inflation, New York 1957.

Caemmerer, E. v.: Das Problem des Kausalzusammenhangs im Privatrecht, Freiburg 1956.

— Die absoluten Rechte im § 823, Abs. 1 BGB, Karlsruher Forum 1961, 19 ff.

— Products liability, in: Jus privatum gentium — Festschrift für Rheinstein, Bd. II, Tübingen 1969, 659 ff.

— Das Problem des Drittschadensersatzes, ZHR 127, 241 ff.

— Reform der Gefährdungshaftung, Berlin/New York 1971.

Canaris, C. W.: Die Produzentenhaftpflicht in dogmatischer und rechtspolitischer Sicht, JZ 68, 494 ff.

Chain, E. B.: Akademische und industrielle Beiträge zur Arzneimittelforschung, in: Arzneimittelforschung 1963, 829 ff.

Chamberlin, E. H.: The Theory of Monopolistic Competition, Cambridge Mass. 1962.

Chmielewicz, K.: Forschungskonzeptionen der Wirtschaftswissenschaft, Stuttgart 1970.

Compes, P.: Fakten und Fragen aus Raumfahrt-Erkenntnissen und Erfahrungen für konventionelle Sicherheitstechnik und traditionelle Unfallverhütung, in: Raumfahrt — Vorbild für Sicherheitstechnik und Unfallverhütung?, IfU-Colloqium 1972, hrsg. vom Institut für Unfallforschung, Köln 1973, 58 ff.

Däubler, W.: Konsumenten-Ombudsman und Verbraucherselbsthilfe, in: Gerechtigkeit in der Industriegesellschaft, hrsg. von K. Duden, Karlsruhe 1972, 57 ff.

Deutsch, E.: Karlsruher Forum 1967, 1 ff.

— Grundmechanismen der Haftung nach deutschem Recht, JZ 68, 721 ff.

— Die Zwecke des Haftungsrechts, JZ 71, 244 ff.

Deutsche Gesellschaft für Statistische Qualitätskontrolle (ASQ), Hrsg.: Begriffserläuterungen und Formelzeichen im Bereich der statistischen Qualitätskontrolle, Köln o. J.

— Qualitätskosten — Rahmenenmpfehlungen zu ihrer Definition — Erfassung — Beurteilung. Berlin und Köln o. J.

Dichter, F.: Strategie im Reich der Wünsche (The Strategy of Desire), München 1964.

Diederichsen, U.: Die Flucht des Gesetzgebers aus der politischen Verantwortung im Zivilrecht, Karlsruhe 1974.

— Schadensersatz wegen Nichterfüllung, AcP 165, 150 ff.

— Zur Beweislastverteilung bei Schadensersatzansprüchen aus Vertrag, Delikt und Gefährdungshaftung, Karlsruher Forum 1966, 21 ff.

— Die Haftung des Warenherstellers, München und Berlin 1967, (Haftung).

— Die Deckung der Produkthaftung im Rahmen der Betriebshaftpflichtversicherung, VersR 71, 1077 ff.

Diekmann, A.: Wirtschaftliche Aspekte der Verkehrssicherheit, Stuttgart 1972.

Dörink, K.: Zur Theorie der Strukturierung einer optimalen Absatzorganisation, Diss. München 1970.

Dunz, W.: Freirecht mit Skrupeln, JZ 68, 54 ff.

Dunz, W. / *Kraus*, I.: Haftung für schädliche Ware, Bad Homburg/Berlin/Zürich 1969.

Eckstein, O.: The Benefit-Cost-Criterion, Cambridge Mass. 1965.

Edwards, C. D.: Standards and Product Differentation, in: National Standards in a Modern Economy, hrsg. von D. Reck, New York 1956, 327 ff.

Egeln, O.: Das Fernsehgerät als Brandursache, VersWirtsch 11/1974, 591 ff.

Egner, E.: Grundsätze der Verbraucherschutzpolitik, in: Konsum und Nachfrage, hrsg. von E. und M. Streissler, Köln/Berlin 1966, 445 ff.

Ehrenzweig, A.: Loss-Shifting and Quasi-Negligence: A new Interpretation of the *Palsgraf*case, Chi. L. R. 1941, 729 ff.

— Versicherung als Haftungsgrund, Juristische Blätter 72 (1950), 253 ff.

— Negligence without fault, Berkeley and Los Angeles 1951.

— Products Liability in the Conflict of Laws, 69 Yale L. J. (1960), 794 ff.

Ehrt, R.: Die Zurechenbarkeit von Kosten auf Leistungen auf der Grundlage kausaler und finaler Beziehungen, Stuttgart 1967.

Eichler, H.: Die Rechtslehre vom Vertrauen, Tübingen 1950.

Enneccerus / Nipperdey: Allgemeiner Teil des Bürgerlichen Rechts, Tübingen 1960.

Erman: Handkommentar zum Bürgerlichen Gesetzbuch, 5. Aufl., Münster 1972.

Esser, J.: Die Zweispurigkeit unseres Haftpflichtrechts, JZ 53, 129 ff.

— Grundlagen und Entwicklung der Gefährdungshaftung, 2. Aufl., München 1969.

— Schuldrecht Bd. I, 4. Aufl., Karlsruhe 1970.

Esser, J.: Vorverständnis und Methodenwahl in der Rechtsfindung, Frankfurt (Main) 1970.

Feigenbaum, A. V.: Managing Quality Control to Encourage Quality-Mindedness, IQC (IX) 5/1953, 16 ff.

— Company Education in the Quality Problem, IQC (X) 5/1954.

Fleming, T. G.: Sitzungsberichte des 47. Dt. Juristentags, München 1969, M 35 ff.

Forkel, G.: Produzentenhaftung und Konsumentenschutz beim Kauf beweglicher Sachen, Diss. Köln 1968.

Fikentscher, W.: Schuldrecht, 3. Aufl., Berlin/New York 1971.

Frieling, H.: Farbe hilft Verkaufen, Göttingen/Berlin/Frankfurt (Main) 1957.

Füchsel, K.: Verkehrshaftpflicht am Scheidewege, DAR 61, 293 ff.

Gabler, Th.: Gablers Wirtschaftslexikon, 8. Aufl., Wiesbaden 1971.

Galbraith, J. K. Gesellschaft im Überfluß, München/Zürich 1963.

Gelhaar, W.: Die Bemessung des Schmerzensgeldes, BB 66, 1317 ff.

Gerechtigkeit in der Industriegesellschaft: Rechtspolitischer Kongreß der SPD vom 5. - 7. Mai 1972 in Braunschweig; hrsg. von K. Duden, H. R. Külz, Th. Ramm, R. Scharnberg, W. Zeidler, Karlsruhe 1972.

Gernhuber, J.: Haftung des Warenherstellers nach deutschem Recht, in: Karlsruher Forum 1963, 1 ff.

— Drittwirkung im Schuldverhältnis kraft Leistungsnähe, in: Festschrift für Nikisch, Tübingen 1968, 249 ff.

Geyer, H. / *Oppelt*, W. (Hrsg.): Volkswirtschaftliche Regelungsvorgänge im Vergleich zu Regelungsvorgängen der Technik, in: Beiheft zur Regelungstechnik, München 1957.

Giesen, D.: Warenherstellerhaftung ohne Verschulden?, NJW 68, 1401 ff.

Gilliard, F.: Vers l'unification du droit de la responsabilité, ZSR 86 (1967) II, 193 ff.

GFK-Sonderdienst: „Die Verbraucher APO" — kommt es zum Aufstand der Konsumenten?, Nürnberg (11) 1970, 637 ff.

— „Ist Konsumerismus ein ‚Antimarkt'?", Nürnberg (11) 1972, 365 ff.

Goubeaud, F.: Qualitätsbewertung — Steuerung — Sicherung unter Einsatz datenverarbeitender Maschinen, in: Qualitätskontrolle 9 (1964), Heft 2, 93 ff.; Heft 3, 136 ff.; Heft 4, 38 ff.; Heft 7, 78 ff.

— Erfassen, Bewerten und Regeln der Qualität mit dem Computer, in: Industrielle Organisation, 38 (1969), Nr. 1, 1 ff.

Goujet, L.: Die Haftung des Produzenten und ihre Versicherungsmöglichkeit, VersPraxis 74, 164 f.; 180 ff.

Großfeld, B.: Haftpflichtversicherung im Wandel, VersWirtsch 74, 693 ff.

Grossmann, M.: Über das subjektive Risiko, in: Festschrift für Braess, Karlsruhe 1969, 81 ff.

Günther, E.: Der Markenartikel als Instrument der Verbraucherpolitik, MA 6/73, 252 ff.

Günter, H. H.: Sorgfaltspflichten bei Neuentwicklung und Vertrieb pharmazeutischer Präparate, NJW 72, 309 ff.

Gutenberg, E.: Einführung in die Betriebswirtschaftslehre, Wiesbaden 1958.

— Grundlagen der Betriebswirtschaftslehre, Band I, Die Produktion, Berlin/Heidelberg/New York 1969; Band II, Der Absatz, Berlin/Heidelberg/New York 1967.

Hasskarl, H.: Aufklärungspflichten des Warenherstellers, BB 73, 120 ff.

Haußmann, C.: Zum Rechtsverhältnis zwischen Zulieferer und Abnehmer, in: Rationalisierung, 23. Jg. 1972, Heft 3, 67 ff.

Heilbronner, R. L. (Hrsg.): Im Namen des Profits oder Fahrlässigkeit als Unternehmerprinzip, Hamburg 1973.

Heinen, E.: Das Zielsystem der Unternehmung, Wiesbaden 1966.

Helle, E.: Über öffentlich vergleichende Warentests und die Grenzen ihrer Zulässigkeit, NJW 62, 1177 ff.

Henke, H. E.: Die Schmerzensgeldtabelle, München 1969.

Henkel, H.: Einführung in die Rechtsphilosophie, München/Berlin 1964.

Herschel, W.: Regeln der Technik, NJW 68, 617 ff.

Hesse, G.: Vertikale Preisbindung und Produzentenhaftung, in: Festschrift für Wilde, München 1970, 53 ff.

Hippel, E. von: Schadensausgleich bei Verkehrsunfällen, NJW 67, 1729 ff.

Hirsch-Ballin, E. D.: Karlsruher Forum 1963, 28 f.

Hoch, P.: Die Bedeutung der Verbrauchererwartung im Lebensmittelrecht, Diss. Würzburg 1970.

Hollier, D.: „Does a Consumerism crunch threaten business?“, in: Business Administration 1/1973, 21 ff.

Hönig, H. C.: Die Betriebshaftpflichtversicherung und die Deckung der Produkte-Haftpflichtschäden, VersR 70, 975 ff.

Honsell, H.: Die Funktion des Schmerzensgeldes, VersR 74, 205.

HUK-Verband: Rundschreiben H 20/69 M; 49/72.

Jaeger, Th.: Zur Sicherheitsproblematik technologischer Entwicklungen, QZ 19 (1074) Heft 1, 2 ff.

Jakobi, H.: Werbepsychologie, Wiesbaden 1963.

Johnson, A. S.: Safety Standards — A Demonstration of Industrial Self-Government, in: National Standards in Modern Economy, hrsg. von D. Reck, New York 1956, 148 ff.

Juran, J. M.: The Top Executive's Responsibilities for Quality, IQC (XI) 5/1955, 34 ff.

— Quality Control Handbook, New York 1962.

Kade, G.: Die Grundannahmen der Preistheorie, Frankfurt (Main) 1962.

— Kernenergie und Umweltzerstörung, in: Sozialisierung der Verluste?, hrsg. von K. W. Kapp und F. Vilmar, München 1972, 114 ff.

Kapp, K. W.: The Social Costs of Private Enterprise, Cambridge Mass. 1950.

— Artikel „Sozialkosten“, in: HdSW, Bd. 9, Göttingen 1956, 524 ff.

Kapp, K. W.: Social Costs and Social Benefits — A Contribution to Normative Economics, in: Probleme der normativen Ökonomik und der wirtschaftspolitischen Beratung, hrsg. von E. v. Beckerath und H. Giersch, Berlin 1963, 183 ff.

Kapp, K. W. / *Vilmar*, F. (Hrsg.): Sozialisierung der Verluste? Die sozialen Kosten eines privatwirtschaftlichen Systems, München 1972.

Karstens, W.: Wirkung und Wirkungsmöglichkeit der Verbraucherverbände in Deutschland, Berlin 1964.

Katz, H. A.: Negligence in Design. A Current Look, ILJ January 1965 (504), 5 ff.

Kaufer, E.: Wettbewerb und Produktinnovation, in: Mitteilungen der LIST-Gesellschaft 8 (1973), H. 3, 53 ff.

Keller, M.: Haftpflicht und Versicherung in der Wertordnung des technischen Zeitalters, in: Revolution der Technik, Evolution des Rechts, Festgabe für Oftinger, Zürich 1969, 111 ff.

Klaus, G. (Hrsg.): Wörterbuch der Kybernetik, Berlin 1968.

Klingmüller, E.: Technischer Fortschritt in rechtlicher Wertung, in: Festgabe für Oftinger, Zürich 1969, 121 ff.

Kluy, H.: Vergleichende Warentests, hrsg. von E. Ulmer u. a., FIW-Schriftenreihe, Heft 20, Köln/Berlin/Bonn/München 1964, 39 ff.

— Problematik und Stand des Warentests, in: Jahrbuch der Absatz- und Verbrauchsforschung, hrsg. von G. Bergler und W. Vershofen, München 1963, 152 ff.

Kötz, H.: Haftung für besondere Gefahr, AcP 170, 1 ff.

Kotler, P.: Marketing Management, Englewood Cliffs 1967.

Kuchinke, K.: Die Risiken der Beweisführung bei Haftungsklagen gegen den Produzenten, in: Jus et Commercium, Festschrift für Laufke, Würzburg 1971, 113.

Kuhlmann, A. (Hrsg.): Prognose der Gefahr, Köln 1969.

— (Hrsg.): Fortschritt der Technik mit Umsicht bedacht, Köln 1973.

Kuhlmann, E.: Das Informationsverhalten des Verbrauchers, Freiburg 1970.

Lang, E.: Staat und Kybernetik — Prolegomena zu einer Lehre vom Staat als Regelkreis, Salzburg/München 1966.

— Zu einer kybernetischen Staatslehre, Salzburg/München 1970.

Lange, M. / *Treis*, B.: Konsumentensouveränität und Konsumfreiheit, MA 5/1972, 333 ff.

Lappe, R.: Bericht zur Lage, Pharm. Ind. 36, Nr. 6 (1974), 393 ff.

Larenz, K.: Die Schadenshaftung nach dem Wasserhaushaltsgesetz im System der zivilrechtlichen Haftungsgründe, VersR 63, 593 ff.

— Methodenlehre der Rechtswissenschaft, Heidelberg/New York 1969.

— Lehrbuch des Schuldrechts, Bd. I, 10. Auflage, München 1970; Lehrbuch des Schuldrechts, Bd. II, 9. Auflage, München 1968.

Latté, B.: Schuldvertragliche Beziehungen zwischen Verbraucher und Hersteller, Diss. Berlin 1961.

Lauschmann, E.: Zur Frage der „social costs“, in: Jahrbuch für Sozialwissenschaft, Bd. 4/10, Göttingen 1959/1960, 193 ff.

Lazer, W.: Marketing Management, New York/London/Sidney/Toronto 1971.

Lederer, J. F.: Application of NASA-Safety Techniques to Industry, in: Raumfahrt — Vorbild für Sicherheitstechnik und Unfallverhütung, IfU-Colloqium 1972, hrsg. vom Institut für Unfallforschung, Köln 1973, 154 ff.

Leibenstein, H.: Mitläufer-, Snob- und Veblen-Effekte in der Theorie der Konsumnachfrage, in: Konsum und Nachfrage, hrsg. von E. und M. Streissler, Köln/Berlin 1966, 231 ff.

Lesser, W. H.: Cost of Quality, in: Industrial Quality Control, 11/1954, 11 ff.

Link, B.: Social costs — Die Lösung der social costs als Ansatz einer Theorie der Wirtschaftspolitik, Berlin 1969.

Lipps, W.: Herstellerhaftung beim Verstoß gegen „Regeln der Technik“, NJW 68, 279 ff.

Little, A. D. Inc. (Hrsg.): Cost Effectiveness in Traffic Safety, New York 1968.

Loewenheim, U.: Probleme der Produktenhaftung, NJW 69, 1754 ff.

Lorenz, W.: Rechtsvergleichendes zur Haftung des Warenherstellers und Lieferanten gegenüber Dritten, Festschrift für Nottarp, Karlsruhe 1961, 59 ff.

— Warenabsatz und Verbraucherschutz, Karlsruher Forum 1963, 8 ff.

— Die haftungsrechtliche Bedeutung von Gütezeichen, GRUR Internat. 73, 486 ff.

— Das internationale Privatrecht der Produktenhaftpflicht, in: Rechtswissenschaft und Gesetzgebung, Festschrift für Wahl, Heidelberg 1973, 185 ff.

Lorenz, W. / *Kruse*, V.: Die Haftung des Warenherstellers (Länderbericht), Verhandlungen der Fachgruppe für Zivilrechtsvergleichung in Kiel 1965, Schriftenreihe der Gesellschaft für Rechtsvergleichung, Heft 28, Frankfurt/Berlin 1966.

Luhmann, N.: Soziologische Aufklärung, Aufsätze zur Theorie sozialer Systeme, 2. Aufl., Opladen 1971.

— Rechtssystem und Rechtsdogmatik, Stuttgart/Berlin/Köln/Mainz 1974.

— Zweckbegriff und Systemrationalität, Tübingen 1968.

Lühn, H.: Empfiehlt sich die Regelung der Gefährdungshaftung in einer Generalklausel?, Diss. München 1971.

Lukes, R.: Produzentenhaftung und Maschinenschutzgesetz, JuS 68, 349 ff.

— Zum Verständnis des Wettbewerbs und des Marktes in der Denkkategorie des Rechts, in: Wirtschaftsordnung und Rechtsordnung, Festschrift für Böhm, Karlsruhe 1965, 199 ff.

Machlup, F.: Artikel „Oligopol“, in: HdSW, Bd. 8, Stuttgart/Tübingen/Göttingen 1964, 82 ff.

Mahr, W.: Zur Interdependenz von Prämien und Schaden, in: Praxis und Theorie der Versicherungsbetriebslehre, Festschrift für Müller-Lutz, Karlsruhe 1972, 241 ff.

Mann, G.: Die Wahl des inländischen Absatzwegs in der Verbrauchsgüterindustrie, Diss. München 1959.

Markert, K.: Der zivilrechtliche Schutz des Konsumenten gegen Verletzungen seiner Rechtsgüter durch fehlerhaft hergestellte Produkte, Diss. Würzburg 1961.

-- Die Schadenshaftung des Warenherstellers gegenüber dem Verbraucher, BB 64, 231 ff.

Marton, G.: Versuch eines einheitlichen Systems der zivilrechtlichen Haftung, AcP 162, 1 ff.

Marzen, W.: Preiswettbewerb und Verbraucherpolitik, Saarbrücken 1964.

Masing, W.: Qualitätslehre, Berlin/Köln/Frankfurt 1974.

Masser, W. J.: The Quality Manager and Quality Costs, in: Industrial Quality Control, Vol. 14, Nr. 4 (10), 1957, 5 ff.

— Was kostet Qualität?, in: Qualitätskontrolle, 1959, Heft 3, 31 ff.

Maunz / Dürig / Herzog: Kommentar zum Grundgesetz, 3. Aufl., München 1973.

Meadows, D. u. a.: Die Grenzen des Wachstums, Stuttgart 1972.

Meiners, D.: Ordnungspolitische Probleme des Warentests, Volkswirtschaftliche Schriften (Heft 129), Berlin 1968.

Mellerowicz, K.: Markenartikel — Die ökonomischen Gesetze ihrer Preisbildung und Preisbindung, München/Berlin 1963.

Menge, W.: Der verkaufte Käufer, Frankfurt (Main) 1974.

Mering, O.: Artikel „Steuerüberwälzung", HdSW, Bd. 10, Stuttgart/Tübingen/Göttingen 1959, 175 ff.

Mertens, H. J.: Der Begriff des Vermögensschadens im Bürgerlichen Recht, Stuttgart/Berlin/Köln/Mainz 1967.

— Berufshaftung, VersR 74, 509 ff.

Mialki, W.: 25 Jahre Reaktorsicherheit, Atomwirtschaft — Atomtechnik 12/1967.

Mishan, E. J.: The Costs of Economic Growth, London 1967.

— Evaluation of Life and Limb; A Theoretical Approach, in: Journal of Political Economy, 1971, 687 ff.

Mitteilungen über den 47. Dt. Juristentag, NJW 68, 2045 ff.

Morris, C. R.: Enterprise Liability and the Actuarial Process — the Insignificance of Foresight, 70 Yale L. J. (1961), 554 ff.

Müller, K.: Zur Haftung des Warenherstellers gegenüber dem Endverbraucher, AcP 165, 285 ff.

Müller-Rossow, K.: Vollkontrolle oder Sicherheitskontrolle?, Pharm. Ind. 33 (1971), 601 ff.

— Die Wirksamkeit von Qualitätskontrollen und ihre Verbesserung, Verpackungs-Rundschau 11/1971, 1545 ff.

Musgrave, R. A.: Finanztheorie, Tübingen 1969.

Myrdal, G.: Jenseits des Wohlfahrtsstaates, Stuttgart 1961.

Nader, R.: Unsafe at Any Speed. The Designed-in Dangers of the American Automobile, New York 1965.

Nicklisch, F.: Das Gütezeichen, Stuttgart 1969.

Niklas, J.: Nutzen/Kosten-Analysen von Sicherheitsprogrammen im Bereich des Straßenverkehrs, Schriftenreihe des VDA Nr. 7, Frankfurt (Main) 1970.

Odermatt, H. / *Schmidlin*, O. P. / *Schürpf*, W. / *Zollikofer*, M. H.: Produkte-Haftpflicht, Teil I, Bulletin der Schweizerischen Rückversicherungs-Gesellschaft, Zürich 1970.

Office of Science and Technology Washington D.C. (Hrsg.): Cumulative Regulatory Effects on the Cost of Automotive Transportation (RECAT), o. O., 28. 2. 1972.

Oftinger, K.: Punktuationen für eine Konfrontation der Technik mit dem Recht, in: Festschrift der rechts- und staatswissenschaftlichen Fakultät der Universität Zürich zum Zentenarium des Schweizerischen Juristenvereins (1861 - 1961), Zürich 1961, 1 ff.

Oppelt, W.: Kleines Handbuch technischer Regelvorgänge, Weinheim 1972.

Packard, V.: Die geheimen Verführer (The Hidden Persuaders), Düsseldorf 1958.

— Die große Verschwendung (The Waste Makers), Berlin/Darmstadt/Wien 1962.

Palandt: Bürgerliches Gesetzbuch, 33. Aufl., München 1974.

Pareto, V.: Manuel d'economie politique, Paris 1909.

Pfretzschner, H.: Gefährdungshaftung, in: Gerechtigkeit in der Industriegesellschaft, hrsg. von K. Duden u. a., Karlsruhe 1972, 107 ff.

Pinckernelle, H.: Sitzungsberichte des 47. Dt. Juristentags, München 1969, M. 71 ff.

Popper, K. R.: Das Elend des Historizismus, Tübingen 1965.

Prest, A. R. / *Turvey*, R.: Cost-benefit-analysis: A Survey, in: The Economic Journal (12) 1965, 683 ff.

Prölss, E.: Versicherungsvertragsgesetz, München/Berlin 1963.

Prölss, J.: Beweislasterleichterungen im Schadensersatzprozeß, Karlsruhe 1966.

Prosser, W. L.: The Assault upon the Citadel (Strict Liability to the Consumer), 69 Yale L. J. (1960), 1099 ff.

— The Fall of the Citadel, 50 Minn. L. R. (1966), 791 ff.

Purcell, W. R.: Quality Cost Control, in: Industrial Quality Control, Vol. 18, Nr. 11, 5/1962, 22 ff.

Rabel, E.: Das Recht des Warenkaufs, Bd. I, Berlin 1957.

Radnofsky, M. I.: Non-Flammable Materials — Application to Transportation, Industry and Home, in: Raumfahrt — Vorbild für Sicherheitstechnik und Unfallverhütung?, IfU-Colloqium 1972, hrsg. vom Institut für Unfallforschung, Köln 1973, 54 ff.

Raisch, P. / *Olshausen*, E. von: Gefahrenvorbeugung — einige Überlegungen zur Verbesserung des Schutzes des Verbrauchers, in: Gerechtigkeit in der Industriegesellschaft, hrsg. von K. Duden u. a., Karlsruhe 1973, 97 ff.

Ramm, Th.: Vertragsfreiheit — Instrument der Ausbeutung, in: Gerechtigkeit in der Industriegesellschaft, hrsg. von K. Duden u. a., Karlsruhe 1973, 35 ff.

Rebe, B.: Produzentenhaftung bei Verletzung der Aufklärungspflicht — BGH NJW 72, 2217, JuS 74, 429 ff.

Recktenwald, H. C.: Steuerinzidenzlehre, Berlin 1968.

Referentenentwurf eines Gesetzes zur Änderung und Ergänzung schadensersatzrechtlicher Vorschriften, Teil I — Wortlaut, Teil II — Begründung; hrsg. vom Bundesministerium der Justiz, o. O., Januar 1967.

Referentenentwurf eines Gesetzes zur Neuordnung des Arzneimittelrechts vom 20. Mai 1974, Pharm. Ind. 36, Nr. 6 (1974), 406 ff.

Regierungsentwurf zur Reform des Arzneimittelrechts vom 17. 7. 1974, Sonderdruck des Bundesministeriums für Jugend, Familie und Gesundheit, o. O.

Rehbinder, E.: Zur Haftung des Warenherstellers gegenüber dem Verbraucher ohne Verschulden, BB 65, 439 ff.

— Fortschritte in der Produktenhaftung, ZHR 129 (1967), 171 ff.

— Pyrrhussieg in der Produzentenhaftung? — BGH NJW 69, 169, JuS 69, 208 ff.

Reinhardt, R.: Der Ersatz des Drittschadens, Mannheim/Berlin/Leipzig 1933.

Reinheimer, W. / *Utz*, G.: Allergisches Asthma bronchiale auf den Waschmittelzusatz Maxatase, DMW 96. Jg., 1971, 246 f.

Reimer / Trüstedt: Wettbewerbs- und Warenzeichenrecht, 4. Aufl., Köln/Berlin/Bonn/München 1960.

Richthofen, H. Freiherr von: Zulässigkeit und Schranken vergleichender Warentests zur Verbraucheraufklärung, Diss. Köln 1963.

Riesman, D.: Die einsame Masse, Hamburg 1958.

Rinsche, G.: Der aufwendige Verbrauch — Sozialökonomische Besonderheiten geltungsbedürftiger Nachfrage, in: Das Prestigemotiv in Konsum und Nachfrage, Beiträge zur Verhaltensforschung, Heft 4, hrsg. von H. Kreikebaum und G. Rinsche, Berlin 1961, 105 ff.

Roth, Th.: Die Produkte-Haftpflichtversicherung — versicherungsrechtliche und versicherungstechnische Probleme, Karlsruher Forum 1963, 24 ff.

Rümelin, G.: Culpahaftung und Causalhaftung, AcP 88, 285 ff.

Rottleuthner, H.: Rechtswissenschaft als Sozialwissenschaft, Frankfurt (Main) 1973.

Rumberger, C. L.: The Importance of Company and National Standards in Processed Foods, in: National Standards in a Modern Economy, hrsg. von D. Reck, New York 1956, 100 ff.

Seder, L. A.: The Technique of Preventing Defects, in: Industrial Quality Control, May 1953, 23 ff.

Sieg, K.: Haftungsersetzung durch Versicherungsschutz, ZHR 113, 95 ff.

Sieper, H. P.: Voraussetzung und Lösungsansätze für ein innerbetriebliches Qualitätsinformationssystem, Diss. Aachen 1970.

Simitis, K.: Werbung und Vertragsfreiheit, in: Gerechtigkeit in der Industriegesellschaft, hrsg. von K. Duden u. a., Karlsruhe 1972, 67 ff.

Simitis, S.: Grundfragen der Produzentenhaftung, Tübingen 1965, (Grundfragen).

Simitis, S.: Soll die Haftung des Produzenten gegenüber dem Verbraucher durch Gesetz, kann sie durch richterliche Fortbildung des Rechts geordnet werden? In welchem Sinne?, Verhandlungen des 47. Dt. Juristentags, München 1968, Band I, Teil C, (Gutachten).

Simon, H.: Sitzungsberichte des 47. Dt. Juristentags, Bd. II, München 1969, M 11 ff.

Sitzungsberichte: Verhandlungen des 47. Deutschen Juristentags, Bd. II, München 1969, Teil M.

Smirnow, N. W. / *Dunin-Barkowski*, I. W.: Mathematische Statistik in der Technik, Berlin 1969.

Sohmen, E.: Grundlagen, Grenzen und Entwicklungsmöglichkeiten der Welfare Economics, in: Probleme der normativen Ökonomik und der wirtschaftspolitischen Beratung, hrsg. von E. v. Beckerath und H. Giersch, Berlin 1963, 69 ff.

Sörgel / Siebert: Bürgerliches Gesetzbuch, Band 3, 10. Aufl., Stuttgart/Berlin/Köln/Mainz 1969.

Spiro, K.: Zur Haftung für gesundheitsschädigende Produkte, in: Festgabe für Oftinger, Zürich 1969, 255 ff.

Spur, G.: Qualitätssicherung in der Erprobungsphase, Vortrag anläßlich der ASQ-Tagung 70 in München vom 21. - 23. 10. 1970.

Such, H.: Wirtschaftsplanung und Sachmängelhaftung, in: Leipziger Schriften zur Geisteswissenschaft, Heft 2, Leipzig 1949.

Suhr, D.: Zur Einführung: Recht und Kybernetik, JuS 68, 351 ff.

Scherenberg, H.: Sicherheitsauto, Umschau 72 (1972), Heft 1, 3.

Schindowski, E. / *Schürz*, O.: Statistische Qualitätslehre, Berlin 1966.

Schlegelmilch, G.: Haftpflichtversicherung und unternehmerisches Risiko, Diss. München 1964.

Schmalz, R. A.: The Impact of the New Comprehensive General Liability Policy on the Corporate Insurance Buyer, in: International Insurance Monitor, December 1967, 336 ff.

Schmidlin, O.: Die Versicherung des Großrisikos in der amerikanischen Unfall- und Haftpflichtversicherung, SVZ 5 (1959), 143 ff.

Schmidt, I.: Obsoleszenz und Mißbrauch wirtschaftlicher Macht, WuW 71, 868 ff.

Schmidt-Cotta, H.: Die Versicherungspflicht der Zulieferer, in: Industrie-Anzeiger, 90. Jg., Nr. 46 (1968), 954 ff.

Schmidtke, H.: Überwachungs-, Kontroll- und Steuerungstätigkeiten, Berlin/Köln/Frankfurt 1966.

Schmidt-Salzer, J.: Produkthaftung, Produkthaftpflichtversicherung, Betriebsorganisation und risk management, BB 72, 1430 ff.

— Produkthaftung, Heidelberg 1973.

Schmidt-Sudhoff, U.: Unternehmerziele und unternehmerisches Zielsystem, Wiesbaden 1967.

Schneider, E.: Einführung in die Wirtschaftstheorie, Bd. II, Tübingen 1969.

Schneider, T.: Der Begriff des Verbrauchers im Recht, BB 74, 764 ff.

Scholten, S.: Der Qualitätsgedanke in der Konsumgüterindustrie. Eine Übersicht über den Stand der Arbeiten zur Qualitätsforschung und -sicherung, BDI-Drucksache 50, Köln 1958.

Schreiber, R.: Sitzungsberichte des 47. Dt. Juristentags, München 1969, M 93 f.

Schürpf, W.: Probleme und Tendenzen in der Produktehaftpflicht und ihre Versicherung (I), VersWirtsch 6/71, 341 ff.; (II) VersWirtsch 7/71, 402 ff.; (III) VersWirtsch 8/71, 465 ff.

— Produktehaftpflicht in multinationalen Unternehmungen, VersWirtsch 1/73, 24 ff.

Schultz, D.: Vergleichende Warentests und Recht am eingerichteten und ausgeübten Gewerbebetrieb, NJW 63, 1801 ff.

Schulz, E. H.: Vorkommnisse und Strahlenunfälle in kerntechnischen Anlagen, München 1966.

Schulze, H.: Grundsätze des Lebensmittelrechts, München 1969.

Schwartz, G.: Praktisches Versicherungslexikon, Freiburg/Basel/Wien 1973.

Stark, E. W.: Probleme der Vereinheitlichung des Haftpflichtrechts, in: ZSR, Bd. 86, II, 1967, 10 ff.

— Einige Gedanken zur Produktehaftpflicht, in: Revolution der Technik, Evolution des Rechts, Festgabe für Oftinger, Zürich 1969, 281 ff.

Steffen, E.: Die Produktenhaftung am Vorabend des 47. Dt. Juristentags, JR 68, 287 ff.

Steiner, H.: Aktuelle Probleme der Betriebshaftpflichtversicherung, SVZ 34 (1966/1967), I, 325 ff., 357 ff., 389 ff.; SVZ 35 (1967/1968), II, 1 ff.

Steindorff, E.: Repräsentanten- u. Gehilfenversagen und Qualitätsregelungen in der Industrie, AcP 170, 93 ff.

Stötter, V.: Die Haftung des Warenherstellers für Mangelfolgeschäden, DB 65, 1620 f.

Stolber, W. B.: Nutzen-Kosten-Analysen in der Staatswirtschaft, Göttingen 1968.

Streissler, E. u. M. (Hrsg.). Konsum und Nachfrage, Köln/Berlin 1966.

Teichmann, A.: Schadensersatz bei fehlerhafter Ware, JuS 68, 315 ff.

Teichmann, A. / *Hansen*, R.: Zur Zusicherung nach § 463 BGB, NJW 73, 20 ff.

Teplitzky, O.: Die unzureichende Schmerzensgeldbemessung, NJW 66, 388 ff.

Tägert, H.: Die Geltendmachung des Drittschadens, Heide in Holstein 1938.

Tuchtfeld, E.: Bemerkungen zur Verbandsdiskussion, in: Jahrbuch für Sozialwissenschaft, hrsg. von H. Jürgensen u. a., Bd. 13, 1962, 79 ff.

Tunc, A.: La securité routière. Esquisse d'une loi sur les accidents de circulation, Paris 1966.

TÜV-Auto Report '74, hrsg. von der Vereinigung der Technischen Überwachungsvereine e.V., Köln 1974.

Uhlmann, N.: Versicherungsrechtliche und versicherungstechnische Probleme der Produzentenhaftpflichtversicherung, Diss. Würzburg 1972.

Ullrich, H.: Rechtsschutz gegen überbetriebliche Normen der Technik, Stuttgart 1971.

— Die Unternehmung als produktives soziales System, Bern und Stuttgart 1972.

Völcker, F.: Das Gütezeichen, Diss. Hamburg 1965.

Weimar, R.: Untersuchungen zum Problem der Produzentenhaftung, Diss. Basel 1965.

— Untersuchungen zum Problem der Produktenhaftung, Basel/Stuttgart 1967.

Weinhold-Stünzi, H.: Sind Markenartikel Vertrauensartikel?, MA 5/71, 165 ff.

Weitnauer, H.: Grundsätze der Haftung, in: Karlsruher Forum 1962, 3 ff.

— Gedanken zu Stand und Reform des Schadensersatzrechts, VersR 63, 101 ff.

— Beweisfragen in der Produzentenhaftung, in: Festschrift für Larenz, München 1973, 905 ff.

— Die Haftung des Warenherstellers, NJW 68, 1593 ff.

Welty, E.: Das Gemeinwohl als Rechtsgrundlage, in: Naturordnung in Gesellschaft, Staat und Wirtschaft, Innsbruck/Wien/München 1961, 398 ff.

Westen, K.: Zur Frage einer Garantie- und Risikohaftung für sogenannte „Verkehrspflichtverletzungen", in: Festschrift für von Hippel, Tübingen 1967, 626 ff.

Westphalen, F., Graf von: Grundsätze deliktischer Haftung im Bereich der Unternehmensorganisation (Produzentenhaftung), WiR 72, 67 ff.

— Die Produkthaftpflichtversicherung des HUK-Modells, BB 74, 625 ff.

Weyers, H. L.: Unfallschäden, Frankfurt (Main) 1971.

Will, M. R.: Warentest und Werbung, Abhandlung zum Arbeits- und Wirtschaftsrecht, Bd. 18, Heidelberg 1968.

Wobst, G.: Tendenzen im Haftungsrecht bei Produkthaftpflichtschäden, VersPraxis 71, 89 ff.

Wolany, J.: Zur „vendeur-fabricant"-Haftung, Karlsruher Forum 1963, 17 ff.

Wussow, W.: Allgemeine Versicherungsbedingungen für Haftpflichtversicherung (AHB), Frankfurt (Main) 1970.

— Das Unfallhaftpflichtrecht, 11. Aufl., Köln/Berlin/Bonn/München 1973.

Yereance, R. A.: Reliability-Costs and Guarantees, in: Systems Design, 6/1964, 2 f.

Zacher, H. F.: Aufgaben einer Theorie der Wirtschaftsverfassung, in: Festschrift für Böhm, Karlsruhe 1965, 63 ff.

Zemlin, H.: Die überbetrieblichen Normen — ihre Wesensmerkmale und ihre Bedeutung im rechtlichen Bereich, Köln 1973.

Zollikofer, O.: Qualität und Kosten, in: Industrielle Organisation, 20. Jg., 1951, Heft 1, 2 ff.

FSC
www.fsc.org
MIX
Papier | Fördert
gute Waldnutzung
FSC® C083411

Kolibri 360 GmbH
Ferdinand-Jühlke-Straße 7
99095 Erfurt, Deutschland
produktsicherheit@kolibri360.de

Druck:
CPI Druckdienstleistungen GmbH
im Auftrag der
Kolibri 360 GmbH
Ferdinand-Jühlke-Str. 7
99095 Erfurt